AF346943

HENRI BERALDI

CENT ANS

AUX

PYRÉNÉES

★ ★ ★ ★ ★ ★

Les Pyrénées-Orientales et l'Ariège.
Centenaire du Mont-Perdu.
Le Pullulement photographique.
La Vulgarisation et l'Utilitarisme.

TONNELLÉ.

PARIS
1904.

CENT ANS

AUX

PYRÉNÉES

HENRI BERALDI

CENT ANS

AUX

PYRÉNÉES

— ★ ★ ★ ★ ★ ★ ★ —

Les Pyrénées-Orientales et l'Ariège.
Centenaire du Mont-Perdu.
Le Pullulement photographique.
La Vulgarisation et l'Utilitarisme.

Cᶦ PEYTIER.

Lᵗ-cᶦ HOSSARD.

PARIS
1904.

1860-1904

(FIN)

Et Henry Spont, d'Ussel, les Cadier, Briet, et tant d'autres....

Il faut les traiter avec prédilection, ces contemporains! Bien que sans recul, il faut discerner dès aujourd'hui leur singularité : éducation de la vision — presque excessive — que les anciens n'ont pas connue : passion de la montagne, extraordinaire, basée sur la connaissance même, profonde et subtile, de la montagne; goût de grimper presque monomaniaque. — D'où, à la fin, une littérature « verticale » (aurait dit Nodier) méticuleuse, presque algébrique: et ici, malgré l'aridité, il faut insister : omettre ou abréger serait ne pas connaître l'essence même de notre temps.

Pour cette génération, les Pyrénées pas neuves — hélas! c'est le point faible — mais combien senties!...

Pas neuves? Qu'est-ceci? Qui attendait Rulle, Albe, pic Marfaing, Recofred, Étang-Fourcat, Malcaras, Vieille-du-Cercle, Aspe, Régalécio, Rocs-Iretchs, etc.? C'est — après plus d'un siècle de découvertes — une dernière réserve. C'est l'Ariège qui donne....

Soudain deux grands cris.

Cri de joie féroce, danse du scalp. « A nous les Pyrénées, que nous leur fassions rapporter! » Cri des utilitaires et des exploitants.

Cri de douleur, profond, devant les ravages fatals de la vulgarité et de l'utilitarisme : horreur de l'avenir, regrets du passé. Cri des montagnards et des poètes.

C'est fini.

LA VULGARISATION

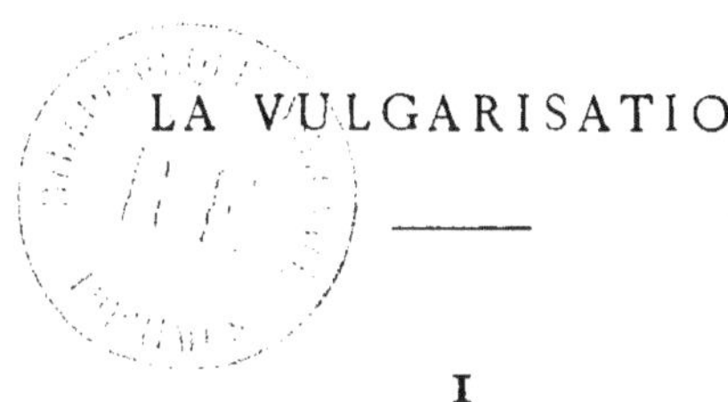

I

PHOTO.

Mahomet allait à la montagne. C'est vieux jeu.

Aujourd'hui c'est la montagne qui vient à vous.

Inconséquence ! La montagne vous appelle, à coups de réclame frénétique, billets circulaires, trains de plaisir — vulgarisation ! — on vient vite, on s'en va vite : des vingt mille passants dans une station d'eaux, mais des passants ; — le tire-l'œil du hall de chemin de fer et de tous les murs, les affiches en chromo, signées Hugo d'Alési (quel nom pour vous inviter à y aller !) — une floraison de Monts-Blancs appétissants, de Cervins, de Meijes, de Gavarnies, de Reines des Pyrénées au guide luchonnais fièrement campé à cheval ; clarté, couleur, plein air.... — Elle vous appelle désespérément — et en même temps, vous crie : « Ne vous dérangez pas, c'est moi qui viens ! »

En 1840, dans l'*Album Pyrénéen* — périodique infiniment peu pyrénéiste — publié à Pau chez Vignancour, un article-avis, *le Daguerréotype à Pau : « une découverte pleine*

*d'intérêt, riche d'avenir..., l'effet du Daguerréotype est
de fixer les images de la chambre obscure, en sept ou huit
minutes, avec une précision mathématique; indispensable
au voyageur; avec un peu d'habitude on arrive à des
résultats vraiment extraordinaires.... La ville de Pau
n'est pas restée étrangère à cette invention nouvelle. M. le
général Jacqueminot et M. Moreau, de Paris* (Adolphe
Moreau, de la Promenade Horizontale) *s'en sont occupés
particulièrement, ils ont fait connaître nos sites ravissants
de Bizanos, Jurançon, Lescar, Gélos, notre Gave, ils ont
fait disparaître la teinte pâle et papillottante qui déparait
toutes les épreuves venues de Paris. Ils ont réussi à donner
à leurs dessins une teinte ferme, vigoureuse.... Immense
parti qu'on peut tirer de cet instrument. Admirable
découverte....* »

Un quart de siècle après, au sommet du Néthou le
collodion humide. Alors la révélation des régions mystérieuses de la montagne par la photographie. Depuis la grande
série de Maxwell-Lyte jusqu'aux panoramas superbes de
Gourdon. Inutile de citer : toute la Pléiade a photographié.
(Sauf Russell : la prosaïque — et en montagne, très inexacte
— photographie ne saurait convenir aux poètes....)

Trente-cinq ans après, à la fin du xixe, chaque être
humain s'est comme doté d'un organe de supplément,
appareil instantané, détective, photo-jumelle, kodak, pano-
ramique, et fait de la « photo ». Armer, viser, déclancher,
escamoter. Clac, clic; clic, clac. De hasard la plupart du
temps, à tort à travers, le paysage est fusillé. C'est inouï.

L'agent essentiel de vulgarisation et de vulgarité : la
photo. Déflorante, et qui déflore en gâchant.

En voyage, en montagne comme au théâtre, l'intérêt
c'est le coup de théâtre, c'est l'inconnu. Or, maintenant, au
théâtre, les programmes photo-analytiques gâchent tout :

sujet, situations, mots, décors, toilettes, tout est donné
d'avance. Pour le voyage, pour la montagne, tout d'avance
est montré, mal montré. A quoi bon la séduction des
affiches? On est blasé avant d'être en route. A quoi bon
partir? Ce que la chromo fait, la photo le défait.

Aller à Barèges? A quoi bon après l'album phototypique
de Meys? *(Souvenir des Pyrénées : Barèges, Luz,
Gavarnie, Cauterets*, in-4, chez l'auteur, Boulogne-sur-
Mer.)

Monter à la Brèche? Cela se fait en chambre, avec
l'*Ascension à la Brèche de Roland, douze planches phototypiques, en vente chez Lucien Briet, à Gèdre*, 1894. Tout
y est, y compris le passage difficile. Il ne manque que le
marchand de programmes : *demandez la Brèche de Roland
avec l'explication de tous les tableaux!*

(Et si vous voyiez les photographies inédites que le
même Briet a faites de l'ascension du premier étage du
Cirque par le mur de la Cascade! — Car maintenant,
porté par des ascensionnistes, l'appareil photographique se
met, lui aussi, à faire « la difficulté ».)

Plus grave. La photo va transformer le livre de montagne.
A partir de 1895, aux Pyrénées, à l'illustration sur bois
d'après la photographie, qui est encore relativement chose
d'art, et d'aspect typographique, se substitue l'illustration
photographique directe, avec ses teintes antitypographiques.
La phototypie sur bon papier mat a donné à la rigueur des
résultats acceptables. L'héliogravure hors texte qui, après
tout, est une gravure en taille-douce, une aquatinte, peut
en donner de sérieux. Mais l'abominable *simili*, terreuse
et morte, amène avec elle l'infâme « papier couché »,
plâtre organisé, simili-papier. Et voilà le simili-livre.

Et le simili-document. Foison de petits carrés boueux,

sur réseaux, qui ont la prétention d'être exacts. Des panoramas ramenés au format d'un timbre-poste ; les grands pics réduits à la dimension de grains de caviar....

On a cameloté la montagne.

Premier spécimen. *Paul Guigou. Aux Pyrénées.* Paris, Per Lamm (imp. Heinrich, à Barcelone), plaquette de 29 pages. Récit très écrit d'une course faite en 1892, avec Coppée, au lac d'Uzious, — et Coppée, en béret béarnais, disant aux mineurs attentifs des vers des *Intimités*. Curieux. Et tout de suite la constatation : la petite photo peut documenter le texte scientifique, elle ne peut illustrer les écrivains.

Dès 1895, l'illustration photographique directe règne tyranniquement ; elle élimine de l'Annuaire du Club Alpin l'interprétation par le bois, qui avait donné de bien beaux documents (dessins de Schrader, etc.).

Or, voici une sorte de protestation contre la photographie, au profit du dessin ; mais — chose singulière — protestation exécutée par des dessins photographiés en *simili*, avec les « réseaux », éternellement gris !

Pyrénées. Album du guide Jam. Poitiers, Oudin, 1896, in-8 de 392 p., fig.

Toujours le comte de Bouillé, qui donne ici un dictionnaire illustré des sites de sa région favorite. Et toujours charmant. Pour causer Gourziotte, Clot Ardoun, Salon du Ger, Amoulat, col de la Canelotte des Anglas, Herrana, Trou de Bitet, Capéran de Sesques, pics d'Ar-Sourins, Bouerzy, Castéraou, Balour, Peyrot, lacs d'Ayous, d'Uzious, d'Artouste, et surtout pic d'Ossau, il n'y a que lui !

Que lui aussi pour dessiner de certaine façon cette tranche de Pyrénées où il a goûté « un bonheur si incomparable ». Il dédie son livre « *à Dieu qui a créé nos belles montagnes* », et cependant par ses dessins il est visible que l'œuvre de Dieu ne le satisfait pas entièrement, et que s'il eût été, lui, le Créateur, il eût brusqué les pentes, raidi les précipices, aiguisé les arêtes, affilé les pics, et haussé le tout....

Touchant hommage de piété pyrénéiste, venant d'un vétéran du pyrénéisme.

Autre hommage encore d'un vétéran. *Docteur Mony. Du Vernet à Ax-les-Bains par la montagne.* Moulins 1897, in-8 (fragment d'un ouvrage en préparation, *Pyrénées*, qui n'a point paru), brochure, — sans photo.

Que rappelle ce nom du docteur Mony? Un article sur le Posets par Eristé, dans l'*Annuaire* de 1884.

Et autre chose, encore, bien plus ancien et intéressant:

Registre du Néthou, 21 août 1859: *docteur Mony, Victor Vincent, Argarot, Bajun.*

De là une des relations primitives de l'ascension du géant pyrénéen: *Souvenirs de voyages. Ascension au pic de Néthou (Maladetta), 21 août 1859, par le Dr A. Mony.* Paris, typ. Hennuyer, 1861, dédié à P. P. Dehérain (chimiste, futur membre de l'Institut), in-12 de 107 pages. Relation vieillie, démodée aujourd'hui, parce que genre grave, question de dangers, appréhensions, trémolo. Après tout il y avait de quoi: au départ, le docteur Mony s'était croisé avec le cadavre d'Hardwich ramené à Luchon, suivi d'un anglais consterné! (Packe.)

Dans *la Vie Parisienne* de 1863 le récit du docteur Mony est devenu jeune, vif. Et c'est le même! Moins les rides: un secrétariat de rédaction avisé a fait sauter toute la partie solennelle et tragique, tous les dangers, et donné de l'air par la division en paragraphes, en introduisant par moment des lignes de blanc.... C'est léger, c'est parfait!

Conclusion à méditer: l'importance de la disposition typographique.... La typographie trop compacte a rendu indigestes quantité de récits d'ascensions excellents....

Et maintenant, la perle de la littérature pyrénéiste et de la vulgarisation pour 1896. Du 16 juillet: dépêche des ingénieurs au Ministre de l'Agriculture :

« *Lac Caillaouas débouché dans de bonnes conditions.* »
Allons, tant mieux !

II

REPRISE DU CANIGOU
ET DE LA CHAÎNE ORIENTALE.

Révolution. Ou réaction.

Le fait dominant de 1896: dans l'*Annuaire* du Club Alpin — qui en vingt ans n'a jamais accepté une ligne sur le Canigou — dans l'*Annuaire* une monographie du Canigou!

Ceci en dit long! Épuisé donc jusqu'au tuf, le sujet Pyrénées?

Surtout, finie la conception alpiniste des « plus hautes Pyrénées », des Pyrénées colosses neigeux, des Pyrénées égales aux Alpes.

Non, les Pyrénées ne sont pas les Alpes! Que pèse un glacier de Crabioules (ou de Las Néous, ou de Tuquerouye) à côté des glaciers alpins que chacun désormais connaît, du Pelvoux à la Bernina, moyennant un billet circulaire — l'affaire de cent francs? (La montagne démocratique et intégrale.) La conception vraie, c'est celle des « plus grandes Pyrénées » — conception *impérialiste*, pour employer ce mot qui actuellement plaît aux peuples — des Pyrénées immensément étendues, où tout compte, même les montagnes basques. Les Pyrénées du mot de Labrouche : *pour qui veut grand elles ont l'Océan à un bout, à l'autre la Méditerranée.*

Hier on leur ajoutait à l'Ouest les Pics d'Europe ; aujourd'hui on leur rend à l'Est le Canigou.

Et ce que les Pyrénées perdent en alpinisme, elles le regagnent en pyrénéisme.

Le Canigou rétrospectif, peu marquant. Sans difficulté vraie, sans primeur, fait dès longtemps, station pour botanistes, géomètres et astronomes. Tournefort, Cassini, Arago.

Pourtant par sa masse, en haut par le sombre pli du Gouffre, au commencement du XIXe siècle il terrorise encore le peuple, et par la Cheminée rebute les non grimpeurs.

En 1821 Melling, de Carlsruhe, peintre de l'impératrice Joséphine puis paysagiste du cabinet de Louis XVIII, auteur du grand *Voyage à Constantinople*, auquel il veut donner un pendant, et qui commence des voyages aux Pyrénées pour dessiner les sites faciles, l'entame par Saint-Martin, et, maladroit ou mal guidé, dès la première âpreté et trouvant quelque neige, substance redoutable, effrayé, renonce. (A moins qu'il n'ait jamais eu l'intention d'y aller, et avec Melling c'est le plus vraisemblable. Non seulement il est un sexagénaire fort pacifique, mais il est d'une génération qui croit que l'on peut remplacer l'ascension par un récit inventé, et que ce n'est là qu'une gentillesse.)

En novembre 1822 le jeune Thiers est dans la vérité lorsque sur sa diligence, saisi par la masse du Canigou, il le salue — de loin : « *L'un des plus beaux spectacles que j'aie rencontrés dans les Pyrénées est celui dont je fus frappé en sortant de Perpignan pour m'enfoncer dans les montagnes. C'était le matin, vers six heures à peu près. Le froid était rigoureux, un vent impétueux et glacé soufflait des montagnes du Capsir couvertes de neige, et un jeune roussillonnais, à la veste courte, au bonnet flottant, conduisait au galop quatre chevaux de Cerdagne, qui nous emportaient tout autour du Canigou. Entraînés par ce mouvement rapide, nous voyions se succéder tour à tour les têtes de ce mont superbe qui, placé à l'entrée des Pyrénées, les annonce d'une manière si imposante. La plaine n'avait encore reçu aucun rayon de soleil, lorsque tout à coup le Canigou reçut sur son front une teinte rose qui, se mariant à la blancheur des neiges produisit une nuance d'une inexprimable douceur. Cette bande lumineuse s'agrandissant par l'élévation progressive du soleil, le pic semblait croître à mesure qu'il s'éclairait. Bientôt le mont tout entier fut inondé de lumière et de pourpre, toutes ses saillies ressortirent, toutes ses profondeurs semblèrent s'enfoncer encore, et il parut acquérir une réalité qu'il n'avait pas (? ?). Le froid, le vent, la rapidité de la course ajoutaient à l'effet de ce grand spectacle ; le mouvement surtout le rendait enivrant....* » Mais ceci n'est pas une ascension.

Chausenque et Arbanère, en 1823, trouvent le Canigou encore peu pratiqué et mal connu : sujet de légendes sinistres (toujours le Gouffre) ; ils le prennent avec stratégie et précautions, cherchant un point faible, puis avec deux guides, montant par Valmanya et les Cortalets, redescendant vers Balatch, passant l'arête sur leur gauche et piquant droit et très rude sur Fillols.

Corabœuf et Testu en 1825 et 1826, montent, séjournent, travaillent silencieusement. De là, pour faire bonne mesure, vont stationner le *pic du col de Liousès* (Tour d'Eyne, 2831, plus haut que le Canigou), — et viser *Roc de Prats* (pic de Prats-Bassibès 2844), *pic du col Jéganne* (le Géant 2881), *Coum del Gours* (pic de l'Enfer 2870), pic du Bouc (sur signal), Cambrasdaze, *pic du col Migia* (Gallinas, signal),

Puigmal, *pic du col de Jau* (Puig d'Alp dans la sierra de Cadi).

En 1828, dans le livre d'Arbanère, le Canigou est simple et sans rien d'effrayant, mais sec et sans couleur.

En 1830 paraît la dernière livraison du grand ouvrage de Melling, où est racontée l'ascension manquée — ou soi-disant ascension — de 1821. Nous reculons : le Canigou redevient terrifiant.

[Nous avons déjà parlé de la publication de Melling, texte par l'italien Cervini. Un mot encore sur elle, parce qu'elle a constitué, des documents pyrénéistes, le plus volumineux et le plus dispendieux.

Il est entendu qu'elle est, vue d'aujourd'hui, à dessins vieillots, rendant les lumineuses Pyrénées par la triste manière noire — trahison permanente — et que très vite ces dessins faux furent oubliés, victorieusement remplacés par les publications lithographiques. Mais en 1826-30 ils n'en sont pas moins un premier et considérable document de l'espèce sur les Pyrénées, et révélateur.

Le procédé de fabrication du livre ?

Soixante-douze dessins, pris en trois voyages, 1821-22-25, dans la tournée des bains, de Bayonne à Luchon et à Foix-Quillan-Perpignan.

Quant au texte il est d'après nature pour la partie vallées et tournées des bains ; Melling connaît ce qui est sur les routes, il connaît les bons gîtes. Il a des relations partout. Il fait même la cascade de Grip avec « M. Chevalier, jeune dessinateur de grande espérance, demeurant à Tarbes » et ici, il est prophète, puisque bientôt Chevalier sera Gavarni.

De plus, très recommandé, Melling se fait très bien documenter, sur la topographie et sur les pics alors connus, dans les bureaux des préfectures. C'est son droit.

Ensuite quand il lui manque de la copie pour « tomber
en page », il prend à force de la géognosie dans Charpentier.
C'est ridicule, mais c'est son droit.

Enfin il a sur sa table le livre de La Boulinière, et c'est
là qu'il prend ce qui concerne les sommets. C'est son
droit.

Bon devoir d'élève, sans un atome de pyrénéisme.

Mais ce qui n'est pas son droit, c'est de nous raconter
qu'il a fait les ascensions qu'il a prises dans La Boulinière:
la Brèche, le pic d'Arbizon, etc. Et voilà qu'il s'embarque
dans l'ascension du Vignemale, il s'enferre dans un récit
à la de Crac. Et c'est Melling, qui, en réalité, va fournir à
Jubinal l'extravagant chapitre du Vignemale. (Comme c'est
La Boulinière, montant au port de Vénasque dans le livre de
Ramond et fictivement, qui a fourni à Jubinal son port de
Vénasque. Comme c'est Ramond lui-même, Ramond à la
brèche de Roland faisant une supposition —*si notre faiblesse,
guindée à ces hauteurs, acquérait la faculté de distinguer
nonobstant leur petitesse tous les objets auxquels elle est
livrée en spectacle,* alors on verrait Saragosse, et un spectateur placé sur le pic du Midi verrait Toulouse, et les deux
observateurs établiraient entre ces deux capitales une
correspondance *dont l'idée plaisait à mon imagination* —
c'est Ramond mal lu, qui avec cette intuition de télégraphie
optique a fourni à Jubinal l'idée que de la Brèche il voit
Saragosse....)

Détail topique : Melling monte au port de Vénasque, dit-il;
il cause avec la fermière de l'hospice qui se plaint de ses
mille francs de fermage et de la ville qui ne lui fait même
pas carreler sa salle (ceci est presque du Liégeard !) et aux
lacs est pris par le brouillard. Que semble-t-il que doit faire
un homme qui consacre six ans aux Pyrénées pour en tirer
un vaste livre ? Attendre le premier beau jour, et remonter.
Melling préfère emprunter la vue des Monts-Maudits « à

l'obligeance d'une jeune dame, douée de beaucoup de talent »
et qui, paraît-il, a eu la vue. Et la dame de beaucoup de
talent — qu'elle ait eu la vue ou non — lui communique un
dessin où la Maladetta et l'Anethou *(sic)* improvisés prennent
la forme extravagante d'un pain de sucre, ou d'une aiguille
de glace. Et par cette mystification voici ridiculisé un livre
en somme capital, puisque, copieux comme un joanne, il
est — avant le guide Richard — le premier *guide* aux
Pyrénées d'une mer à l'autre.

Si l'on peut appeler guide un ouvrage aussi peu pratique,
immense de format et de prix ; grand in-folio, et publié au
prix de *trois cent soixante francs* (douze livraisons à
trente francs l'une) et, avant la lettre, *six cents* !]

En 1834, dans le premier guide Richard, récit anonyme
emprunté au *Journal de Maine-et-Loire*. Ascension de juin
1831 (l'ascension est alors pratiquée cinq ou six fois par an,
et réputée exiger force et courage), avec le guide Oliba
Garçou : le Vernet. Saint-Martin et la Cheminée, descente
sur Cadi. Émotion chez l'ascensionniste, découragement,
idée de renoncer, et fatigue immense : il arrive au sommet
traîné et inconscient. Récit joli, et capital au point de vue
historique (Jubinal en tirera des éléments, pour son Canigou
fort ingénieux). C'est cela le Canigou, pour longtemps.

En 1834 encore, dans le livre de Chausenque, paraît le
récit de l'ascension de 1823. Tout le morceau est, pour le
temps, de première importance, exact et pittoresque ; le
Canigou y apparaît bien : isolé, immense, sillonné de ravins
rayonnants séparés par d'abruptes arêtes plongeant en
précipices. Sans pousser à la difficulté, le récit porte encore
trace d'appréhensions et n'est pas pour encourager les
timides.

Les choses restent ainsi indécises un quart de siècle. Le
Chausenque de 1854 répète le récit de 1834 ; le dernier

guide Richard de 1855 en est toujours à l'article du *Journal de Maine-et-Loire.*

Soudain l'affaire du Canigou est tirée au clair. Joanne monte en 1857 avec Michel Nou, et écrit enfin dans son guide de 1858 le mot décisif : *l'ascension du Canigou, qui au dire de certains écrivains fait courir des dangers de mort, n'offre aucune difficulté sérieuse.* Le compte du Canigou est réglé. Il sort de la période rétrospective. Pic facile. *C'est une plaisanterie,* écrit Tonnellé. *Ascension des plus faciles,* insiste Joanne. *Et il n'a pas trois mille!* ajoute dédaigneux le pyrénéisme héroïque d'alors. Le Canigou est précipité, et avec lui toute la moitié orientale des Pyrénées.

En voici pour trente ans.

Mais pendant lesquels, de Joanne aux guides cyclistes, se poursuit un long et heureux effort pour relever cet admirable morceau de Pyrénées : le royaume du Canigou avec ses dépendances, connexions et voisinages, gorge espagnole de San-Anyol et Talaxa, gorge française de Carença au mur immense, descente en Espagne à Nuria ou Camprodon, Puigmal, Sierra de Cadi, route de Mont-Louis à Quillan, étangs de Carlitte, Capsir....

Finalement, le pyrénéisme héroïque épuisé, le Canigou remonte. *Le Canigou n'a pas trois mille!* disaient les grands ascensionnistes de l'époque russellienne. — Reclus réplique : *le Canigou est un Etna! un de ces monts qui se dressent dans leur force comme les dominateurs de l'espace.*

C'est fait, le Canigou a repris. Il monte — d'ailleurs assez doucement — de deux mille sept cents mètres sur sa base : c'est un grand pic (si bien qu'un alpiniste des Alpes,

Rochat, un 10 juin, a trouvé la Cheminée encombrée de neige et impraticable, et a dû renoncer. Et avec Michel Nou !)

Il lui reste même un danger. Pas d'autre gîte que des huttes, et dans ces huttes, a-t-on pu écrire, « une admirable collection des vermines des quatre nations ».

Mais sans gîter on ne peut l'explorer, le connaître dans son immensité ; on ne peut que faire sempiternellement le sommet, le Pic, et encore, en arrivant trop tard, quand la brume de chaleur est levée, supprimant la vue; rares ceux qui l'ont eue : qui imaginerait que Russell dans sa carrière pyrénéiste n'a encore (1904) jamais eu le panorama du sommet du Canigou ? Deux fois l'ascension dans un brouillard tel, *qu'il se croit à Manchester !*

Le Club Alpin va intervenir, vulgariser le Canigou, le « coloniser ».

Ch. Lefrançois. Au Canigou, la brèche Durier, le chalet gardé des Cortalets. (Dans l'*Annuaire* de 1896.)

Article définitif, monographie, article plan en relief. Voici, au milieu des Albères et des Corbières, et du grand cercle Costabona-Puigmal-Campcardos-Pédrous-Carlitte-Puy Péric (ou Puig de Prigue, à la superbe vue vantée par Jeanbernat) voici le Canigou — « la goupille de ces tenailles » — le Canigou unique décomposé en « bouquet de pics » : Cums, les Sept-Hommes ou les Izards, Rougeat, Trés-Vents (francisé par erreur Treize-Vents : — trois vents c'est bien assez quand on y est !), Puig-Sec (rectifiez *Pi-Sec,* pin sec), Canigou, Barbet, Quazemi, Poil-de-Chien (Pel de Ca), l'Estelle. Entre ces pics l'étoilement des vallées : Cadi large et verdoyant, Saint-Vincent rocailleux et ardu, route pour alpinistes exercés, Fillols encore aride et abrupt, Taurinya pittoresque et varié, roc et forêts, aboutissant aux laquets

(Estanyols) et au cul-de-sac du fameux gouffre ; Llech boisé,
Lentilla où est Valmanya, village mort depuis la fin des
forges à la catalane, mais où à l'auberge Mayaris un piano
mécanique moud *la Belle Hélène ;* et l'immense vallée qui
descend en se subdivisant sur le Sud-Est, Corsavy, Arles et
Amélie.... Voici les herborisations, les chasses, les courses
éloignées, les paysages d'hiver. Voici les resplendissants
levers de soleil sur la Méditerranée. Voici enfin, « merveille
entre toutes, toujours et partout, en été comme en hiver, sur
la neige des montagnes comme sur les vignes de la plaine,
le ruissellement des rayons de ce superbe, splendide et
radieux soleil du Roussillon, qui illumine l'existence,
entretient la santé des heureux qui la possèdent, la rend aux
malades éperdus qui accourent pour l'implorer, et transforme
la vie en un enchantement perpétuel ! »

Et le voilà aussi l'article comme les modernes savent les
écrire sur la montagne, renseigné, exact, plan en relief
avons-nous dit, et sous le net et le positif topographiques
une petite vibration très sobre....

Le plan d'organisation du Club Alpin, d'ailleurs, est
excellent. Aux Cortalets, point remarquablement choisi, un
« chalet gardé », un refuge hôtel, lieu de séjour, base
d'opérations pour la simple ascension du pic ou pour
l'exploration du massif. Pour y atteindre, par Fillols et la
maison forestière de Balatch, quinze kilomètres de route
de voiture. C'est aussi facile que les Buttes-Chaumont
(dur pour les chevaux).

Encore un détail. Dans le haut du Gouffre une brèche, un
peu encombrée et scabreuse, fait communiquer Taurinya
avec Cadi. Un forestier pyrénéiste, Boixo, y fait en 1896
donner trois coups de dynamite, et la brèche est déblayée.
Ce pourrait être la Brèche-Boixo, à la rigueur ; mais comme
deux mois avant, Durier, président du Club Alpin, « a bien
voulu *(sic)* faire l'ascension du Canigou », et comme il a

approuvé le projet des Cortalets, on l'appelle « Brèche
Durier ».

Certes Durier est homme aimable, et *persona gratissima*
au Club Alpin. Mais enfin il n'est pas pyrénéiste. Et il a sa
brèche aux Pyrénées avant Cassini ou Corabœuf, avant
Peytier et Hossard, avant Lequeutre, Gourdon, Saint-Saud,
de Bouillé, etc., — avant Brulle, Bazillac et de Monts —
avant Schrader !

III

LA CERDAGNE.

Une brèche indiscutable, c'est celle que fait dans les idées
pyrénéistes naguère régnantes la poussée du Canigou.
Derrière lui toute la moitié orientale de la chaîne rentre,
sur laquelle les études vont se multiplier.

Encore dans l'*Annuaire* de 1896 : *L'Enclave espagnole
de Llivia, par Emm. Brousse fils.* Appel enthousiaste « à
des milliers d'excursionnistes, visiteurs des stations thermales », pour les Pyrénées-Orientales où ne s'égarent encore
que « quelques douzaines » d'entre eux. A propos d'enclave
de Llivia c'est aussi le royaume du Canigou : étang de
Nohèdes, vallée du Tech, Canaveilles, Thuès, Carença, et à
gauche vers l'Espagne, « des cavalcades de hauts monts
sombres.... »

Encore. Du même Emmanuel Brousse fils : *Pyrénées
inconnues : la Cerdagne française*, Perpignan, 1896. Monographie extraordinairement étendue (459 pages) du canton
de Saillagouse (Llo, Eyne, Puigmal, — Nuria, etc.) et d'une
partie du canton de Mont-Louis (les Bouillouses, les étangs
et le pic de Carlitte, le lac Lanoux, Font-Romeu mis en
balance avec l'espagnol Nuria : « le seul avantage que
présente Nuria, c'est le pittoresque »). Guide plutôt routier

que montagnard. Arrivée par la vallée de la Têt, sortie par le col de Puymorens. — Petites vues des villages et monuments, en simili — ce procédé est décidément une trahison, et même plus que la manière noire de Melling. Quelques vues sur bois aussi, comme repoussoir.

« Pyrénées inconnues ». Est-ce bien inconnues ? Elles ont eu Tournefort, puis elles ont eu les pyrénéistes botanistes du xviiie siècle. Elles ont eu les armées de la Révolution. Elles ont eu Thiers et Chausenque. Elles ont eu les officiers d'État-Major, topographes de 1850 établissant la carte des Pyrénées-Orientales. — Elles ont Joanne en 1858 indiquant le Capsir, les Bouillouses, les projets de barrage déjà formés pour les étangs de Carlitte, la source de la Têt au Puig de Prigue ou Péric, la source de l'Aude ; Moligt, Formiguères, Quérigut, Nohèdes, Carença, Nuria ; — elles ont Russell avec la page décisive du Carlitte, et au col de la Perche un regard découragé sur l'horizon stérile de la Cerdagne française qui lui rappelle la Mongolie et ses horreurs, et le Puigmal facile et ennuyeux, mais — dit l'admirable livre des *Grandes Ascensions* — une des vues les plus originales des Pyrénées, vue immense sur la Catalogne jusqu'à la mer, sur le désert de Carlitte, et « sur un amas sauvage de montagnes nues et très élevées surgissant à l'Est, vous séparant du Canigou » (Puigmal de Llo et le Commandeur ; Sègre ; Finestrelles et Paronas ; Eyne ou Carença projetant Tour d'Eyne et Cambras d'Aze ; la Fosse du Géant et pics de la Vache projetant Recougros et Recoupetit ; l'Enfer, le Géant, Esquino d'Aze, la Donya, etc., bref le beau morceau de chaîne frontière entre Puigmal et Costabona et de contreforts entre Err et Carença) ; — elles ont Lequeutre révélant le tardif Campcardos, pressentant la Sierra de Cadi, explorant le désert de Carlitte et le haut cours de l'Aude et venant aux gorges catalanes de San-Anyol et Talaxa ; — Jeanbernat dans le Capsir et au Puyg Péric ;

— Rérolle excursionnant dans « ce petit coin perdu, la Cerdagne », montant au Puigmal ; — Rochat dans les gorges de l'Aude, la vallée de la Têt, les gorges de Carença (où il pénètre par le tunnel), la vallée d'Eyne paradis des botanistes ; — elles ont Saint-Saud à la sierra de Cadi ; — elles ont le chapitre *Aude et Pyrénées-Orientales* dans le *Joanne* de 1886, le guide chef-d'œuvre auprès duquel le premier *Joanne* de 1858, chef-d'œuvre en son temps, fait maintenant l'effet d'un simple guide Richard ; — elles ont toute une littérature sur le Carlitte ; — elles ont *Souvenirs d'un touriste, excursions et ascensions dans les montagnes du massif de Carlit, Cerdagne française, par Pierre Vidal* (bibliothécaire de la ville), Perpignan, 1887, in-18 de 75 p.; — elles ont Labrouche, seul, humoristique et causeur, — et Labrouche avec Bartoli ; — elles ont Victor Dujardin, homme du Nord ; — elles viennent d'avoir Lefrançois, — le docteur Mony ; — elles ont Emmanuel Brousse ; — elles vont avoir la seconde édition que prépare Vidal de son *Guide des Pyrénées-Orientales* ; — elles vont avoir Harold Spender, Trutat, etc., et Russell encore, dans ses *Déserts Pyrénéens*, écrivant : « *La majesté des steppes immenses et lumineuses de la Cerdagne, pleines de lacs bleus que font étinceler le vent et le soleil, et où les arbres ont l'air d'îlots mélancoliques perdus dans l'Océan, laisse à tous ceux qui les ont vues, des impressions ineffaçables. C'est virginal, sauvage, et magnifique.* »

Donc, « quelques douzaines » de visiteurs, elles les ont — et connaisseurs : elles ont l'essentiel et le suffisant.

Que n'ont-elles donc pas, ces Pyrénées qualifiées d' « inconnues » ? Vous voulez dire pas vulgarisées, pas vulgaires. Que leur manque-t-il ? la cohue, les bandes d'excursionnistes, les cook's à l'anglaise, les scolaires à la française, l'exploitation à la suisse : cela pourra venir. Jusque là, heureuse la Cerdagne, pays perdu, séparé encore

des gares terminus par une journée de voiture ! Bourg-
Madame, où au commencement du xxᵉ siècle se verra
encore cette scène antédiluvienne : dans la cour de l'auberge,
le départ des diligences. Comme au temps d'un tableau de
Boilly !

IV

AX.

Encore dans l'*Annuaire* de 1896 :
L'Andorre, par Félix Regnault.

Voulant savoir « à quoi s'en tenir sur les appréciations
des touristes », fort contradictoires, Félix Regnault prend
le parti d'y aller voir — avec l'abbé Cau-Durban et le
docteur Mellier. On part joyeux, et revoici l'itinéraire
Saldeu-Canillo-Las Escaldas-Andorra-San Julia. Assez froids
à l'entrée, on s'émerveille à la vue des Escaldas ; c'est la
surprise, le clou du voyage. On s'émerveille fort peu sur le
reste et l'on s'étonne du déboisement impitoyable.

Et au total, la « sombre et pauvre vallée », c'est toujours
l'Andorre de Boucoiran ; — de Tonnellé, celui qui s'est le
moins laissé emballer sur l'Andorre ; — de Paul Perret, qui
a le mieux proportionné le nombre de pages à accorder à
l'Andorre. Et en voilà jusqu'au prochain recommencement
sur l'Andorre, qui est « le petit navire » du pyrénéisme....

Concurremment : *Republica d'Andorra* (Barcelone 1896)
par Osona, l'auteur du *Guia Itinerario de las regions de
Pirineos, Cerdanya, Sierras de Cadi y Andorra*....

La grande affaire avec les minuscules andorrans, main-
tenant, c'est le télégraphe, dont la France veut les doter.
Poser le télégraphe à travers un continent ou l'océan, facile.
Mais le faire pénétrer en Andorre !....

D'Andorre, transition indiquée : l'Ariège. Et naturellement, par Ax.

Dans la *Revue des Pyrénées*, 1896, article de J. de Lahondès : *les Lacs des environs d'Ax*. Rapide, très écrit, suggestif.

La vallée d'Orlu, couronnée à droite par de longues et nobles pentes de grand style, à gauche par une muraille que domine la pyramide aiguë du Brasseil ; au fond un rempart de roches grises, ambrées par les vapeurs du lointain, fendues par la brèche qui donne dans le Capsir. Tournez à droite. Une cascade. Montez à dix-huit cents mètres. C'est *Naguilles*, long d'un kilomètre et demi (important, donc guetté par la fatale décantation). Plus haut les deux *Peyrisses*, enfermés dans des crêtes âpres et solitaires. Derrière ces crêtes déchirées, à l'Est, dans le haut val de Oriège, c'est *Beys*, saisissant, et au-dessus, *Fauzy*, petit, carré, resserré dans des roches désolées, et laissant fuir l'Oriège naissante : « vous vous croiriez perdu à l'extrémité d'un monde » (fond d'un cirque de grands pics sauvages : Beys - de l'Etang Fauzy - Lanoux - Lagrave - Pique Rouge- Camporeils). Couchez au lac de Beys (car ces courses sont longues !) au matin franchissez la crête Lagrave, voici le grand, le célèbre Lanoux, entré, lui, dans la littérature pyrénéiste : sombre nappe allongée dans des savanes grises, étendue dans toutes les directions, sauf au Sud où les eaux se précipitent par de superbes cascades dans la gorge de Font-Vive que ferment à l'Est les pentes nues du Col Rouge dont le nom dit la couleur. « Sommets sévères, roches déchirées et stériles ; pendant les sept ou huit mois où les eaux sont immobilisées par la glace, l'affreux silence de ce désert désolé doit donner l'idée d'une planète éteinte. » — De Mérens, maintenant, dans le val de Mourgouillou, c'est *Comté ;* au-dessus, *Couart* dormant dans les roches ; au-dessus encore les deux étangs de l'*Albe* dans leur cirque ; un peu à l'Est *Pédourès* d'où l'on descendrait à l'Hospitalet par le val des Baldarques. Tout ceci « pittoresque, impres-

sionnant, presque terrifiant de morne solitude » : région de
grands pics ruinés (l'Albe 2775, et le cirque des pics de la
Cabanette - Siscarou - Ascobs - Fontargente - Rulle 2778)
« enfermant tout à coup la nappe immobile d'un lac
endormi, d'un bleu d'acier si le ciel est pur, noir et sinistre
comme l'Erèbe s'il est assombri, soulevée en tempête parfois
et lugubre sous la rafale ».—Et à l'Ouest, derrière le rempart
farouche de rocs hérissés, à huit heures d'Ax par la vallée
de Nagear, ou des Cabannes par la vallée d'Aston, dans un
paysage grandiose où tous les charmes de la montagne
semblent s'être réunis, les lacs les plus séduisants de l'Ariège,
ceux de *Fontargente....* (Petits lacs de l'Ariège, vestiges
d'une incomparable grandeur préhistorique ! Ainsi une
famille ruinée conserve quelques bijoux, épaves de la splendeur passée.)

Eh bien voici du neuf ! Que de noms là qui semblent
sonner pour la première fois. Ils sont bien sur les cartes et
dans les guides, mais point dans la littérature pyrénéiste.
Le lexique des hautes régions ariégeoises est encore mystérieux et comme cabalistique. Prononcez au hasard, par
exemple, *Milouga - Turgulla - Cataverdis - Cabayrou -
Caraoussans - Milménut - Siscarou - Régalécio,* etc. ; on
dirait une incantation.

L'Ariège ne doit venir qu'à son heure, à la fin.

V

L'ARIÈGE.

Vallées et monts admirables, mais si peu populaires,
disait Russell en 1872. *Sur mille touristes de Luchon ou
de Cauterets, pas dix qui donnent une heure aux cimes*

neigeuses, aux lacs, aux cascades de l'Ariège. La mode,
chose illogique et absurde!

Pas dix ? Mettez : pas un. La mode ? non, la logique. Il y
a plus urgent ailleurs. L'Ariège n'a pas les éléments décisifs,
cimes maîtresses, glaciers, cirques, Océan, Méditerranée,
Aragon. Il a Aulus, Ussat, Ax, et aussi Carcanières ; ce n'est
pas Luchon, Cauterets, Lourdes et Biarritz. L'Ariège n'est
ni pour alpinistes, ni pour baigneurs-promeneurs.

Mais l'Ariège a sa chaîne frontière (belle chaîne simple,
dont la beauté, remarque Elisée Reclus, est précisément la
simplicité de profil, la forme normale), plus de cent kilomètres
de pics se maintenant entre deux mille cinq cents et trois
mille ! Oh, pics faciles — bien qu'on puisse « s'y casser le
cou si l'on y tient » — sans primeur, sans histoire, conquis
souvent depuis des siècles, portant tourelles, même quelque
fois — et ceci n'est point signe de sauvagerie — des anneaux
dans le nez, que les hypothèses les plus modérées font
apposer par Louis-le-Débonnaire ! — Oui, mais pics pas
vulgarisés, pas « colonisés », pas tartarinés (bien que
l'Ariège ait un Tarascon, mais ce n'est pas le bon); pas pics
à coquilles d'œufs et boîtes de sardines, à promeneurs en
bande, orphéons et yahous. Leur clientèle, rare et très
select. Le Montcalm-Estats a reçu fort peu de visites, mais
de quintessence.

L'Ariège, magnifique réserve pour le jour de l'épuisement
des Pyrénées « héroïques ». La foule et le tapage de Luchon
et de Cauterets n'y viennent pas, dites-vous? Quelle chance!
Mais c'est là le charme ! L'Ariège, régal délicat pour
pyrénéistes fervents, pour pyrénéistes locaux. A part une
ligne de chemin de fer, il est aujourd'hui tel qu'il fut pour
les anciens. Ce sont encore les Pyrénées de La Peyrouse,
de Palassou, de Charpentier, de Chausenque.

L'Ariège fut aimé de l'ancien pyrénéisme botanique. — Il

n'eut point Ramond, hélas ! Mais au Crabère et au Saint-Barthélemy Reboul cotant quelques pics majeurs. — Charpentier, ariégeois un temps, le connut dans tous les fonds, pour en dresser la carte géognostique. De Toulouse aussi, il dessinait le profil de la grandiose barrière à l'horizon : *pique d'Endron dans la vallée de Vicdessos, Estats, Montcalm, Bassiès, Mont-Rouge d'Aulus, Freichets, Terquillia* (Turgulla), *Collat, Trailetto* (?), *Bonrepos, Mont-Rouge, Mont-Valier, Barlunguères, Mail de Boulard, Maubermé, Crabère* ; on devait parler Ariège à fond chez Lapeyrouse.

Mais le premier appel est, qui le croirait? De Melling, c'est-à-dire du préfet. Quand M. de Mortarieu voit arriver le peintre des Affaires Étrangères, dessinateur du Cabinet du Roi, il croit bien avoir trouvé une occasion unique de faire de la réclame à son département, de vaincre « la répugnance des voyageurs » pour cet Ariège relégué alors aux confins de la Terre ; il met à la disposition de Melling le bibliothécaire de Foix et le géomètre en chef du cadastre, qui lui fournissent un Ariège complet : songez que Melling va conseiller ces raretés rarissimes, les courses du lac de Betmale et des cascades de la vallée du Riverot des Bordes ! Melling transcrit sans vivifier, il se garde d'aller voir ; quitter la grande route, jamais ! Il improvise la réclame demandée, en atroce poncif de la Restauration. Un Ariège par hypothèse : je ne vous mènerai pas dans la montagne ariégeoise, dit-il en fait, non ! Mais si je vous y menais, oh ! alors, vous y trouveriez *cette imposante originalité qui fait marcher de surprise en surprise et conduit par de continuelles émotions aux plus vives jouissances; les grands effets de la nature, ses prodigieuses combinaisons, ses contrastes inattendus; mélange d'objets sévères ou riants, agréables ou terribles, et toujours variés : sommités arides suspendues sur de riches prairies, et non loin du ruisseau paisible, rochers perpendiculaires où s'engouffre le torrent furieux qui bondit, roule et tombe au fond d'horribles précipices; vivement émus dans ces noirs abîmes du fracas de ces vagues mugissantes, on se hâterait d'atteindre les hauteurs dans l'espoir d'y trouver ce calme favorable à cette douce et vague rêverie qui est la disposition la plus propre pour jouir en paix du bonheur de l'existence, mais où souvent on ne rencontrerait que le morne silence des déserts et l'aspect repoussant d'une nature décrépite et sans vie que l'on voudrait fuir, et qui néanmoins vous captive et vous retient par je ne sais quel attrait irrésistible. En se rapprochant des moyennes régions on trouverait les huttes, les hameaux pittoresquement situés au milieu d'énormes éboulements, sous un ciel resserré entre des cimes aussi menaçantes et redoutables que les torrents qui bouillonnent au pied de leurs profondes racines.... Ainsi de suite: monts revêtus d'épaisses forêts.., longs et sombres défilés, gorges silencieuses et mélancoliques.., immenses grottes naturelles,* et finalement *pénétrer dans ces antres ténébreux que l'on prendrait pour les avenues de l'enfer et d'où l'homme tire le métal par lequel il parvient à soumettre la nature....* C'est une manière de dire mines de Rancié. Il est bon d'absorber de temps à autre une cuillerée de ce style, cela fait ressortir la saveur de l'école des vrais montagnards.

Le public ne vient point. Mais bien Corabœuf et Testu. Pas de réclame; mais, silencieusement, un Ariège de sommets *di primo cartello*: stationnant *pic occidental du col Rouge* (presque le Carlitte), *Saint-Barthélemy, Montcalm, la Courate* et *Crabère;* — mettant des signaux sur *Mijanès* (Tarbesou), *Jouglan* (l'Albe), *Serrère* (2910), *pic du port de Cabanne* (de Thoumas) et *pic du port d'Orle* (2803), *Maubermé* (2880) et *pic du portillon d'Albi;* — visant

Maringes (Campcardos), *Carlitte, Pédrous, Peyric, Roc
Blanc, Trabessou* (Camp-Ras), *Dinclas* (Ascobs), *Fontargente* (Rulle), *pic du port de Siguer* (Rialp), *Dendron,
Trois-Seigneurs, Estax, Broat* (le nom du Brougat, mais
qui désigne ici le Sullo), *Collat, les Cuns, Mont-Valier,
Montagne de l'Isard.* Mais pour toute littérature, des
triangles et des cotes.

Nouvel appel. C'est une gloire de Chausenque — bien que
rapide et peu insistant et d'écriture légèrement chaotique —
d'avoir inventé l'Ariège. La chaîne y a deux entrées : Saint-
Girons, Foix, chacune avec deux sous-entrées : Castillon et
Oust, Vicdessos et Ax. — Dans sa « reconnaissance » du
Castillonnais, Chausenque est sommaire et incomplet, révélateur néanmoins. — Dans le secteur d'Oust, il est d'une
saveur pyrénéiste intense : il y a là un misérable et malpropre
village nommé Aulus, où l'on vient précisément d'inventer
des sources thermales ; Chausenque invente les montagnes
d'Aulus, demande une route de voitures, appelle les baigneurs
futurs ; il leur parle *Bertrone, Garbet, Guillou, Fouillets,
cirque de Casiarens* et *lac de Mède*, puis il les fait passer
dans la région d'Ustou. On le voit d'ici, le bon Chausenque,
dans des ascensions-promenades au fond d'Aucèze et de
« Cagateille », recueillant avec ravissement de la bouche
de son guide Pey de Simon, le chasseur d'ours octogénaire,
l'indication des pics qui entourent le bassin d'Aulus - Ustou,
noms magnifiés et prenant panache par l'accent méridional :
*Montbéas ! Bassiès ! Caumale ! Très contés de Guilou !
Pontussan ! Montrouch ! pique de Mède ! Trégula !
Colatch ! Montabone ! Flamigelle ! Bonrepos ! l'Allio* (Coro
la Lio)*! Crusous ! Montagnou ! Larretch ! Peyrenère !
Soubiran !...* Quelles sonorités ! Quels aromes ! Quels cadets
de Gascogne ! — Dans la région Vicdessos, Chausenque
prend un grand parti avec le Montcalm, le monter. Il

l'illustre d'un récit resté trente ans célèbre. — A Ax, sur le
Saint-Barthélemy, les pics des ports d'Andorre l'étonnent :
« ils soutiennent l'honneur des Pyrénées ». Cependant il
n'insiste pas.

Résultat inattendu de l'appel. Le guide Richard, qui dans
la montagne n'aime pas les pics, supprime net l'Ariège ! Il
vient quelques guides locaux : la *Notice sur Aulus et le
Couserans* de Bordes-Pagès 1850, et le livre de Boucoiran.

L'Ariège, en réalité, est aux militaires. Jadis le maréchal
de Noailles avec son commentaire de la carte de Roussel.
Hier les géodésiens. Maintenant les topographes, les
Deschiens, Chatillon, Courier, de Balland, Péro, Mamony,
de Cholet, Hulot, etc., les vrais explorateurs de l'Ariège,
vallée par vallée, lac par lac, port par port.

Le guide *Joanne* de 1858, encore vague et de seconde
main.

Nouvel appel : Russell. Dans le Castillonnais il est
contrarié par les événements : la fameuse affaire du passe-
port. Mais à Aulus il met en valeur la cascade d'Arse, le lac
et l'aiguille « inaccessible » de Mède, il ascensionne un pic
Collat (qui a la cote du Turgulla), ayant pour voisin d'Ouest
le *Certescons* effroi des bergers. — Puis le hasard des
événements lui fait prendre par le milieu la chaîne des ports
d'Andorre. Mis en déroute par les côtelettes de chèvre
d'Andorra, il utilise sa fuite pour passer sur le Rialp et
appeler l'attention sur cette grande chaîne ariégeoise « dont
on fait trop peu de cas ». (Et aux deux bouts de cette grande
chaîne il placera deux récits sensationnels de grande allure.
A l'Est, inventant le Carlitte et le lac Lanoux : « *Il faisait
froid. Emprisonné entre tous ces pics austères je
m'attristais, en grelottant dans leurs mornes solitudes où*

ne passaient ni un isard ni un oiseau. Mais au col de Bésines je vis à l'Est un horizon inattendu dont le silence et la stérilité m'électrisèrent. C'était un véritable désert, sans arbres et sans ruisseaux, mais au milieu duquel le plus grand lac des Pyrénées, le lac Lanoux, déroulait sous mes pieds sa vaste et sombre nappe d'eau longue de trois kilomètres. Au delà, au Sud-Est, l'âpre pyramide du Carlitte, drapée de neige, se dressait seule dans une sorte de stupeur... » etc. A l'autre extrémité, après la visite aux lacs de Bassiès, un Montcalm-Estats avec la neige à dix-huit cents mètres, qui supplante celui de Chausenque.) Appel puissant. Mais de Russell aussi ce mot : *rien pour l'amour-propre.* Et il s'en va — c'est en 1864 — chercher la longue gloire dans les Pyrénées centrales. Et des cinq cents pages de ses *Souvenirs,* l'Ariège n'en a pas vingt....

Alors la carte d'État-Major paraît ; pour l'Ariège, point banale d'aspect mais attirante, chaîne simple, mais grande et ravagée ; et la mystérieuse région des ports d'Andorre ; et d'un seul coup prononcés tous les mots de la topographie ariégeoise, les pics à la centaine. Il faut du temps pour habituer à ces nouveautés la littérature pyrénéiste. Elle y viendra par bonds successifs. La littérature ariégeoise sera d'énumération.

En 1868 (alors que Lequeutre attaque à peine les Pyrénées) la troisième édition du *Joanne,* commentaire de la carte d'État-Major, est une monographie déjà complète et une révélation de l'Ariège. Deux points à relever.
Premier point :
Une très curieuse donnée : considérer que le Castillonnais est dans le rayon d'action de Luchon ; ainsi cesse la brisure des Pyrénées à l'Est de la Garonne, ainsi se crée l'enchaînement, le passage de la Garonne au bassin du

Salat. Itinéraires : de Luchon par le col de Portet à Castillon ;
— Luchon à Seintein par Fos, le col d'Aouardo 2222 et la
chapelle de Notre-Dame de l'Isard, dont Chausenque
préférait le pèlerinage à celui de Héas ; — Luchon à Seintein
par Fos, le col d'Aouéran et le lac d'Araing sous le Crabère ;
— Luchon à Seintein par Lès, l'étang Liat, et la Hourquette
de Seintein voisine de l'étang d'Albe (peu faite cette Hourquette de 2545 : combien sont-ils qui soient allés de Luchon
à Seintein par la Hourquette ?)

Notez qu'avec de nouveaux moyens de locomotion et la
reprise des grandes routes, la conception de l'Ariège
ressortissant à Luchon métropole thermale sera parfaitement dans la vérité. Et le col de Portet d'Aspet, capital,
sera le nœud réunissant les deux moitiés des Pyrénées.

VI

SUITE. — LES PORTS D'ANDORRE.

Second point :

A l'autre bout du département se détaillent enfin les
ports d'Andorre, ports de hauteur énorme, à peine dominés
par les pics, et obstrués les trois quarts de l'année. Ceci est
tout neuf : une exploration de sierras françaises.

[Mais le véritable explorateur des ports d'Andorre —
toujours très étudiés par les militaires (voir le capitaine
Fervel) — avait été le lieutenant Péro. Dans la campagne
de 1850, enfermé entre le capitaine Deschiens faisant le
Carlitte, le lieutenant Mamony faisant le Montcalm, et les
capitaines Chatillon, Courier et de Balland faisant la montée
de Vicdessos vers les ports d'Andorre — jusqu'au parallèle
de l'étang Fourcat — Péro avait eu à dresser presque à lui
seul cette singulière feuille de l'Hospitalet, dont les trois

quarts sont du papier blanc comme territoire espagnol, mais dont l'autre quart, en une bande étroite, comprend soixante-dix kilomètres de chaîne frontière, du pic de Canalbonne au Campcardos, et, dans les interstices d'une armée de grands pics, tous les ports d'Andorre.]

De Vicdessos, laissant à droite le chemin de Pla Subra et du Montcalm, une marche de vingt-cinq kilomètres vous mettra à l'extrême fond de la vallée de Soulcen, au *Pla de la Cruz*. L'endroit est curieux. La France y projette en Espagne une pointe de territoire, un véritable fer de lance de sept kilomètres, sur cinq de base. Placez-vous face au Sud, vous avez ports et frontière à droite, en face, et à gauche. [*Pique d'Estats* sur le vallon de Rioufred, *Canalbonne 2966* (*port de Roumazet* donnant dans le Val Ferrera), *la Rouge* ou *la Soucaranne 2906* (*port de Bouet*), *pic des Lavans, Médacourbe 2907, Bareytes 2860* (*port d'Arinsall* menant en Andorre à la Massane ; vue recommandée), *Cataverdis* (*port de Rat* ou d'*Ordino 2868*), *Cabayrou 2735* (*port de Caraoussans 2680*, aimé de la contrebande andorrane) et *pic de l'Etang Fourcat*. Et la chaîne frontière reprend ici la direction normale Ouest-Est.]

De Vicdessos encore (laissant à droite la vallée de Soulcen), une marche interminable par le val d'Arbeille, (ou d'Artiès) l'*étang d'Izourt* (laissant à droite le grand *étang Fourcat)* vous mettra au *port d'Auzat* ou d'*Arbeille* (ou d'*Albelle*) débouchant en Andorre dans le val désolé de Tristanya.

De la route de Vicdessos (laissant à droite Arbeille), — ou mieux, de Siguer, une longue marche facile, par le *lac de Peyregrand* et l'*étang Blanc*, vous placera au *port de Siguer 2594*, que nous savons par Russell être au milieu d'une chaîne de grands pics de 2600 à 2900, *Tristanya-Rialp-Serrère*, etc., et qui descend à Andorra.

Des Cabannes, maintenant, par la vallée d'Aston et

l'embranchement de Tiouges (mitoyen à droite avec Siguer), par l'*étang de la Sabine* sous le *pic de Thoumas,* et l'*étang de Soulanet*, passez par le *col des Bagnels* ou *des Peyréguils* 2585, qui vous fera rejoindre le sentier d'Ordino par Siguer.

Des Cabannes, encore, par toute la vallée d'Aston, une marche — énorme, toujours — vous mettrait au col peu usité de *Portaneille,* — et mieux, par la belle région des *lacs de Fontargente,* au facile *port de Fontargente* ou *de Dincla* 2252.

D'Ax enfin (sans parler du *port de la Cabanette 2761)* les ports classiques *de Saldeu* et *de Framiquel* ou d'*Embalire.* — Puis, fort peu classique, la *Porteille Blanche....*

Tout cela, disait Russell, semble bien compliqué, mais c'est « une vraie plaisanterie »....

Voici donc la grande chaîne frontière connue ?

Un moment ! Nous ne savons que la moitié de l'essentiel. Car nous ne savons pas les noms des montagnes que, de la grande chaîne ariégeoise, on voit au Sud. C'est « un fouillis », aurait-on dit au temps de Chausenque. En 1864 Russell, de l'Estats, voit à huit kilomètres au Sud un pic très élevé et ne peut en établir le nom ! (le Monteixo 2904). Et la carte de l'État-Major s'arrête à la frontière.

Ce sera le rôle de la Pléiade de nous nommer les pics espagnols, et de voir la haute chaîne ariégeoise par le Sud. Chausenque l'avait longée par le Sud jusqu'à son fameux port de Berbégué. — Lequeutre la longe en entier, appelant l'attention sur les beaux ports de Bouet et de Rat. — Gourdon la voit de tous les grands observatoires espagnols, du Montarto à la Coma-Pedrosa, s'en rapprochant pour y prendre le Mont-Rouge ou le scabreux Médacourbe, et, comme il franchit le port de Siguer, nous révélant la beauté du haut cirque français dans la région du lac de Peyregrand à l'Etang-Blanc : « Quelles merveilleuses silhouettes que celles de Vielle du Cercle 2712, Bourbonne 2683; de Neych, du Bouc, du Pas du Chien, de Mille-Roques, etc. Cette haute vallée de Siguer, granitique, à terrasses de roches polies, rappelle Ruda. » Donc, course recommandée. — Saint-Saud franchit les ports ariégeois, les décrit (il signale le port d'Ustou comme dangereux par mauvais temps, quoique bas ; il y trouve des victimes récemment enterrées, trois femmes espagnoles), monte la Rouge (ou la Soucaranne).

Schrader travaille, avec Huot et Chesneau. Et voici la carte au cent millième. Les deux versants.

Le *Joanne* multiplie ses itinéraires qui couvrent les montagnes ariégeoises comme un réseau.

Et remarquons maintenant que, tous les ports d'Andorre, le *Joanne* les donne, comme dépendances, à Ax.

VII

AX-LES-THERMES.

Ax, en effet, centre de courses extraordinaire. Ax possède un pic du Midi de Bagnères, qui est ici un pic du Nord d'Ax : le Saint-Barthélemy. Ax a sous la main trois belvédères : Tarbesou, le Brasseil, la Tute de l'Ours. Ax a ses trois hautes vallées : Ascou, Orlu, Mérens (Lauze, Oriège, Ariège) ; en haut, les lacs, les pics et les déserts de granit. Ax a le Carlitte. Ax a la vallée de Nagear. Ax a une quatrième vallée, descendante, l'Ariège : Ax est métropole des Cabannes, Aston et Fontargente. Elargissons le cercle d'action, les dépendances d'Ax ne se comptent plus : Ax commande Quillan, le pays de Sault, le col de Marmare,

Belcaire, le défilé de la Frau, le col de Pradel et le Rébenty,
le col de Paillers, le Donnezan et les gorges de l'Aude ; la
porteille d'Orlu et le Capsir, les lacs de Carlitte et la source
de la Têt. Ax détache une diligence sur la Cerdagne et
Puycerda. Ax a l'Andorre. Enfin, le chemin de fer vient
mettre tout contre Ax Tarascon, donc Vicdessos, donc
donner à Ax tous les grands ports de Siguer et d'Auzat,
et le Montcalm....

Que de courses ! qu'on ne fait pas. Pourquoi ? Parce que
c'est la grande course pyrénéenne, seize heures de marche,
course pour bien portants ! Ou la course de deux jours, ou
les voyages plus longs encore ; au total il y en a pour un
mois ou six semaines : explorations pour gens qui ont le
temps.

À Ax, on n'a ni temps, ni santé. On y vient parce qu'on y
est obligé, pour se soigner, et l'on n'y reste que le strict
nécessaire. Comme en toute ville d'eaux d'ailleurs. Et de
plus Ax n'a pas la réputation d'être gai....

Et alors un dernier appel ; ces *Lacs des environs d'Ax*,
de Lahondès, que nous citions plus haut. En même temps,
(et encore dans la *Revue des Pyrénées*) un article sur *Ax et
ses environs*, de Mme Lafagette.... Il y a grand deuil encore
en 1896 dans les environs d'Ax ! L'année précédente, par les
formidables neiges exceptionnelles de 1895, l'avalanche a
écrasé Orlu, tuant dix-neuf personnes sur le coup ! (Et
voilà ce qu'il en coûte, ô routiniers incorrigibles, de
déboiser à outrance ! Voyez sur ces avalanches, la
conférence de Trutat, *la Neige dans les Pyrénées en 1895*
et la brochure de Marcailhou-d'Ayméric.)

D'Ax — pardon ! de la ville d'Ax, *la bilo d'Ax*.

Ax n'a jamais voulu accepter tout sec son monosyllabe
coassant. Il y a mieux, il vient de le faire allonger par
décret présidentiel : désormais c'est *Ax-les-Thermes*.

(Ax-les-Thermes, le nom est habile. Sévère, médical,
promettant guérison ; contrastant avec le brillant de la
Reine des Pyrénées, Luchon-le-Casino. — Ax-les-Thermes :
le mot pour avoir peut-être un jour la chose. Qu'y faut-il ?
Un maire d'envergure — l'oiseau rare, d'ailleurs — et une
compagnie financière audacieuse ou cynique : faire choix
des maladies que l'on aura décidé de guérir, ou les prendre
toutes ; bâtir un établissement dernier cri, faire une
immense réclame, et d'un coup de baguette Ax-les-Thermes
devient colossal. Les eaux sont restées les mêmes, mais la
présentation a changé, et en matière thermale la présentation
est tout. À Luchon les eaux sont toujours incomparables,
mais la présentation date de 1850 : elle a prodigieusement
vieilli... Le grand problème thermal pyrénéen. De Luchon,
d'Ax-les-Thermes, qui le premier aura la grande machine
thermale archimoderne ? (En attendant, Ax est primitif.)

Paul Perret avait dit le *cadre austère* de la belle station,
— *car après tout elle est belle,* — son *charme particulier
d'harmonie sévère.*

Mais mieux encore, le capitaine R.... en un vif croquis —
a peint Ax-les-Thermes, le Teich, l'hôtel du Bret gardant
encore le charme romantique de l'époque des diligences et
des chaises de poste, la séduisante tranquillité, et — par une
nuit magnifique et douce infiniment — la place du Breilh,
et le lavoir rectangulaire où s'évapore l'eau bouillante
naturelle ! le Couloubret animé, les promeneurs allant et
venant, les consommateurs aux cafés — gaîté de bon aloi,
toilettes simples — les demeures particulières épandant au
dehors des harmonies de piano, tandis que l'Ascou sursaute
dans son lit de pierres roulées et que, sur l'horizon criblé
d'astres du ciel d'Andorre, se profilent des montagnes
d'ébène. Rien de trop luxueux, l'on se sent le cœur satisfait
et *familialement heureux.*

Ah, il était plus allumé, à Luchon, le jeune officier !

Et puis, savez-vous ce qui manque au département de
l'Ariège ? Eh bien, c'est lui, le capitaine R.... Il lui a
consacré trois récits *(Foix à Massat et Saurat,* nous l'avons
cité ; *Foix à Vicdessos* ; *Ax-les-Thermes et les confins d'Andorre)* de fin écrivain bien particulier. C'est juste pour faire
regretter ce que l'Ariège a perdu à n'avoir pas le volume !

Nous aurons autre chose. Pour explorer Ax-les-Thermes,
il faudrait séjourner exprès à Ax-les-Thermes. Or quelqu'un
fait mieux, il y habite. Nous le connaissons déjà: le
pharmacien Hippolyte Marcailhou - d'Ayméric (parent du
Marcailhou des valses), pyrénéiste, botaniste, ayant la passion
convaincue et érudite des Pyrénées, des montagnes d'Ax.
Il s'est voué à la monographie de la chaîne ariégeoise.

Auteur d'un *Ax thermal et pittoresque,* 1885, et d'une
Monographie de la ville d'Ax, 1886, depuis 1884 chaque
année il va herboriser avec son frère, prêtre — et les deux
frères, de longueur et patiemment, préparent une longue
série de relevés hypsométriques, de cotes de hauteur, qui
permettront l'établissement d'une carte précisée du pays
d'Ax.

Nous l'avons entrevu en Andorre et dans la *Revue des
Pyrénées* ; nous le retrouvons dans le *Bulletin Ramond* en
1896, avec *De Salau à Luchon par le val d'Aran.* C'est
Chausenque revenu, sachant nommer ce qu'il voit (la littérature ariégeoise est essentiellement d'énumération) ; cette
fois, au port de Salau, « sur le versant espagnol, magnifique
spectacle » : au loin les Encantados, Sabourédo, le massif de
Ruda, Roca-Blanca ; et dans la chaîne frontière à l'Ouest,
*Montagnol, Berbégué, pic d'Aula 2436, les Cuns 2528,
Palo de Claouère 2670, Sernaille 2625, Trois Comtes
2689,* à l'Est *Bassibié 2540, les Mulats 2728,* masquant
les *Mont-Rouch* de France et d'Espagne. — A l'hermitage
de Mongarri c'est Chausenque, rien n'a changé : voici la

mauvaise chère et le vin de la Conque; c'est l'époque de
la transhumance, la salle commune est envahie par les
bergers d'alentour. — Voici le pla de Béret, le Goueil de
Joueou, la Coume de Pouméro, le pas de l'Escalette,
Luchon. C'est Chausenque....

Voici maintenant *(Bulletin Ramond)* avec l'ascension
botanique de la Coma-Pedrosa, celle d'un grand pic
Andorran, le *Puig dels Pessons 2865*, voisin de l'*Alt-del-
Grio* et d'*Ensagens;* l'exploration de cette région et de la
constellation des dix-huit lacs dels Pessons, etc., est un
élément nouveau.

En 1896, c'est — avec l'instituteur Guilhot, Baptiste Olive
et les guides Pierre Salvaing et Barthélemy Lassalle dit
l'Aureille, — par la *Coume de Seignac* (retour par la
Coume d'Ose), l'ascension en herborisation du pic de la
Serrère 2911 *(première ascension* et pas de trace au
sommet; et Corabœuf porte expressément le pic de la
Serrère comme visé *sur le pied du signal??)*

De là se précise par un feu d'artifice de noms cette
grande chaîne ariégeoise jadis admirée du Rialp par
Russell. Le demi-cercle de pics frontière qui embrasse
l'Andorre: à l'Est au loin *Campcardos,* puis se rapprochant
les deux *pics Nègre 2812* et *2878*, le *pic d'Embalire
2804, Maya 2660, Ortafa 2690, la Cabanette 2841,
Ascobs 2775, Albe 2764, Rul 2788, la Coumette 2710,
Milménut 2735,* — puis la Serrère — et s'éloignant vers
l'Ouest, *Coume de Seignac 2686, Sal 2767, Thoumas
2743, Arial 2670, Rialp 2903, Fangassés 2899, Tri-
Stagnes 2879, Cabayrou 2735,* et entre ces deux derniers
pics, au loin, vue sur les cimes neigeuses du Montcalm-
Estats masquant les Pyrénées-Centrales....

En 1897, les *Relevés hypsométriques... de la haute
Ariège*, avec une excellente *carte au 80.000ᵉ du canton
d'Ax-les-Thermes* (et des massifs de Puymorens et Font-

Nègre) sont prêts (pour le *Bulletin Ramond*) : 835 altitudes, dont 663 nouvelles. Que de pics dans un seul canton quand on veut préciser; quelle avalanche de noms ! les Font-Nègre, Lasqueille 2852, les Padrons, Pédrous, Sabarthès, Kerfourg, Esquifolaygo, Tos-Bessatel, Trespount 2660, Auriol, Estagnas, Agnel, la Gironneille, Maya, Ortafa, Gardiola, Cap del Port, 2710, la Fontaine des Isards, la Cabanette, Signal de Siscarou 2830 (les frères Marcailhou y ont mis un cairn), l'Albe, les Maures, Clote-Flouride, Pédourès 2505, pics d'Esteil, de l'Etang-Rébenty, de Lagrave 2660, Piques-Rouges 2700, Camporeils, Mortès, Moustier, Terrès, pic Porteille-d'Orlu, Roc-Blanc, Campras, Valbonne, Bourbou, Beys 2583, Outsis, Aniel 2639, Peyrisses 2690, Nabré, Esquinodaze 2687, Costo-Rébéno, pic de l'Homme, Tarbézou, Tute de l'Ours, la Coumète, la Birade, Calmettes, Lauzate, Ascobs, Rulle, Cazalassis, etc., etc. Les *Relevés hypsométriques* sont énumératifs : il faut regretter qu'ils ne soient pas précédés de quelques renseignements pittoresques sur treize ans de campagnes et de sensations dans une région inédite et grande. Ceci laisse donc à faire, dans la littérature pyrénéiste, un livre sur les « cimes ariégeoises », peu pratiquées.

Dès longtemps, Marcailhou-d'Ayméric possède à fond son Saint-Barthélemy et son Montcalm : il vient de faire son Mont-Valier. Il en prépare des monographies qui, sous le titre *Explorations ariégeoises* (botaniques), paraîtront dans le *Bulletin Ramond*.

Du Saint-Barthélemy, l'énumération des pics, poussée au-dessous de 2500, est homérique. Trop : les arbres empêchent de voir la forêt.

Du Montcalm la vue va du Canigou au Posets. Les pics vers l'Est, nous les connaissons, les ayant énumérés tout à l'heure du fond de la vallée d'Auzat. Allant vers l'Ouest nous trouvons *Guins de Lase 2950*, *Brougat 2881*, et nous retombons sur la chaîne d'Aulus, *Ventefarine*, *Turgulla*, etc.

La suite est à voir du Mont-Valier.

<h1 style="text-align:center">VIII</h1>

<h3 style="text-align:center">LE MONT-VALIER.
LA VALLÉE DU RIVEROT DES BORDES.</h3>

Le Mont-Valier n'est peut-être pas un grand roi, mais il est nettement un roi. Roi du Couserans, comme le Montcalm est roi du pays de Foix. Devant lui, sur trente kilomètres la chaîne frontière s'humilie et fait le salut d'étiquette, le « plongeon ». Roi débonnaire ; protocolaire cependant, ne donnant audience que dans deux mois d'été, et exigeant au pied du trône certaine courbette qui suffit à écarter les gens sans éducation, lesquels s'en tiennent à rester dans l'antichambre. Quinteux quelquefois et se rembrunissant : beaucoup n'y ont trouvé que le brouillard. Si abordable qu'il est peut être le premier grand pic « fait ». Son premier ascensionniste passe pour être Valier, Saint Valier, premier évêque du Couserans, troisième siècle : avec la ferveur des chrétiens pour qui la montagne est un autel fait de la main de Dieu, et comme une étape vers le ciel, il y alla planter la croix. De cette affaire il eut le pic à son nom, ce qui est du dernier alpinisme. La croix, renouvelée en 1672 par l'évêque de Marmiesse, y est encore.

Les premiers seront les derniers.... Par le hasard des circonstances ce pic premier fait ne sera complètement monographié qu'à l'extrême fin du pyrénéisme de découverte.

Il ne fut point station géodésique.

Chausenque en fit le grand tour complet (Luchon, Mon-

garri, Seix, la Core, col de Nédé, Fos) et dès lors jugea
superflu de l'aborder.

Une bonne fortune cependant. Le Mont-Valier a l'un des
plus rares morceaux de la bibliophilie pyrénéiste, le récit
de Marc de Lassus : *Une ascension manquée, souvenirs de
la vingtième année* (Paris Martinet, 1856, in-12 de 222 p.),
un rapide article dont une belle et large typographie a fait
un volume précieux, tiré à cinquante exemplaires.

La scène se passe en 1850.

En substance : Marc de Lassus et un ami, convoitant
le Mont-Valier, débarquent de la diligence à Saint-Girons :
un tilbury les mène par le fameux « pont de la Taule »
à Couflens. L'auberge, pleine de naturels du pays en
cercle autour du feu. Chacun s'offre pour servir de guide,
chacun vante un itinéraire différent, tout le monde parle
ensemble, bruit croissant, propos aigus. Très pyrénéen.

Survient le guide arrêté d'avance, Poulet Rumatch, un
géant : les apprentis ascensionnistes font de lui « un buffet
ambulant », cinquante livres de victuailles et dix-huit
bouteilles. Rumatch mène ses voyageurs droit... vers le port
d'Aula. — *Vous allez en Espagne ?* disent les bergers des
cabanes d'Aréou, *Dieu vous garde et vous donne le beau
temps. — Merci, mais nous allons au Mont-Valier.—Eh!
vous lui tournez le dos !* — Rumatch humilié mais têtu : *Si
nous lui tournons le dos c'est pour mieux l'avoir après....*
Et il continue sur le *prat Mataou,* le pré du Massacre (d'un
massacre d'Espagnols envahisseurs, naturellement), enfin
sur le port d'Aula.

Le récit de Marc de Lassus est d'apparence héroï-
comique, au fond il est d'un pyrénéisme exquis. Son
morceau du port d'Aula est saisissant. Sous un ciel clair
drapé de nuages à grande hauteur, une étendue bouleversée
de pics et de profondeurs fuit à l'horizon ; à gauche sur la

longue arête frontière, s'ouvrent les échancrures et les
brèches qui servent de passages, Salau, Ustou, puis les
crêtes de Collat Montabone, les sommets ardus de Massat
et Vicdessos, et les cimes neigeuses d'Andorre. Sous les
pieds, dans un repli se cache Tabescan. La forêt de Bédet,
et au-dessus de la zone touffue, s'élançant vers le ciel, des
escarpements dépouillés et stériles : *Rocablanca*, le plus
imposant de ce groupe de géants, *Bédet, Soulabéro, Mari-
magna, Tussou, Isiou, Dallous*, décharnés, déchirés de
ravins divisés en fissures, solitudes empreintes d'une
sauvage tristesse, où planent silencieusement l'aigle et le
vautour ; les pelouses sont brûlées par le soleil, une teinte
rougeâtre colore les terrains ; au loin les montagnes de
l'Aragon et de la Catalogne se perdent dans le vague de
l'horizon. Au premier plan la gorge, assombrie par des prés
de pins rouges et de sapins séculaires, qui renferme la chapelle de Mongarre ; au second les altières sommités d'Aran.
Au-dessus de ces forteresses de granit, amas de pointes qui
dépassent 3.000 mètres, la Maladetta souveraine.... Autour
d'elle, ses grands vassaux, Fourcanade, Posets, Perdighère,
Quairat, Maupas, les crêtes éblouissantes d'Oo, de Néré, de
Clarabide ; derrière, à perte de vue, les silhouettes azurées
des montagnes d'Aure et de Barèges. Plus près, les grands
contreforts, Gar, Cagire, puis le Crabère, le Maubermé, les
escarpements du port d'Orle, les hauteurs du Castillonnais
et de Betmale. (Eh mais, pour du 1850, ceci est bien !)

Il s'agit maintenant d'aller, suivant le guide, prendre le
Mont-Valier par le revers espagnol du port d'Aula. Mais de
Lassus a pour chaussure ses fines bottes de jeune élégant.
Bientôt ses pieds meurtris lui refusent tout service, il
tombe épuisé, prend les chaussures de Rumatch, continue
dans la fatigue extrême, et quand il croit toucher le
sommet du Mont-Valier, le voit vertigineusement à plus de
trois cents mètres sur lui. Abattement, épuisement, fièvre,

retraite. Descente atroce — un moment sur les épaules du guide — aux cabanes d'Aula, après quatorze heures de marche. Un tableau des cabanes d'Aula est obligatoire dans le récit d'une ascension au Valier : le morceau du « cortal d'Aula », ici, est charmant....

Le *Joanne* de 1858, qui connaît très bien son *Tuc d'Eychelle,* son *Roc de Bélane,* son *cap de Bouircch* indique, mais vaguement, le Mont-Valier à faire de Seix par le col de Cruzous. Ce n'est pas encore bien su.

Russell ne va pas au Mont-Valier : il lui garde rancune. Il indique bien dans ses *Grandes Ascensions* l'itinéraire col de Cruzous avec trois variantes ; mais dans ses *Souvenirs* vous chercherez en vain la course — et dans la table des matières, le nom — du Mont-Valier. Comme Chausenque il en a fait le tour : par Viella, Alos, le port de Salau, Couflens. Mais c'est au pied du Valier, à Couflens, que les douaniers l'ont arrêté ! *J'avais l'air d'un Robinson, mais non d'un criminel,* dit-il....

Le *Joanne* de 1865 abandonne le col de Cruzous et donne en détail la montée du côté Seix, par les cabanes de l'Artigue, le plateau d'Aula, le passage sous le Sud du pic par le *col de Peyreblanque,* et le fameux bloc de rocher sous lequel il faut « se glisser de son mieux ». — Il donne plus, il indique l'ascension par l'Ouest (par le côté Betmale), bref il décrit la rare vallée du Riverot de Bordes, *très curieuse à visiter et cependant très rarement parcourue,* très longue, mais avec de superbes cascades, et au fond le grand cirque qui renferme l'*Etang Rond* et l'*Etang Long,* dominés par le Mont-Valier (dix heures de marche depuis le village des Bordes). Au fond le port de Girette 2620, peu nommé, point visité, apprécié des contrebandiers.

Ici un joli article — *Quelques jours dans le Couserans (Bulletin Ramond)*, de Gourdon venu en 1880 se reposer chez l'abbé Cau-Durban, alors curé des Bordes (retour à Luchon par Notre-Dame de l'Isard et le col d'Aouardo) — nous fait parcourir la vallée du Riverot jusque sous le Tuc de Laouet-Rade, au confluent des torrents des lacs Rond et Milouga : nouveaux noms de pics (sans parler du *Tuc del Coucut !*) et cet appel : « *Le val de Riverot est sauvage.... Ses seuls visiteurs sont les bergers et les contrebandiers.... Pauvre et curieuse vallée! que de longs jours doivent se passer sans qu'on vienne admirer tes sites; le contrebandier n'existe plus, la balle ne rapporte pas assez pour qu'on risque sa vie dans les dangereux couloirs de la frontière, les touristes n'y vont jamais, le Riverot n'est pas à la mode....*» (tant mieux !)

Vers ce temps, de Monts prit le Mont-Valier en janvier.

Le *Joanne* de 1886 perfectionnera en indiquant sommairement le panorama du Valier, notamment sur les montagnes de Ruda, des Encantados, d'Espot, de Moncenito. La Pléiade est passée par là. — Pour la « *gorge extrêmement sauvage du Riverot, c'est là qu'il est indispensable, si le temps n'est pas sûr, d'avoir un excellent guide* ».

La littérature du Valier va se former, égarée malheureusement en majeure partie dans de petites feuilles locales. Par exemple, J. de Lahondès dans *l'Etoile de Pamiers*, 1882.

En 1885 Trutat, Caralp (géologue de la Faculté des Sciences de Toulouse), Félix Regnault, l'abbé Cau-Durban, curé des Bordes, archéologue, et l'abbé Saint-Sernin, curé d'Arrien, prennent le Mont-Valier par un superbe itinéraire de trois jours; du côté Betmale. Coucher à la cabane forestière du lac. Forêt de Cadus, franchir la crête, passer aux cabanes d'Eychelle, franchir le portet d'Eychelle (2300,

belle hauteur pour un port de sous-contrefort), descendre
dans le cirque où sont, au pied du Valier, les étangs de
Milouga, Araouech, Cruzous, passer la nuit dans une cabane
de pâtre, horrible. Franchir les Louzets, retomber dans
le bassin des étangs Long et Rond, et ascensionner le pic :
mer de nuages sur la France, ciel lumineux en Espagne.
Descendre l'admirable Riverot. Malheureusement, tout ce
beau voyage gâté par le temps. — Brochure : *Excursion
au Mont-Valier par la vallée de Bethmale*, Foix, 1886
(de l'abbé Cau-Durban), et article de Félix Regnault dans
le *Bulletin de la Société de Géographie de Toulouse*,
1886.

Le Mont-Valier a ses fidèles : une clientèle de pyrénéistes
locaux, de « valiéristes » habitant à pied d'œuvre, de prêtres
du Couserans qui aiment y monter prier ou célébrer la
messe. Tel l'abbé Perpère, curé de Castillon, écrivain pyrénéiste à ses heures (et qui a donné par exemple au *Moniteur
de l'Ariège* : *Une excursion de Castillon à Luchon par la
montagne*, 1895). Un ariégeois de Seix, Garié, monte quinze
fois, manque s'y tuer et c'est lui qui décrit enfin en détail
le prestigieux panorama. Trois effroyables précipices immédiats : Milouga, Artigues et Arcouzan. La grande chaîne à
plusieurs centaines de mètres sous les pieds. Les contreforts,
les pics enfermés en France, paraissant peu de chose. Les
pics frontière en venant de l'Ouest : *Crabère, Pyramide de
Serre, Maubermé, Mail de Boulard, Orle, Girette, Trois-
Comtes, Sernaille, Palo de la Claouère*, et vers l'Est,
s'éloignant, *les Cuns, Berbégué, les Mulats, les Mont-
Rouch, Ruhos, Montareing, Coro la Lio, las Roujos,
Montabone, Certescans, Turgulla, Ventefarine* (ici nous
retombons sur Brougat, Guins des Taps, Guins de Laze,
Estats) et des cimes infinies se haussant les unes derrière
les autres jusqu'au bleuâtre lointain de l'Aude et des
Pyrénées-Orientales. Par une échappée, la plaine de Tarbes.

Sous les pieds les cantons du Saint-Gironnais. Au delà, la plaine immense. Derrière soi, la masse blanche de la Maladetta : les regards se tournent irrésistiblement vers le Posets et Oo ; plus près, vers les hautes sierras de Montarto, Ruda, Encantados, Espot....

Bel observatoire, le Valier !

Labrouche et Bartoli dans leur tournée de 1889 y montent par Seix ; au sommet, pris par le brouillard ! Ce qui fournit d'ailleurs à leur guide Rieu l'occasion d'une descente impeccable sans dévier d'une ligne, un tour de force (double récit, nous l'avons vu).

En 1894 après le pèlerinage à Notre-Dame d'Isard, l'abbé Perpère, avec le Père Marie-Amand, carme de Pamiers — celui-ci comme Simon le Cyrénéen, portant la croix, qu'il veut planter au sommet du Maubermé — couchent au gîte « infect » de Bentaillou, puis passent la Hourquette dans le brouillard : il y faut laisser la croix et renoncer au Maubermé. Au-delà de la Hourquette le guide ne sait plus rien, mais on parvient à se diriger avec la carte Schrader. Descente à Notre-Dame de Mongarri. Le lendemain, après la messe à quatre heures du matin, passer le port de Girette, descendre de six cents mètres aux étangs Long et Rond, remonter au Mont-Valier, et descendre à Castillon par le Riverot à deux heures du matin ; ci, une journée de vingt-deux heures, racontée avec beaucoup d'entrain et de pyrénéisme par le Père Marie-Amand dans un journal ariégeois, où l'abbé Perpère l'a mise en vers.

Et maintenant en 1896, on se l'arrache, le Mont-Valier ! Dans la *Revue des Pyrénées*, article de Creissels : *Une ascension au mont Vallier*, brouillard partiel. L'auteur fait remarquer qu'il n'y a rien sur le Valier dans les écrits pyrénéistes, et en particulier dans le C. A. F. Ce qui est vrai pour l'*Annuaire*, mais non pour le *Bulletin Sud-Ouest*. Sur ce, dans la *Revue des Pyrénées*, note-réclamation de

Labrouche, sous le titre *Encore le Mont Vallier*, et *Recti-
fication* de Marcailhou-d'Ayméric qui vient de monter le
Valier en 1895, et de décrire dans la *Revue Ariégeoise* sa
course par Seix, descente par le Riverot (mauvais temps,
toujours!) étang Long, étang Rond, cascade du Pas de
Lauze (80 mètres), splendide chute de Nereich ou Escalo
Néro (200 mètres), puis le Riverot recevant ses affluents, à
gauche le Barlonguère (cascade de 250 mètres en trois
bonds), à droite le Muscadet déversoir de Cruzous, cascade
de Moussès (mais c'est en montant qu'il faut faire cette belle
vallée).

Le Valier n'est pas difficile, mais il n'est pas banal. La
course est si longue! deux jours, dit-on. — Pardon! deux
jours, de Seix! Et Seix, à combien de jours du reste du
monde?

Un fait pourrait changer tout cela et vulgariser, gâcher, le
Mont-Valier : le passage, par Seix, du transpyrénéen.

On en parle beaucoup, en 1896, aux Pyrénées et dans les
revues pyrénéistes, de ce transpyrénéen. Toutes les vallées
en sont enfiévrées; c'est à qui lui fera des avances; elles ne
pensent qu'à *pister* le transpyrénéen.

Cela fait penser au transpyrénéen rétrospectif. Labrouche
soutient que la grande route carrossable anté-romaine et
romaine, la Ténarèse, qui mettait les Gaules en communication avec l'Espagne, passait la chaîne au port de Plan,
et qu'il est resté au dit port une voie carrossable jusqu'au
dix-septième siècle....

Que l'on parle chemin de fer transpyrénéen en 1896, c'est
naturel. Mais, quand les chemins de fer étaient encore à
peine nés, déjà l'on étudiait le transpyrénéen. *Recherches
sur les grandes voies de communication... entre la
Garonne et l'Èbre, par Colomès de Juillan, ingénieur en
chef, député des Hautes-Pyrénées.* Paris, 1841, in-4°. La

grosse question est le percement du noyau central. L'auteur l'élimine pour la vallée d'Aure et Riou-Majou, et le préfère par le calcaire, Estaubé-Pinède-La Ainsa, mieux encore par le tunnel de 7.000 mètres Gavarnie-Cotatuero, ou par Gavarnie-Boucharo.... En 1841 !

En 1896, les propos sur le chemin de fer transpyrénéen durent donc depuis cinquante-cinq ans !

LA VULGARISATION

(SUITE)

IX

CENTENAIRE DE TUQUEROUYE.

1897. Voici cent ans que Ramond a fait le coup de maître de Tuquerouye.

Aujourd'hui, un décor d'avant-dernier tableau d'opéra. L'orgie. A Pau, banquet à l'hôtel Gassion. Le congrès du Club Alpin.

A cet événement le *Bulletin Pyrénéen* consacre un numéro spécial (*8 bis*) avec photos : et c'est une manière de chef-d'œuvre. Sacodo, Piolet et Piquenmain y rivalisent de bonne humeur pour narrer la genèse d'une tel congrès, la rude élaboration administrative, puis dans l'exécution l'activité des commissaires couchés à deux heures du matin, sonnant le réveil, gourmandant les cochers, veillant à l'avoine, assurant le déjeuner, ramassant — le sourire aux lèvres — les coupons de paiement, et même, « suprême ironie pour des alpinistes », surveillant le transport des bicyclettes…. Ils disent l'étonnante fortune de ces congressistes — au fond, tout simplement des excursionnistes à tarif de faveur — à qui, parce qu'ils sont venus se voiturer aux Pyrénées confortablement et économiquement, la municipalité offre le champagne d'honneur, pour qui la *Lyre paloise* chante l'hymne russe et la Marseillaise, que la fanfare de Lourdes escorte aux sons de la « Marche des Allobroges », pour qui Laruns pavoise franco-russe et Cauterets dresse un arc de triomphe ! Ce sont bien les Pyrénées des pantomimes de l'Hippodrome.

Henri Ritter, qui pour l'occasion signe « Tartarin dans les Pyrénées », dit le défilé des vingt-neuf landaus — le landau présidentiel en tête — dans Laruns, et le plaisir des cent vingt-neuf participants à la course d'Ossau et Bious-Artigues ; il dit l'excursion au col d'Aubisque à la vallée d'Argelès, au lac de Gaube ; épisodes caractéristiques — ainsi que le col de Riou de Piquenmain, le Cauterets à Gavarnie d'Alphonse Meillon. Un autre commissaire, Campan, qui a fait dix-sept fois le pic d'Ossau pour son compte, y mène quarante et un congressistes et dix guides — nous voici revenus au temps du duc de Montpensier, mais ici il y a mieux : au moment où la caravane arrive au sommet du pic, elle voit six autres congressistes, dont une femme, atteindre vaillamment le sommet du petit pic. Bravo ! — Et quant à Sacodo, qui a narré l'ascension de cent quarante-deux alpinistes, dont cent trois en voitures et onze à bicyclette, aux coteaux de Jurançon, c'est lui qui dit le festin, cent trente-sept participants ; Durier, maintenant président du Club Alpin, accouru en toute hâte du fin fond d'une vallée des Alpes — il avait la nostalgie du congrès — et venu pour présider le banquet ; le début silencieux, le cliquetis des couverts dominant ; puis le *crescendo,* les voix se faisant plus distinctes et s'adressant à plusieurs à la fois ; le gazouillis devenant bourdonnement ; le bourdonnement grossissant ; puis l'*andante* réfrigérant : les toasts, académiques, longs, puis plus courts et pressés en *scherzo* ; et le *tutti,* improvisations enflammées, l'enthousiasme croissant, et l'attendrissement ; les bans se succédant plus fréquents, plus bruyants, l'heure délicieuse où chacun s'épanche, où personne n'écoute plus personne : la mer heurtant les rochers, le ressac battant la falaise....

Manière comme une autre de prendre la montagne, et qui dans le *Bulletin Pyrénéen* — c'est là le point remarquable — n'offre guère prise au ridicule. Pourquoi ? Parce que Brugnot-Sacodo a supprimé toute reproduction de toasts. Et en effet, le point critique du clubalpinisme (et de tout), c'est le toast, le besoin subit — inexplicable, bien que réel, chez le français naturellement enjoué, clair et anti-déclamatoire — de se bouffir pour barytonner solennellement des choses nulles, et de « piquer un *laïus* », comme on dit dans les caravanes scolaires. Pas de laïus, moins de ridicule.

Les publications à photos se multiplient.

De Pau au pic d'Ossau et à Gavarnie (Eaux-Chaudes, Eaux-Bonnes, route thermale, Argelès, Cauterets, Pierrefitte), *préface du comte Henry Russell. Publié par la section de Pau du Club Alpin français.* Publié à l'Album illustré des villes d'eaux et de bains de mer, 54, rue St-Lazare, Paris ; in-12 de 155 pages, environ 75 reproductions photographiques. — Petit volume bien fait : c'est le type du guide-réclame à photos, caractéristique de l'époque nouvelle. C'est un instrument de propagande.

Les Pyrénées vont se mettre à « pister » les clients.

Autre appel. *Alphonse Meillon. Cauterets, chasses, excursions. Illustrations de Guilliod.* Paris, rue St-Lazare, 54. Plaquette avec photos. Intéressant pour les chasseurs, qui, eux, ne sont pas intéressants. De toutes les variétés d'hommes qui viennent à la montagne, c'est la plus aveugle à la nature, la plus insensible à la découverte pittoresque.... (Viscos, Pène-Nère, Lisey, Caperette, Ardiden, Estom-

Soubiran, petit Vignemale, Aratille, Fache, Castet d'Abarca,
refuge de Cambalès, les Hourats, Barbat, Soum de Grum,
Estibaoute, Cotdomy, Pouytremous, Chabarrou, Tuques-
Arrouyes, Hourmigas, Peyrelance, chasse à l'ours).

[Et le fameux *Chanchou* (que l'on confond à tort avec
Barbe-de-Bouc), Chanchou-Badet, comme on en parle peu,
dans le pyrénéisme ! à part Durand, de Limoges, dans ses
« *Itinéraires peu connus* » du *Bulletin Ramond* de 1874.]

Autre. *Stations d'été des Pyrénées*, de Trutat, dans *le
Monde moderne* de 1897, photos (combien molles en
typographie !)

Symptôme inquiétant. Le guide *Joanne*, qui était un chef-
d'œuvre, commence à se tatillonner lui-même sous prétexte
de s'améliorer. Il se divise en deux parties, sous prétexte
d'être plus portatif ; la première partie n'est plus imprimée
à deux colonnes sous prétexte d'être plus lisible. — En
somme, le tiers du volume occupé par la publicité. C'est une
chose moderne, et une vilaine chose.

Il a un diminutif, très utile : le Joanne *Pyrénées guide
diamant*.

Et il y a une concurrence, le *Guide Conty*, illustré de bons
gillotages et de mauvaises photos et qui tend à présenter les
Pyrénées sous une forme plus condensée et plus accessible
aux non-grimpeurs ; on y cueille cette phrase nouvelle
manière : « l'action des eaux de Luchon est par dessus tout
reconstituante et donne de précieux résultats chez les
organismes débilités *par une existence trop oxygénée....* »

Faits divers.

Le chemin de fer est ouvert de Lannemezan à Arreau.
Lourde-Rocheblave *(Bulletin Sud-Ouest)*, sur l'inauguration,
1ᵉʳ août 1897, greffe un voyage d'un mois : Caillaouas, pic

des Hermittans, Fabian, port d'Ourdisset, Bielsa (gîte chez
Peillos), retour à Orédon, ascension du Monpelat, pays
enchanteur ; refuge Packe, Luz, 1er septembre Gavarnie. —
Le docteur Garrigou, dans la *Revue des Pyrénées* va
appeler l'attention sur *la Vallée d'Aure,* sa beauté, ses
richesses thermales. Mais avant qu'elle ait un Cauterets ou
un Luchon !...

Labrouche campe aux lacs du haut Couplan, au grand lac
de Bastanet, si peu nommé jusqu'ici. (Nous y reviendrons.)

Russell, toujours tenace, raconte sa vingt-septième du
Vignemale sous le titre : *Mesures planimétriques appliquées
aux glaciers.* C'est-à-dire qu'il riposte à Schrader et aux
mesures mathématiques. Non, ce n'est pas « avec les yeux
de l'imagination » dit-il, que Packe et moi avons mesuré les
glaciers, *c'est avec nos jambes,* nos montres et nos poumons.
Et il maintient sans hésiter les fameux douze kilomètres
qu'un marcheur serait obligé de faire sur des glaciers tour-
mentés et toujours onduleux, avec des redescentes et des
remontées de quatre cents mètres, pour passer des Gourgs-
Blancs à la vallée du Lys. Et « quant au glacier qui m'est
cher, celui qui drape à l'Est le grand Vignemale, l'ayant
traversé cinquante-huit fois je ne puis avoir de doute sur sa
longueur *effective* ; on est forcé d'y faire trois kilomètres, et
le plus fort marcheur y met deux heures.... »

Comme centenaire de Tuquerouye, Brulle, d'Astorg et
Morgan, avec Célestin et Salles, font le Mont-Perdu par le
Nord, avec une variante en Z : une fois derrière le lac, et à
la base du glacier Nord, au lieu d'attaquer ce glacier, un
fort crochet à droite en montant vous met à moitié hauteur,
puis un second à gauche, vous place sur la petite brèche à
demi-distance entre le col du Mont-Perdu et le sommet.
On évite le danger du glacier (on en perd aussi la beauté),

mais alors, à moitié chemin, des rochers *excessivement difficiles*. Et c'est Brulle qui parle.

X

1787-1842-1897 ; TROIS ANGLAIS :
YOUNG, CLIFTON PARIS, HAROLD SPENDER.

A travers un siècle et à propos des Pyrénées, trois jugements — savoureux — d'Anglais sur la France :

En 1787 — Young à Saint-Gaudens : « On donne un si grand nombre et une si grande variété de plats que vous en trouverez toujours quelques-uns à votre goût…. Il n'y a en Angleterre rien de comparable aux desserts d'une auberge de France, et les liqueurs ne sont pas à mépriser…. Le vin, en général, beaucoup meilleur que le Porto des auberges anglaises…. *La cuisine française a de grands avantages.* »

En 1842 — Clifton Paris aux Eaux-Bonnes : « Tout le monde déjeune et dîne à table d'hôte ; le prix n'est pas déraisonnable : quatre francs pour un élégant déjeuner et dîner, vin compris…. *The French are a sociable people.* »

En 1896 — Harold Spender à Porté : « Dans des villages perdus aux confins de la France, vous trouvez meilleure cuisine que vous n'en découvririez au cœur de Londres. Série d'admirables dîners à cet attirante petite auberge, l'hôtel Michet : une de nos meilleures impressions de voyage. Un specimen de menu : bouillon, truites, cailles, gigot à agneau (*sic*), pommes frites, framboises et crème, pâtisserie, dessert…. *The French are an accomplished race….* »

Après les jugements, voyons les juges.

Savez-vous que le si curieux livre d'Arthur Young, *Voyages en France,* c'est aux Pyrénées, à Luchon, que nous le devons ?

Young, à quarante-six ans, désire depuis longtemps voir et étudier la France, mais il reste toujours sur ce désir.

Or, il a connu en Angleterre le duc de Liancourt et ses deux fils qui y ont séjourné deux ans avec leur précepteur dont il s'est fait un ami.

Au printemps de 1787 le duc de Liancourt avise Young que sa famille va aux Pyrénées, et l'invite.

Le célèbre agronome se dit pris par l'endroit sensible. Il se décide. Il part. Et ainsi commence le grand voyage dans quatre années consécutives, 1787-1790.

Débarqué à Calais le 15 mai, marchant désormais à petites journées sur sa brave jument, il est à Paris le 25, où il retrouve, avec le duc de Liancourt et ses fils, son ami le précepteur, lorrain de Lunéville, maintenant pourvu « d'un emploi supérieur dans les manufactures ».

Le nom de l'ami d'Young : Lazowski. (Nom à faire dresser l'oreille : Lazowski, inspecteur du commerce et des manufactures ! Bientôt révolutionnaire fameux, qui mourra en avril 1793 : le Lazowski des célèbres funérailles de Lazowski avec pompe de David, musique de Gossec, et panégyrique de Robespierre.)

Quarante-huit heures pour faire ses emplettes et être présenté à Versailles au duc de Larochefoucauld (celui qui s'occupe d'histoire naturelle et sera assassiné en 92) qui va à Luchon.

Et le 28 mai Young, le comte de Larochefoucauld (fils du duc de Liancourt) et Lazowski partent pour les Pyrénées, à cheval.

Et comme il ne voyage que de jour, comme il n'est point réduit à ne voir qu'une portion du paysage par une portière de voiture, comme il peut regarder circulairement, la tête libre, Young fait ici ce que dans un siècle feront les cyclistes. Il voit vraiment la France. Et ses impressions sont celles qu'auront les cyclistes. Le Nord, en somme, ennuyeux :

Beauce, Sologne, Vierzon, le Berry. Puis le changement subit à Argenton : *admirable*. Limoges-Uzerche-Brive : pour la beauté du pays, *il n'y a peut-être rien d'égal en Angleterre ou en Irlande*. Et quant à la route, elle est *imcomparable et ressemble moins à un grand chemin ordinaire qu'aux allées bien tenues d'un jardin*. Souillac, *délicieux*, mais les femmes qui servent à l'hôtel y sont *des tas de fumiers ambulants*. Avant Cahors, première apparition des Pyrénées — les Pyrénées neigeuses de juin — saisissante ; plus sublime encore le lendemain près de Caussade ; plus encore à Montauban : c'est la majesté de l'Océan. Puis Grisolles, Saint-Jory, *une route superbe, mais pas plus belle que celle du Limousin*, la visite de Toulouse où Young est frappé par deux choses : la magnificence du canal du Languedoc, et le luxe de la maison du beau-frère de la Dubarry. Le lendemain on repart, le jour suivant on couche à Saint-Gaudens, et le 17 juin Young — philosophant sur les auberges de France (et tous ses détails sur ce sujet sont de fine observation), émerveillé par l'aspect lointain de Saint-Bertrand, l'œil à tous les détails de l'agriculture, aux moissons en retard, et aux montagnes : *aux yeux d'un homme du Nord* (qui n'a vu que les montagnes d'Écosse) *elles sont d'une beauté singulière*, couvertes de verdure — arrive à Luchon.

Calais-Luchon à cheval. Belle course ! La lente arrivée aux Pyrénées entrevues et désirées de loin, et alors mystérieuses.

Ici, en quelques pages, très curieuse peinture du Luchon de ce temps. La saison en juin ! Lazowski et Young ont deux belles pièces au rez-de-chaussée et une chambre de domestique pour 4 livres par jour (vraisemblablement dans ces maisons du commencement de l'allée d'Etigny qui subsistent toujours) ; Young un peu choqué de l'usage français de se tenir dans des chambres à coucher.

Le duc et la duchesse de La Rochefoucauld, le prince et
la princesse de Léon, le comte de Chabot, le marquis
d'Aubourval, le comte de Larochefoucauld, Lazowski et
Young forment une table de neuf personnes (un traiteur
donne à manger à quatre livres par tête pour les deux repas
— deux services, et un à souper avec le dessert) bien
accommodée, le vin à part à six sous la bouteille. Les
États de Languedoc bâtissent un spacieux et superbe bain :
en attendant, les bains sont d'horribles trous dans des
espèces d'étables. La vie, monotone. Le bain de cinq à six
heures du matin ; Young et Lazowski partent en promenade
admirer les montagnes, « prodigieuses », et l'agriculture,
« portée à un degré considérable de perfection ». A midi, on
observe la cérémonie de s'habiller, ce qui n'a pas de raison,
puisque cela force d'abréger toutes les excursions ; diviser
exactement le jour en deux c'est renoncer à tout. On dîne à
une heure, ensuite à quoi un homme est-il bon, une fois en
bas et culottes de soie et poudré ? Peut-il botaniser ? Peut-il
grimper ? Il est à l'œuvre pour converser avec les dames ;
excellent emploi certes, particulièrement en France où les
dames sont très bien éduquées. (La conversation française,
vive et mousseuse, n'est pas tout à fait du goût d'Young qui
la voudrait plus pratique et substantielle ; conversation-
rosbif au lieu de conversation-champagne.) On se réunit
chez Madame de Larochefoucauld ou chez la comtesse de
Grandval ; on joue aux cartes, au tric trac, aux échecs,
on fait de la musique, l'assemblée dure jusqu'à ce qu'il fasse
assez frais pour aller à la promenade. Société : marquis et
marquise d'Hautefort, chevalier de Peyrac, abbé Bastard,
baron de Serres, vicomtesse Duhamel, l'évêque de Montauban, le baron de Montaigne grand joueur d'échecs, le
chevalier de Cheyron, M. de Bellecombe qui commandait à
Pondichéry, une demi-douzaine de jeunes officiers et trois
ou quatre abbés. Au total, ennuyeux (parce que manquant

de courses en montagne). Le soir on se sépare pour la promenade jusqu'à huit heures et demie, souper à neuf, ensuite une heure de conversation chez une de ces dames, c'est le meilleur moment de la journée, la causerie est vive et libre — grave et politique les jours de courrier, où arrivent des flots de journaux et de pamphlets. — Tout le monde est couché à onze heures.

Tel est le Luchon que tout à l'heure Ramond va traverser. Luchon quatre-vingts ans avant Liégeard.

Young, donc, dit aller en promenade avec Lazowski admirer les montagnes. Oh, pas loin ! Point de vallée du Lys, elle n'est pas inventée alors ; point de lac d'Oo, cependant c'est déjà une course établie ; mais Juzet, Montauban, Castelviel, l'agriculture toujours, la vue de Superbagnères neigeux, et dans la vallée de Larbousse (*sic*) où se trouve Luchon (*sic*) un regard étonné sur un village (Cazaril) *juché comme l'aire d'un aigle :* on croirait toujours qu'il va tomber, église et maisons !....

Ici s'arrête ce que Young a inséré dans ses *Voyages en France.*

Mais il **y a** une seconde partie plus importante et moins connue (traduite du *Journal d'Agriculture* anglais dans le *Cultivateur anglais* de 1801, tome 16 ; les notes primitives — d'un texte différent — traduites en 1860 dans les *Voyages en Espagne,* etc., d'Young, Paris, Guillaumin).

A l'idée d'observer l'agriculture, Young s'enhardit : sans transition il passe de l'incuriosité complète en matière de montagne, et des promenades enfantines, à une expédition de premier ordre.

Young et Lazowski projettent un grand voyage : de Luchon à Barcelone par l'Espagne !...

Détail curieux : dans ce Luchon des futures cavalcades,

pas de chevaux alors, à peine une écurie pour loger ceux du duc de Larochefoucauld, et sans litière !

Young et Lazowski font venir de Viella trois mulets et un guide parlant français. Après une course préliminaire dans la haute vallée de la Pique, à l'hospice de France et aux parcs à troupeaux du val de la Frèche, ils passent le Portillon de Burbe le 10 juillet, et vont coucher à Viella. Young a l'œil à tous les détails d'agriculture. Pour les poètes, pour un Russell, la montagne cultivée est déshonorée, elle a une maladie de peau, causée par ce parasite qui s'appelle l'homme. Pour Young, les montagnes ne valent que proportionnellement à ce qu'elles sont cultivées. Si elles l'étaient jusqu'au sommet, ce serait l'idéal.

Young passe à *Artcas* (Arties), *Salardeau, Tradoze*; au port de *Pyass* (Paillas), au sommet des Pyrénées au-dessus de la limite des neiges éternelles, un des points les plus élevés de l'Europe (*sic*), d'où le point de vue des montagnes de la Catalogne, qui sont les unes sur les autres, est effrayant; il arrive à *Esteredano* (Esterri-de-Aneou), c'est le tableau de la misère, pas un seul carreau de vitre. Puis *Scullow* (Escalo), jolie scène de gîte espagnol; c'est déjà du Tonnellé ou du Saint-Saud.

Le 12, *Laboursel* (Llavorsi), *Rudase, Real;* déception profonde sur la Catalogne, l'agriculture n'est pas ce que Young attendait, elle est très médiocre, partout misère et pauvreté. *Jaré* (Gerri) est mieux. Puis subitement, la route continuant à travers la montagne même, un passage qui offre à Young les scènes les plus frappantes qu'il ait jamais vues, et une impression plus forte que celle donnée par la première vue de l'Océan. Passage de plus d'un mille de long, entre des montagnes de rochers effrayantes par leur élévation qui semblent prêtes à écraser le voyageur. Tous les monts de l'Angleterre entassés les uns sur les autres ne seraient que des collines en comparaison. Rochers d'aspect terrible, masse perpendiculaire et menaçante ; au milieu des scènes majestueuses que forment les montagnes, c'est une magnificence. Ce passage aboutit à *Colagase* (c'est le défilé de Coldegats).

Et bon gîte à *Poeblar* (Pobla de Segur) chez le gouverneur. C'est le seul gîte propre du voyage, avec celui de Viella ; chère somptueuse. Les cultures sont mieux. Le 13, départ, suite de l'agronomie ; passage à *mont Schia* (Montesquiù), puis *Ourcaso* (Ourcau), et vu de loin *Saint-Roma* (San-Roma de Abeilla). Traversée d'une grande montagne inculte, d'autres montagnes sont très éloignées au Sud-Ouest en Aragon, très hautes et semblent reposer les unes sur les autres ; à gauche on a une grande chaîne des Pyrénées et à droite les montagnes de Tortosa (ceci, c'est la traversée du Monsech).

Le 14, départ de *Fulca* (Folguer), passage à *Paous* (Pons) tout s'améliore ! Après les montagnes effrayantes, site enchanté : pays bien arrosé. *Sanaouzia* (Sanahuja), *Beosca* (Biosca), *Frollict* (Castel-Frullit).

Le 15 à Calaf, la messe. L'église remplie de muletiers qui se frappent la poitrine à certains moments. « *Je laisse à d'autres à décider comment on allie la dévotion avec la paresse qui laisse tant de terrains incultes !* »

Et le voyage continue par le Montserrat — pas de vue, brouillard. Barcelone, belle ville, avec un quartier « moderne », rues éclairées, grande salle de spectacle, grand commerce, etc. (tout ceci, très intéressant).

Puis retour par Gérone, Figuères, et à la rentrée en France le 21 juillet, un brusque saisissement : des pauvres et misérables routes de la Catalogne passer tout d'un coup sur une belle chaussée *faite avec toute la solidité et la magnificence qui distinguent les grands chemins de France !* D'où Young conclut :

« *Plus on voit les choses, plus on est porté à penser qu'il n'y a qu'une seule cause toute puissante qui influe sur le genre humain, et c'est* LE GOUVERNEMENT. »

(Et comme Young sort des Pyrénées à un bout, à l'autre Ramond y entre.)

De Perpignan (et ici nous reprenons les *Voyages en France*), se séparant de Lazowski — lequel, après cette tournée de sierras (curieux prédécesseur pour le comte de Saint-Saud !) revient à Luchon — Young continue sur Béziers, Montpellier, Nîmes, la foire de Beaucaire.

Avec deux admirations toujours : le canal du Languedoc, *grandiose, merveilleux ouvrage.* Et les routes, toujours les routes : *les routes sont d'admirables travaux.... je ne sais rien d'aussi remarquable que les routes du Languedoc, nous n'avons pas en Angleterre l'idée de tels efforts : c'est superbe, splendide !*

Tellement, que Young, bon homme, mais anglais absolu — qui rage encore contre Louis XIV pour Strasbourg — et agronome doctrinaire, finit par être agacé ; il commence à dogmatiser : pourquoi des routes disproportionnées à l'intensité de la circulation ? la police est très mauvaise, pas un charretier qui ne soit endormi (délicieux ! cela n'a pas changé) ; des femmes pieds nus à qui il reste la superbe consolation de les poser sur une chaussée grandiose ! pourquoi de semblables efforts, pourquoi cette prodigalité ?

Pourquoi, ô Young ? Pour que dans cent quinze ans la France soit le pays du monde le plus merveilleusement doté de routes incomparables pour l'automobilisme ! Automobilisme dont vous êtes d'ailleurs le précurseur, avec votre Calais-Luchon-Barcelone sur un moteur d'un cheval — ou d'une jument — qui fait du cinquante... à la journée. Comme vous êtes le créateur du mérite agricole avec votre idée de « l'ordre de la Charrue », que vous seriez furieux d'entendre nommer familièrement « le Poireau ». Voilà, ô Young !

Retour vers les Pyrénées : le 1er août Carcassonne ; puis Fanjeaux, Mirepoix, la grotte du Mas d'Azil, et à Saint-Girons, descendu à *la Croix-Blanche*, le plus exécrable réceptacle de saleté, de vermine, d'impudence et de vol, cloaque dont un porc anglais se détournerait avec horreur. Par Saint-Martory le 6 août à Luchon ; la société Larochefoucauld y est encore pour un temps (des saisons de deux mois !) Young repart seul le 10, en avant, voit Bagnères-de-Bigorre, célèbre la vallée de Campan, est humanitaire devant la prison de Lourdes (il en verra bien d'autres dans six ans !) et de Pau à Monens et Navarrens, ravi par un spectacle *à n'en pas croire ses yeux* (et qui vient de frapper Ramond) : la merveille, le Béarn épanoui, splendide et heureux. Hasparren ; Bayonne le 15 août, d'où en un mois il regagnera Paris par Aire, Lectoure, Aiguillon, Tonneins, la magnificence de Bordeaux.... Angoulême, Poitiers, Chatellerault, *la plus belle route que j'aie vue en France*, la Touraine, Blois, la splendeur de Chambord, Orléans, et Fontainebleau.

Le 16 août au matin, donc, il part de Bayonne pour Dax. A cet instant, Ramond est sur la hourquette d'Aure....

Letters from the Pyrenees during three months pedestrian wanderings..., 1842..., by T. Clifton Paris, Trinity College, Cambridge. Londres, Murray, 1843, in-8 de 314 p. avec croquis sur bois. — La « tournée des Pyrénées » classique, en deux mois à pied, et ce qui est caractéristique, sans quitter le pantalon noir, la redingote de clergyman et le chapeau tuyau de poële : Biarritz, Saint-Sébastien, Pau, Eaux-Bonnes et Eaux-Chaudes, Gabas, lac de l'Ours, col de Tortes, Cauterets, lac de Gaube, Luz, Barèges, Tourmalet, Bagnères, pic du Midi, Héas, Gavarnie, la Brèche (avec un croquis d'après nature de la Fausse-Brèche ; et toujours le haut de forme !) voici pour le premier mois. Le récit est de l'époque bourgeoise; quelconque, flou, arrêté à des riens mentionnés par ces titres courants affectionnés des anglais : *A french bathing-place* (Biarritz : le voyageur assiste au bain des *beaux* et des *belles,* il voit un nageur pousser par le pied une femme qui fait la planche : il est stupéfait et choqué), *National jealousy, Riding in cacolet, An unpleasant situation, Infamous extorsion* (on lui a fait payer cinq francs à l'auberge d'Izeste), *Preparation of supper, High land honesty, A desagreable surprise, Pyrenean riders, Attacked by dogs, Madame Cazaux.* Et puis pas de noms de pics, ce sont simplement « des montagnes » en général : ceci établit l'impression du vague.

A cette époque, la tournée comprenait la pointe en Espagne, aux bains de Panticosa (il n'y a que l'apathique Chausenque pour n'y point être allé). Clifton Paris — et ici son récit devient curieux — passe le port de Gavarnie, *magnificent scenery,* descend à Bujarelo (Boucharo), dans l'enchantement se fait donner les horaires des trois itinéraires possibles pour les bains de Panticosa. Il se met à prendre des croquis : il est appréhendé aussitôt et conduit sous escorte militaire à Torla, — au passage, il n'en juge pas moins la gorge comme *stupendous* et des plus belles des Pyrénées, — devant l'alcade tout s'arrange. Son itinéraire du lendemain, le topo qu'il s'est fait donner, comporte Frajen, Linas, Yesero (donc passage par le col de Cotefable), paysage peu impressionnant, Viescas, le fort de Sainte-Hélène qui vient d'être ruiné pendant la récente guerre carliste; Pueyo — et ici, au Sud, *a range of stupendous precipices, having about its centre an enormous gap* (brèche), et il en donne un croquis (et voilà en 1842 un dessin de cette Partagua promise à Wallon, lequel a alors vingt et un ans et ne s'occupera de Pyrénées que dans trente ans; Russell en a huit, Lézat trente-huit, Tonnellé onze,

Lequeutre treize, Schrader n'est pas né) — montée aux bains, composés de six bâtiments et fréquentés annuellement par huit cents baigneurs ; et à la posada, entrant à la cuisine, *a satisfactory finale* : une batterie complète, et engagé pour la saison un cuisinier de l'hôtel de France à Pau, un artiste, un français, le grand Michel ! Sauvé donc de la cuisine espagnole, huile et ail ! Bloqué par le mauvais temps, neige froid, ennui ; envie d'une course originale : passer à Boucharo et revenir. Le maître des bains indique deux itinéraires — dont un possible à cheval — l'autre à pied par la haute montagne et ce que les Pyrénées ont de plus sauvage. C'est le dernier qui est tentant. Départ avec un homme du pays, dure montée (*rude, mais facile,* dira Russell) ; bifurcation du torrent, on prend le bon chemin ; un lac (inférieur de Brazato) ; un peu plus haut un grand lac (de Brazato) ; une brèche, vent violent, brouillard, neige, difficultés (pas de bâtons, pas de bonnes chaussures, et toujours en tenue de ville !) Et après ? Le certain est une erreur complète de direction trop à droite, une descente égarée et de hasard au risque de se rompre le cou, la nuit survenant, la construction d'un petit mur de pierre, devant lequel les deux voyageurs — ayant fumé deux cigares pour tout dîner — passent la nuit sans couvertures, les mouchoirs sur la figure (curieux croquis, et toujours le tuyau de poêle ! Sont-ils tombés du côté Piniecho ?) — Le lendemain, vérification faite, ils se trouvent sur le chemin du village de Panticosa : la nature change, les montagnes deviennent de couleurs vives et d'une originalité de formes admirables. Et une vue extraordinaire, *une chaîne courant Nord-Sud et valant le Marboré : apparition des murs et des tours d'un immense château, un vrai* château en Espagne, *que — s'il n'avait pas été certain qu'il ne pouvait pas être une construction humaine — on eût pris pour la forteresse de quelque chef espagnol...* (Ceci, le massif de la

Collarada : comme il jette des bras en tous sens, il court Nord-Sud pour qui le voit de l'Est, il court Est-Ouest pour qui le voit du Nord.) Retour à Panticosa et aux bains, *jota aragonesa*, et passage à Cauterets par le Marcadau. (Le morceau, encore une fois, est curieux.)

Suite de la tournée : Estom, col d'Araillé, Gaube. Lac d'Escoubous. Col d'Aspin. Beauté de la vallée d'Aure. Vielle, *abominable quarters*. Pic d'Azet. Tramezaigues. Lac « Doredan » entièrement hors de la route des touristes ; grandeur alpine. Peyresourde. Avec Jean Argarot, Luchon, vallée du Lys, *lovely ;* et encore une pointe en Espagne : port de Vénasque, impression violente, les Monts-Maudits immenses, la mort de Barrau, le *monarch of Pyrenees* jusqu'ici *inaccessible* (le Néthou est gravi depuis deux mois par Tchihatchef et Franqueville, et notre voyageur est avec un des guides de l'expédition ! ceci est inexplicable). Trou du Toro, hospice, aspect singulier des trois contreforts de la Maladetta qui vus d'en bas forment pics (Paderne, etc., très juste), descente à Vénasque (le récit redevient intéressant). De là le tour des Monts-Maudits par le port de Castanèze, *romantic road*, Vitalles (Vidaillet). Le lendemain Anatou (Aneto), et hospice de Viella, *grand rock and forest scenery*, et lieu d'élection pour la chasse. Le lendemain, port de Viella, belle vue sur l'énorme glacier de la Maladetta ; Viella, pendant la foire. Le Goueil de Joueou (un croquis), le Portillon de Burbe, et retour à Luchon *in good time for the table d'hôte*. Puis, après la course au lac d'Oo, retour à Bigorre et départ des Pyrénées....

Cinquante-cinq ans après le voici encore, le Goueil de Joueou, *the Eye of Jove*. Cette fois photographié.

Dans *Through the high Pyrenees, by Harold Spender*, les suppléments, croquis et photographies par *H. Llevellyn Smith* (Londres, Innes, 1898, grand in-8 de XII et 365 p., illustrations et cartes). En deux fois, c'est encore la tournée des Pyrénées classiques.

Seulement il a été déplacé, le classique, par le passage de la Pléiade ! A présent la tournée classique, c'est celle des grands pics !

En 1896, *the approach,* Foix, col de Puymorens, Porté, et le Carlitte, *the King of the East,* Andorra, puis « un aperçu de l'Espagne », Andorra - Tirvia - Esterri - Viella - Bosost, et l'arrivée à Luchon, *our Capua.* Le Néthou, *the King of the Pyrenees.* La vallée d'Aure : *a fleeting impression of clean, happy, smiling France, after gloomy, miserable, filthy Spain;* col de Cambieil, Gavarnie, et le Vignemale : *a mountaineer's estate,* et les *grottoes* du *romantic grand old Man,* du *veteran!* de l'auteur des *Souvenirs.* Malheureusement le *count Russell* est absent (serait-il content d'être traité d'*old man ?* Il n'a que soixante - trois ans et reste prodigieusement jeune).

En 1897, les choses s'accentuent : c'est le plaisir du campement et un dessus de panier d'ascensions. De la gare de Marignac au Goueil de Joueou, puis avec Pierre Pujo appelé de Gavarnie, et le porteur Chico, luchonnais, la Fourcanade ; puis venir camper sous les *Cursed Mountains,* Monts-Maudits, au plan des Étangs ; descendre à Vénasque, monter au Portillon d'Oo (c'est-à-dire faire la vallée d'Astos en remontant, elle est superbe !) faire le Posets, *the viceroy of the Pyrenees.* Descendre sur Bielsa. Port de Pinède. Gavarnie. Par la brèche de Brazato aux bains de Panticosa. Pic d'Enfer. Et le Balaïtous.

Impression très singulière de voir de nouvelles générations dans ces lieux célèbres, qui semblaient devoir rester toujours le domaine des grands pyrénéistes de découvertes. On serait tenté de leur dire : vous êtes ici de quel droit ? Du droit de la vie, de la jeunesse, du temps qui passe et qui renouvelle !

Impression non moins singulière : la brusque révélation et

vulgarisation, par la photographie, des paysages les plus rares et les plus mystérieux. Les précipices du Balaïtous eux-mêmes.

Et ce notable livre se termine par la fameuse affaire, que traite Llevellyn Smith : *The Pyrenees as a climbing centre.* Les Pyrénées, centre d'ascensions. La grosse question : peut-on *climber*, ou ne peut-on pas *climber*, oui ou non, aux Pyrénées ? Sont-elles dignes du moderne grimpeur ? (Cette question au fond, est secondaire et à côté. La vraie question est : les Pyrénées sont-elles immenses à connaître au complet, dans toute leur variété, régions hautes et régions basses ? Offrent-elles le contraste incomparable des deux versants ? Leur beauté est-elle dans la lumière ? Relisez Bartoli, c'est lui qui est dans le vrai.)

Et encore une annexe qui fait le plus grand honneur à Llevellyn Smith : une *Bibliographie pyrénéenne* (depuis Palassou), très développée ; par ordre alphabétique d'auteurs.

Encore le Goueil de Joueou, avec Belloc, dans deux articles de l'*Annuaire*, 1897.

Les Sources de la Garonne, récits de courses et d'expériences, 1896. — *De Bagnères-de-Luchon aux Monts-Maudits, récits de courses et d'expériences*, 1897.

Le thème des courses ? Monographie de la route Luchon, Goueil de Joueou, col des Aranais, Trou du Toro, et de la route Luchon, port de Vénasque, Trou du Toro. Avec des points de repères multipliés, nommés en patois : vous douteriez-vous que, lorsque vous montez de l'hospice au port de Vénasque, vous dépassez successivement la *Carraou,* le pont *del Pendjat,* la *Labassa del Pendjat*, la *Coumo dé Beiré,* l'*Escala,* la *Raillo dét Culét,* le *Caillaou dé Mitat Port,* le *Cap déra Pala déra Hount,* la *Hourca,* les *Caoudérés,* la *Serra dét Bent,* la *Descargada dét*

Bieil, le *Boum dét cap dét Port?...* (Tant de choses dans la montée du port...!)

Le but des « expériences » ? Prouver que les eaux émergeant au Goueil ne sont pas les eaux disparues au Toro. Détruire la légende.

[Dans une pièce de Labiche, un préfet venant s'installer dans son département d'Auvergne demande : quelles curiosités avez-vous? — Nous avons des volcans éteints. — *Comment, vous aviez des volcans et vous les avez laissés s'éteindre !* Comment, vous avez la légende des eaux du Néthou passant sous la montagne et vous voulez la démolir !]

Légende? Ce n'est pas sûr. La première année, Belloc jette de la fuchsine dans le Trou du Toro, espérant colorer l'eau de sortie au Goueil : pas de résultat. En 1897 il s'y reprend avec de la fluorescine : pas de résultat.

Et Martel estime que rien n'est encore prouvé contre le passage souterrain des eaux.

Martel considère d'ailleurs que le xxᵉ siècle aura à faire l'étude des Pyrénées souterraines. Toute une nouvelle découverte des Pyrénées. Et découverte triste, en mineur. Rien de si funèbre que cette lente et fatale résorption des eaux par l'intérieur de la terre, si étudiée depuis Martel ; ce dessèchement, cette mort lente de notre globe tournant au cadavre, à la vieille lune desséchée et errante, la terre momie. Ni Hoffmann, ni Poe n'ont rien imaginé de si macabre !

Un très beau document dans le second article de Belloc, le *Panorama des Monts-Maudits* (d'après la photographie de Gourdon), de la partie rare et grandiose des Monts-Maudits : du Néthou au pic Russell par les Tempêtes.

Panorama pris de ce fond extrême de l'Essera, de la sauvage région Salenques - Moulières - col Tonnellé - Fourcanade.

Il faut dire COL TONNELLÉ, et non *col Alfred* qui est ridicule et ne signifie rien, pas plus que col Hippolyte, col Ernest, ou col Anatole.

Lambron en donnant le nom a manqué son but. De quoi s'agit-il ? de perpétuer la mémoire d'Alfred ? — Non, de Tonnellé. — Alors, dites col Tonnellé.

Tout en cherchant à démolir la légende, Belloc contribue à reconstruire un point rétrospectif d'histoire pyrénéiste : bataille au port de Vénasque !

XI

PYRÉNÉES MILITAIRES.
EN 1711 : LE PORT DE VÉNASQUE CHAMP DE BATAILLE.

Les Pyrénées militaires, d'Annibal à Soult ! Le sujet voudrait un traité à part : *Deux mille ans aux Pyrénées.*

Retenons toutefois un épisode de la guerre de la succession d'Espagne ; épisode essentiellement pyrénéiste — course effrénée à travers sierras, par un Saint-Saud anticipé qui s'appelle l'armée française — et précisément, en 1897 cet épisode vient d'être repris par Belloc. Mais avant Belloc un autre l'a remis en valeur dans ce livre :

Les Guerres du dix-huitième siècle sur les frontières du Comminges, du Conserans et des Quatre-Vallées, par le baron de Lassus, ancien député (Marc de Lassus, celui du Mont-Valier manqué de 1850), Saint-Gaudens, Toulouse et Paris (librairie Champion), 1895, in-8.

Baigneurs qui vous promenez dans Luchon, qui vous voiturez pacifiquement à Bosost, qui déjeunez au port de

Vénasque dans ces petites tonnelles de cyprès que Cabellud vient d'établir et qui donnent à la Maladetta un aspect panaché de guinguette et de cimetière, vous doutez-vous que vous foulez partout des champs de bataille ?

Donc en 1709, le comte d'Estaing, après avoir emporté le château de Ruda, met avec trois mille hommes le siège devant le château de Vénasque. Il n'a pas d'artillerie, il en demande en France, mais jamais l'on ne peut arriver à faire franchir un port à une pièce. Au bout de trois mois, il faut lever le siège.

C'est un échec, et vu la situation générale il n'y a pas à songer à le réparer sur le moment. — Il faut même subir en 1710 une irruption de cinq cents miquelets dans la vallée d'Aure, qui sont repoussés par les habitants formés en treize compagnies. — Mais sitôt Villaviciosa rétablissant les affaires, la France pense à se tirer deux épines du pied ; à prendre deux repaires de miquelets, de guérillas: Vénasque, et dans la vallée d'Aran le château de Castelléon (à l'entrée d'Artigue-Tellin, commandant le passage en Aragon par la Picade). — Vénasque le plus urgent.

Et comment y amener du canon ? Un commissaire de l'artillerie, Fonteneau, fait une proposition digne du futur passage du grand Saint-Bernard : scier en sept des canons de douze de l'arsenal de Rochefort, amener les morceaux en vingt étapes à Luchon, leur faire franchir les « horribles chemins du port » et devant Vénasque en faire l'assemblage. Le projet, approuvé d'abord, est abandonné.

Mais Vendôme veut Vénasque « à tout prix ». Des troupes sont réunies, sous le commandement du lieutenant-général de Rozel désigné pour le siège, et amenées à Luchon choisi comme base d'opérations et réserve d'hommes, munitions et vivres.

Au dernier moment, Rozel perd le commandement de l'expédition. Vendôme a mieux : il vient de trouver un officier pour coups de main; le 18 août, le marquis d'Arpajon a fait capituler le château d'Aren sur la Ribagorzana. Immédiatement Vendôme lui donne le siège de Vénasque.

Sur le champ d'Arpajon court à Lérida, organise une colonne volante de cinq mille hommes — en guenilles, mais des soldats — quatre cents chevaux, deux canons et quelques bons officiers d'artillerie; dans la nuit du 29 août il part, gagne Aren, et sans se laisser éventer par le comte de Taff, posté plus haut sur la Ribagorzana à Pont-de-Suert, se jette à travers montagnes à l'Escala de Sopeira, et après une marche admirable, les Monts-Maudits tournés, ses convois et munitions intacts, débouche le 10 septembre devant Vénasque découvert, se met incontinent en devoir d'attaquer le château, et écrit à Luchon pour demander farine, souliers, secours : *Mon arrivée ici me paraît incompréhensible. J'ai cinq mille hommes des deux nations. Mes malheureux soldats sont nu-pieds et meurent de faim.* Et c'est déjà du Bonaparte.

Rozel, qui a construit des baraquements à l'hospice, fait passer des vivres, même deux pièces de douze démontées; il va lui-même le 12 septembre à Vénasque inspecter, revient à Luchon, envoie un poste au port de la Glère et fait occuper les ports de Vénasque et de la Picade par le chevalier de Tessé avec un bataillon d'infanterie et un d'arquebusiers de montagne. Le 14 au matin, Tessé est attaqué par les miquelets, venus de Viella; il les met en fuite, et les Français bivouaquent du Pas de l'Escalette au port de Vénasque (la Maladetta est aux premières loges pour ce spectacle inusité). *Tout va très bien,* écrit Rozel au ministre.

Redoublez de précautions ! écrit le même jour d'Arpajon à Rozel. Car le comte de Taff, parti de Pont-de-Suert, est passé dans la vallée d'Aran.

L'irlandais de Taff, capitaine habile, accouru pour dégager Vénasque, est à Viella avec trois cents cavaliers, douze cents hommes de vieilles troupes, quatre bataillons de miquelets. Sur l'échec de ses miquelets à la Picade il ne se croit pas certain de pouvoir forcer le passage et change instantanément de plan : aller razzier les approvisionnements de Luchon, pour faire lever le siège de Vénasque par contre-coup. L'exécution est immédiate. Dans la nuit du 15 au 16, il monte au Portillon de Burbe, enlève les miliciens — hommes de bonne volonté, pas soldats — surprend au petit jour Saint-Mamet, puis Luchon épouvanté ; Rozel et son lieutenant de Boissière à peine vêtus rallient leurs hommes, chargent les envahisseurs, mais finalement doivent céder le terrain : c'est la « retraite en bon ordre », sur Montréjeau. Personne d'ailleurs ne songe à les inquiéter. Le comte de Taff a ce qu'il veut, il pille ou brûle les approvisionnements, et les maisons avec (Luchon, Saint-Mamet, Montauban, Moustajon et Juzet) et repasse en Aran emmenant douze cents têtes de bétail. (Cette surprise de Luchon, alors petit village de quarante maisons, fait un effet colossal dans la région française : cinquante mille livres de dégâts ! crient les uns ; trois cent mille livres ! clament les autres.)

Et cependant le vaincu c'est lui de Taff : la première nouvelle qu'il apprend en Aran, c'est que Vénasque vient de capituler. Le château de Vénasque — qui passe pour impre-nable, écrit Dangeau, (« d'aspect plus pittoresque que menaçant », dira Ramond) — en trois jours s'est rendu.

Rozel prend les miliciens de la vallée d'Aure, monte au port de Plan par lequel il se remet en communication avec le glorieux d'Arpajon.

Au tour de celui-ci de combiner un coup. Il fait répandre le bruit que, Vénasque pris, il va s'en retourner à Lérida. Le comte de Taff se hâte de quitter le val d'Aran et de passer le port de Viella pour aller attendre son adversaire à Pont-de-Suert. Pendant ce temps, le 23 septembre, d'Arpajon tranquillement monte au port de la Picade (le même jour

Rozel force le Pont-du-Roi), descend par Artigue-Tellin, investit Castelléon. Il commence une galerie de mine, demande de l'artillerie de siège en France. Bientôt, l'artillerie n'arrivant pas, la mine n'avançant pas à cause de la dureté du roc, il avise le gouverneur que tout est prêt et qu'on va le faire sauter. Le château capitule le 9 octobre, et la prise de Castelléon sans artillerie — un miracle, dit l'intendant de Gascogne — met le comble à la gloire du général français, qui est félicité par Louis XIV.

D'Arpajon porte son quartier général à Viella, il envoie ses arquebusiers de montagne au port de Paillas; le bataillon rencontre mille hommes du comte de Taff, et après un violent combat, doit rétrograder; mais d'Arpajon survient et dans une nouvelle affaire les troupes du comte de Taff sont surprises, chargées, battues. Les Français ont des postes aux ports de Salau, d'Orle, d'Aula.

Le 17 octobre, d'Arpajon va rejoindre Vendôme dans la Conque de Tremps. Encore quelques combats en Catalogne et il va avoir la Toison d'or. L'Aran épuisé de contributions et d'amendes par lui est encore condamné à rendre douze cents têtes de bétail pour celles prises à Luchon.

Le château de Vénasque reste occupé par deux cents miliciens français commandés par M. de Cazalède. Le 25 novembre les miquelets tentent une surprise et sont chassés. Trois jours après, escarmouches. — Le 23 décembre les miquelets essaient encore de sommer la garnison du château, qui en couche vingt sur le carreau et met le reste en fuite.

Contre-partie. Février 1712: deux cents français laissés pour garder Pont-de-Suert se voyant sur le point d'être attaqués, leur commandant expédie un messager à Cazalède à Vénasque pour demander du renfort. Cazalède envoie son frère avec une compagnie qui arrive devant Pont-de-Suert comme la garnison française vient d'être massacrée, et la compagnie de Cazalède tombant dans les miquelets est à peu près anéantie. Aussitôt les Français font occuper par prudence le port de Vénasque, pour garantir la vallée d'Aran. — Le 15 juillet les miquelets passent le port d'Ustou et descendent jusqu'à Trein, pillant tout ; une autre colonne de miquelets rançonne la vallée de Viedessos. — A Vénasque Cazaléde, croyant à la paix, commet l'imprudence, pour améliorer le casernement du château, d'envoyer sa compagnie franche et une compagnie du régiment d'Auvergne cantonner en ville chez l'habitant. Le 15 novembre, les miquelets avertis tombent sur Vénasque et massacrent les deux compagnies sous les yeux de Cazaléde réduit à l'impuissance dans le château avec cinquante hommes. Sur ce, les garnisons sont renforcées partout, les précautions prises, et les miquelets traités désormais comme toutes les troupes régulières traitent les francs-tireurs : fusillés ou pendus.

Dans la guerre de 1719, ce sont les Français qui, pour éviter de forcer le Pont-du-Roi, exécutent — avec de vieilles troupes de premier ordre et après avoir employé mille ouvriers, deux cents charrettes et douze cents soldats à mettre en état le chemin — le passage du Portillon de Burbe, par huit bataillons et de l'artillerie. Castelléon assiégé dans les formes est encore pris (par Pardaillan de Gondrin, marquis de Bonas, qui va ensuite se battre dans la Conque de Tremps) et en novembre miné, démoli et rasé.

Pour la guerre avec l'Espagne en 1793-95 il suffit de renvoyer à l'ouvrage très estimé du capitaine Fervel : *Campagnes de la Révolution française dans les Pyrénées-Orientales* (et le val d'Aran), 1851 ; les notes annexes donnent une description de la chaîne de Luchon à la Méditerranée avec l'indication de soixante-dix-neuf principaux ports, à partir du port de Vénasque. — Lieutenant Schmuckel, du 18e d'infanterie : *La guerre dans la vallée d'Aspe, et la*

bataille de Lescun, 7 septembre 1794. Pau 1900, brochure.
— Le *Carnet de la Sabretache* a publié en 1900 un curieux
rapport du général de division Marbot (le père) sur le combat
d'Abody, 16 octobre 1794 (forêt d'Iraty, Ochagavia,
Orbaïceta): « *j'avais avec moi l'adjudant-général Junker,
dont les connaissances locales me furent d'une grande
utilité....* »

Ce serait un beau travail à entreprendre que « les
Pyrénées pendant la guerre d'Espagne, 1808-1814 » en
dépouillant les archives de la Guerre, classées jour par jour.
L'armée française est alors le pyrénéiste complet : la chaîne
de bout en bout, versant espagnol. Elle est à Gérone et elle
est au Ferrol, elle est à Bénabarre et elle est à Reinosa et à
San-Vicente de la Barquéra ; elle est sous les pics d'Europe ;
elle est dans le haut Aragon où Suchet l'envoie désarmer les
vallées de Bielsa (les murs du Paso de las Devotas chantant
peut-être, en écho: *on va leur percer le flanc, rantanplan
tirelire!*) et de Gistain ; elle prend une fois de plus le
château de Vénasque ; elle se bat sur l'Isaveña et c'est autour
du Turbon que le commandant La Peyrollerie gagne ses
épaulettes de colonel à Roda et Bonansa.... Et tout cela
pour mal finir au sommet de la Rhune ! (Voir, *Revue des
Pyrénées* de 1900, *Campagne du maréchal Soult dans les
Pyrénées en 1813-1814,* par François Dhers.)

En 1809 Jaca a pour gouverneur français un colonel, qui
d'ailleurs demande sa mise à la retraite pour raisons de
fatigue. C'est une de nos anciennes connaissances : un
pyrénéiste de la première heure, Lomet. Sa carrière : né à
Château-Thierry en 1759, élève des Ponts et Chaussées 1777,
ingénieur à Agen 1782, capitaine de la garde nationale à
Agen ; septembre 1792 chargé de reconnaître la frontière
d'Espagne pour l'attaque et pour la défense ; accompagne
à Bayonne Carnot, qui l'estime fort, et deux commissaires de
la Convention ; adopte le système d'écrire en style civique

exalté ; 1793 capitaine au 3e bataillon de montagne, puis adjudant-commandant à l'armée des Pyrénées-Occidentales ; il sauve Ramond : le *Mémoire sur les établissements thermaux* ; réformé par la suppression de l'armée des Pyrénées ; directeur-adjoint de l'enseignement des mathématiques à l'École Polytechnique ; professeur de physique à l'école centrale d'Agen ; à Baréges en l'an VI ; remis en activité an VII ; chef de la quatrième section au Dépôt de la Guerre ; dans son dossier au ministère, le manuscrit d'une *Notice sur les cagots, dits bohémiens, du département des Basses-Pyrénées, 22 floréal an XI, mai 1803* ; à la Grande Armée an XII, campagne d'Allemagne ; est un des importateurs de la lithographie en France ; colonel, armée d'Espagne 1808, gouverneur de Jaca 1809, écrit à Suchet qu'il a une attaque de paralysie, que ses facultés sont troublées, et demande à être remplacé ; retraité 1811 à cinquante-deux ans ; baron des Foucaux, sollicite en 1814 de Louis XVIII la croix de Saint-Louis ; mort en 1826.

XII

EN 1897 : LE COMMANDANT ESPAGNOL OLIVER-COPONS.

En 1897, en Espagne, un ordre royal prescrit une marche d'essai pour la nouvelle pièce de montagne Krupp de 75 $^m/_m$.

Le terrain choisi se trouve être celui des exploits des Tessé et des d'Arpajon.

Le 23 juin, une petite colonne de trois armes, artillerie, infanterie, cavalerie, part de Barcelone, sous l'autorité d'un commandant d'artillerie.

L'expédition terminée, cet officier en rend compte dans le *Memorial de Artilleria*. Et en français nous avons :

Impressions d'une marche par la vallée de Vénasque et les Pyrénées, par Eduardo de Oliver-Copons, commandant d'artillerie. Traduit de l'espagnol par Henry Léon. Bayonne, imp. Lamaignère, 1899, in-8 de 41 p.

Tout net: un des écrits les plus saisissants du pyrénéisme, parce que l'écrivain a été un des plus saisis par les Pyrénées.

La fraîcheur d'impression est extraordinaire.

Dans l'endroit le plus vulgarisé, on se croit dans un monde inconnu. On se croit en 1787, à l'acte de naissance ; — la pointe déclamatoire en moins (ce n'est pas un officier qui s'attarderait à faire de la sensibilité sur les déserteurs !) mais la poésie alliée à la fermeté militaire et exquise à trouver chez un soldat. Ce soldat est bien un latin.

Comme un Ramond espagnol qui — en retard d'un siècle — vient découvrir les Pyrénées, il les aborde par Graus et Campo, et déjà saisi par « d'inexplicables sensations et des impressions impérissables », par « les mille extraordinaires beautés que l'Espagnol laisse reléguer derrière une muraille d'indifférence et d'apathie plus impénétrable que la chaîne de montagnes dont il a plu à Dieu de les entourer », il sent ses impressions redoubler à partir de Castejon de Sos ; il évoquera toujours, dit-il, « avec délices » le souvenir de cette belle région aragonaise de fertiles campagnes et de ciel merveilleux.... Le 6 juillet de grand matin il part de Castejon, par un chemin muletier rocailleux, mais si pittoresque ! il passe par Sahun, le sanctuaire de Notre-Dame-de-Gayente, Eristé ; le soleil commence à importuner et les soldats calment leur soif à des sources cristallines qui font comprendre que l'on est dans la région des montagnes ; à dix heures la colonne, le douzième jour, fait halte et prend gîte à Vénasque, accueillie comme le sont les soldats, et avec d'autant plus d'enthousiasme que le capitaine de la batterie d'artillerie est vénasquais. Le commandant apprend que les chemins à parcourir en montagne sont en piteux état : il expédie aux alcades de Las Bordes et de Viella l'ordre de les réparer ; il y faut plusieurs jours, et cet arrêt forcé lui donne loisir d'étudier Vénasque, ses rues larges (!), ses places spacieuses (!!), son bon casino, sa calle mayor à vieux édifices qu'habitent les principales familles, son palais du Regatillo qui fut aux comtes de Ribagorze, son artistique donjon qui fut la prison et qui est en ruines, « ce qui démontre que chez les Vénasquais laborieux et de mœurs modérées, une prison est inutile », sa Maison du Juste.... — Rues solitaires, maisons nobiliaires maltraitées par les années, partout étranges contrastes, échantillons d'époques diverses.... Dans l'ensemble « une beauté inexplicable. » (Vivacité d'impression dans un gîte du haut Aragon : dirait-on pas que Vénasque est une grande ville? et c'est un village de mille habitants!) Au dehors, l'emplacement du château, rasé depuis 1858, qui avait vu tant de combats et avait été occupé par les « hordes » de Napoléon. Et à l'entour, « de larges et hautes cordillières offrant avec la sévère et remarquable beauté de la vierge nature, toute la grandeur tragique des monts pyrénéens ». Pics hérissés et granitiques, Cerler, Gallinero, Chia. « Si terminant les routes projetées, on arrivait à mettre Vénasque en communication avec l'Espagne, ce coin serait très visité ». Du 6 au 11 juillet, dans la ville hospitalière, les soldats ont vins, fruits, cigares, un banquet ; leur allégresse déborde en danses, chansons et vivats. Le dimanche, messe militaire, nombreux assistants, et les murs de l'église retentissent du bruit inusité des trompettes....

Le 12 la colonne — moins la cavalerie — quitte Vénasque, et le commandant note le pont de Cuera (Cubère) ou de Saint-Jaïme, le torrent Estor (d'Astos), — le point où devrait déboucher le tunnel du transpyrénéen, — puis le paysage, d'une beauté sévère et mélancolique, les monts Artijas,

Estatao, Valhiberna, Rosech, Braquisal et autres nombreux,
recouverts de sombre végétation, avec des notes gaies de
fleurs, tout cela animé et vivifié par les cascades : celles de
San-Faré, Literola, Ayguas-Passes et Remuñez n'ont rien à
envier aux plus renommées ; — le Pla de Turpi et le
Campement ; — le passage à gué de la rivière par la colonne,
opération délicate et réussie, — la remontée sur une côte
rocailleuse de 20 %, le long d'un précipice, trajet heureusement aussi court que périlleux (*précipice, périlleux,* ici,
sont possibles, s'appliquant, non à des alpinistes, mais à des
chevaux d'armes et à des mulets novices chargés d'artillerie),
— la halte, le ralliement des bêtes ; — les *Bains de Vénasque,*
un nid d'aigle, — et la fin du jour, spectacle de plus en plus
imposant : les derniers rayons de soleil dorent un moment
« avec cette force qu'ils ont avant de se dissoudre » les
hautes crêtes et les cimes des pins, et éclairent les cascades
avec de merveilleux effets de couleur, empourprés d'abord,
virant à l'orange et au vert ; puis tout reste enveloppé dans
une nuance violette et mélancolique. « Du fond des vallées,
des bouillonnantes cataractes, et des vieilles roches échauffées
par le soleil ardent de juillet, commencent à monter et à
descendre ces vapeurs diaphanes, ces brouillards nacrés
qui, comme des voiles de gaze, couvrent la nature au moment
où la nuit va s'avançant ; le silence se fait plus profond, les
doux bruits des champs, produits par les insectes invisibles,
cessent, et le calme de ces lieux n'est interrompu que par le
murmure de l'eau dans son éternel désir de trouver une
rivière qui l'absorbe, et par le tintement des lointaines
clochettes des troupeaux cherchant l'abri.... Une indicible
émotion s'empare de l'esprit, le moins sentimental sent
pénétrer en son âme l'enchantement et la poésie que renferme
l'heure triste de l'approche de la nuit quand elle nous
surprend au milieu des noires forêts, dans la haute
montagne, sous l'immense voûte des cieux.... »

Étonnement à l'hospice de Vénasque : — le site, entre les fonds de Gorguetes, Peña de Alba, Coll de Toro, Literola, et « autres excavations de la cordillière qui sépare notre péninsule du reste de l'Europe » ; — le bâtiment, sans confort, « grande caserne en désordre ».

Campement la nuit autour de l'hospice. À la lueur vacillante des vives flambées, se dessinent les ombres des hommes soignant le matériel, des conducteurs conduisant les bêtes à la rivière, de ceux qui ayant du loisir, s'accompagnent de la guitare et du tambour de basque et chantent « avec cette jovialité caractéristique du soldat espagnol ». (Pensez ici à la scène de campement nocturne de *la Navarraise*, musique de Massenet.) « La fumée, la flamme rouge dessinant sur le sol la silhouette agrandie des objets ; la lune par moments sortant des nuages noirs, révélant le contour des montagnes, faisant miroiter les eaux de la rivière et briller les cimes (contreforts) de l'Aneto et de la Maladetta, le bruit du torrent et des cascades, les hennissements des chevaux dans l'écurie ; ensemble indescriptible. » (On dirait un dessin de Doré, ou de l'espagnol Daniel Vierge !)

Soudain, pluie, orage. Et la nuit, froid glacial.

Le lendemain est le grand jour. Matinée admirable ; courte halte d'abord à la plaine d'Estany (plan des Etangs), puis péniblement on passe au Coll del Plet del Porquero, merveilleux panorama : Maladetta, Perdiguera, Mina, Salvaguardia, Alba, Maupas, Paderna. Laissant à droite la chaîne de la Rencluse, on prend Costera (l'éreintante Coustère !) et à huit heures, après un coup d'œil de loin « au fameux embudo de Toro » et laissant à gauche le port de Vénasque par où l'on va en France, voici le col de Clots del Infern, et le Coll de los Araneses (ici, port de la Picade) ; la cavalerie, partie le matin de Vénasque, rejoint. Derrière le port, un mauvais endroit pour les animaux : trois quarts

d'heure pour faire cinq cents mètres. Grand'halte : les
officiers montent au port de la Picada (c'est-à-dire à la
crête frontière) pour voir la France et la vallée de Bagnères,
très riante. Et à dix heures et demie, le point décisif de
l'expérience : la descente dans Pouméro encombré de neiges,
descente scabreuse avec un convoi militaire, des charges
d'animaux larges et peu stables, des fantassins en espadrilles
et des cavaliers en demi-bottes : « jamais une troupe
organisée n'était passée par ces parages » (et d'Arpajon !
mais plus tard dans la saison et plus facilement). Les hommes,
montagnards novices, y sont admirables : leur chef en est
justement fier. « La revue des alpins français par le Président
Félix Faure vient de provoquer dans la presse espagnole une
admiration extrême » dit-il, « cela est toujours ainsi, *tout
ce qui vient d'ailleurs paraît meilleur, laissant inaperçu
ce qui se fait chez nous* » (ceci pourrait être d'un français).
Spectacle extraordinaire et rarement vu : le ciel très bleu,
le terrain blanc de neige, l'éclat des uniformes. « Cadre plein
de lumière, palpitant de vie. » (C'est un fait : en montagne,
si l'excursionniste en bande est odieux, le soldat en troupe
est pittoresque et sympathique.)

Puis du plus profond du ravin se détache un petit nuage
qui s'étend avec une rapidité étonnante…. « Tout disparaît
d'un coup dans la brume comme fondu par un souffle
invisible. » Et quand le brouillard s'évanouit en s'élevant
comme une toile qu'on enlève, il laisse à découvert un
« spectacle splendide » : le plus dur de la descente sur le Guell
de Jueu est terminé ; dans un vallon luxuriant, avec le
poétique val d'Aran et les contreforts des Pyrénées pour
fond, la colonne fait halte, se concentre et se repose, et
le soleil pyrénéen darde sur les uniformes, les flammes
rouges et jaunes des lances, les armes et les casques, et
serpente sur les eaux que le dégel disperse de tous côtés….

A travers des bosquets ombreux et humides, traversant

sur des palanques peu sûres les ruisseaux grossis, marchant
sur un sol tapissé de foin, de mousse et de fleurs parfumées,
la vue délectée du paysage, l'ouïe distraite par le bruit des
eaux — les bêtes s'embourbant parfois — à deux heures et
demie la colonne arrive fièrement à l'Ermitage d'Artiga de
Lin. A six heures, à Las Bordes....

XIII

LE CAPITAINE R..... A TUQUEROUYE.

Artillerie encore, française maintenant.

Vers ces temps-là, au camp de Ger près Tarbes :

— *Point de pointage, toujours le Cylindre du Marboré.*

C'est le commandement du capitaine R.....

« Oh ce Cylindre, combien il nous servait pour nos écoles
à feu du 75, sans cesse en vue par cet été si peu nuageux, à
soixante kilomètres, avec la rectitude de son arête gauche !
Comme il nous fascinait aussi, si net de formes, si limpide
de couleurs au soleil levant, dans ces admirables extra-
lointains de Gavarnie ! »

L'officier a promis à ses pointeurs de le leur faire voir de
près....

Et si vous voulez le vrai centenaire de Tuquerouye, le
voici : impressions militaires, originales, renouvelées.

Partis de Tarbes un samedi soir (toujours le soir !) à
quatre heures et demie du matin ils sont à l'entrée de
la vallée d'Estaubé.

— Maréchal-des-logis, le jour est suffisant ; exercice de
lecture de carte : précisez où nous sommes.

— Nous avons passé la Peyrade 1352, direction Sud-Ouest,
nous avons franchi le pont des.... le nom est difficile à

déchiffrer…. des Glouriettes ; voici une première cascade, des Agudes….

— Parfait. Et, là-bas, ce liseré de neiges rosées ?

— C'est le haut du Cylindre 3327, ou peut-être du Mont-Perdu 3352….

— Oui, du Mont-Perdu, le Cylindre ne se voit pas d'ici. Et maintenant repos, petit déjeuner et contemplation du paysage.

« Ce ressaut inférieur d'Estaubé est d'une beauté réelle : c'est en montant qu'il faut le voir, au début d'une course, quand on n'est pas encore saturé. Songeries douces des extrêmes matins d'été frais et purs. Par bouffées, des parfums exquis : quelque tilleul caché…. » (Et ici une photographie très belle et puissamment ensoleillée : elle paraîtra avec l'article, dans le *Bulletin Pyrénéen* de 1903.)

Cinq heures et quart, en avant. Marche sur des pelouses fleuries (Ramond !) — Le Mont-Perdu disparaît, le brouillard s'évapore, sur le Piméné à droite gagne l'or du soleil, grandissante la borne de Tuquerouye se projette sur les névés blêmes. « Air délicieux à respirer, paysage pastoral avec vaches, moutons et parfois quelque berger contenant un grand chien irrité de notre présence. »

Le sol se dénude : fond du cirque, triste muraille. Et une inscription à la peinture rouge sur une pierre : *Allans-Estaubé-Troumouse*, et une trace muletière, le chemin du Club Alpin. Plus loin, la borne de Tuquerouye. — C'est là qu'il faut monter ? — Bientôt l'Espagne, les guitares et fandangos ? — Oh, les impatients ! *Avez-vous de la chance ! Marcher dans l'inconnu, ne pas se douter de ce qui vous attend !...*

Paroi de Tuquerouye, 350 mètres d'élévation, sur 400 en projection horizontale, pente moyenne 40 degrés. La glace est en bon état, mais pour des débutants le rocher vaut mieux ; pas de guide, mais ce serait bien le diable si onze

artilleurs ne s'en tiraient pas.... Couloir d'aspect rébarbatif;
à gauche, un raide sillon de neige d'un blanc sale, et sur la
tête, très redressés, des escarpements sinistres.

Ascension au commandement, avec discipline, grandement
aidée par les crampons et barres, gymnastique assez pénible
et continue; les hommes ont la tête solide et du nerf,
silence morne.

Huit heures.

— Tiens! ça sent le coaltar comme au casernement....

— Vous ne croyez pas si bien dire. Nous y sommes.

Seuil d'une entaille pas très large, pas très épaisse, mais
fort haute.

« Un par un nous débouchons auprès d'une sorte d'oratoire
ogival au toit goudronné, avec statue de la Vierge..., mais
ce refuge de Tuquerouye nous ne le regardons guère. De
cette étroite terrasse suspendue dans le vide, parmi la
triomphante lumière du soleil de juillet, une autre apparition nous saisit, brusque et déconcertante. En plein ciel,
dans un bleu immobile, dans un bleu tournant au violet,
s'est élevée, barrant la vue, une terrible masse claire, neiges
étincelantes et rochers gris, dressée tout proche de nous,
au-dessus d'un lac ourlé de glaces, à travers une région de
solitude et de silence.

« Nous sommes effroyablement dominés par cette chose
inattendue et presque surnaturelle, par ce massif qui jaillit
de huit cents mètres de l'autre côté du lac.... Le voici, à
droite du Mont-Perdu, le Cylindre babylonien sur lequel
pointaient nos pauvres petits canons! Étant le plus rapproché
il paraît le plus haut. Il l'emporte surtout par la magie de
son prestigieux profil....

« Le soleil enfile dans sa longueur la longue combe qui
va de l'Astazou aux berges orientales du lac glacé. De ce
côté on devine que le sol manque soudain vers les cascades
du Rio Cinca et l'extraordinaire contrée de Pinède....

« Idéalement pure est la matinée ; le lac indigo, enchâssé
de glaçons verdâtres, estompe dans son ovale double les
reflets renversés des grandioses montagnes d'en face....
Instinctive mélancolie devant cette solitude et ce silence
intenses où les sommets géants haussent dans le bleu du
ciel l'alternance de leurs assises, glaces diamantées et
calcaires gris de tourterelle. C'est d'un superbe charme
triste, mais aussi trop muet et trop fermé, trop inquiétant et
mort.... »

Et pensant « à ce qui fait de l'espace libre et du ciel
vaste », on entend avec joie — sans l'avouer — cette
exclamation subite qui rompt le rêve, poussée vivement
par un des canonniers, peut-être avec une arrière-pensée
de gascon espérant déjeuner :

— *Eh bien, si on était cuisinier ici, il ne ferait pas bon
laisser rouler en bas les gamelles !*

VULGARISATION

XIV

HENRY SPONT.

Maintenant ce n'est plus « vieux pays, courses nouvelles » ; c'est vieux pays, vieilles courses, sauce nouvelle. La nouveauté de l'assaisonnement, désormais tout est là. De plus en plus, aux Pyrénées, les courses, grimpées, gymnastiques, variantes d'arêtes, difficultés, *climbing for climbing*, cela vaut juste ce que comme écrivain on en tire.

Dans la petite *Revue hebdomadaire* de Plon, 1897, *Aux Pyrénées*, trois articles (60 pages) : Luchon, Perdighère et Posets, Vénasque. En somme, l'ascension du Posets.

Par Henry Spont. Un jeune. Il est double : pyrénéen (qui ne connaît les chalets Spont à Luchon ?) et parisien. A Paris il écrit, à Luchon il monte. Eperdûment amoureux de son Luchon et de ses Pyrénées, rien ne saurait l'en retenir éloigné l'été venu : il quitterait tout, romprait tout, déserterait. Essentiellement marcheur, il a ascensionné tous les grands sommets pyrénéens, surtout vécu en haute montagne de Luchon : Monts-Maudits, cirque du Lys, Bécibéri. Avec son frère cadet Marcel, qui fut chasseur d'Afrique, montagnard éprouvé. Tous deux ont rapporté des moissons de photographies des sites les plus rares. Leur guide et compagnon : Sansuc, figure de l'ancien temps ; pas pro-

fessionnel, un cultivateur d'Oo, un bon géant doux, un peu
voûté, large d'épaules, étroit de hanches, pas de ventre
— organe superflu en montagne — et tout en jambes ; il est
dans son pré, appelez-le, il laisse faux et fourche, dix
minutes après arrive avec piolet et corde, et en avant !
Ramond disait : mon ami Rondo ; Schrader dit : Henri
Passet, mon guide et mon ami. Sansuc, parlant d'Henry et
de Marcel, dit : *nous sommes trois frères*. Avec un fond de
préférence tendre pour Marcel.

Assaisonnement ; très curieux : nouveauté d'impressions
et d'expressions. Répercussion sur le pyrénéisme de toute
une certaine littérature, d'une certaine « ambiance » parisienne, d'un vocabulaire fin XIXᵉ. Impressionnisme, nervosisme, féminisme (jusqu'à l'obsession), lotisme, zolisme,
naturalisme, singulièrement combiné avec néo-romantisme.

Départ de Paris, rapidité du voyage nocturne. Au matin,
le Midi : les maisons blanches coiffées de toits rouges au
bord d'un large fleuve indolent. Toulouse : c'est, la porte de
la gare franchie, la surprise d'une vaste place poussiéreuse,
et le reflet des arbres dans l'eau morte du canal, et les
tramways découverts dont pendent les rideaux de couleur ;
c'est le sommeil accablé d'une Saragosse somptueuse et
sale. La marche par la ville, émue et inquiète, en songeant
que les villes, comme les femmes, ne se donnent pas du
premier coup. L'âme de Toulouse : faite de soleil. Ah les
yeux des filles de Toulouse ! à l'offre perverse (cet adjectif
bien parisien s'attendait), et elles, prêtes à mourir pour un
mot qui trouble (troublant aussi s'attendait). Toulouse est
une ville d'amour (pour parler convenablement) ; une ville
d'art aussi, puisque l'art est l'amour des choses qui ne
passent point.... — Départ..., le train qui halète..., les
Pyrénées, énormes bêtes couchées..., une angoisse nous
prend..., le train siffle sa courte plainte de monstre..., voici

une montagne qui, couchée comme une femme, bombe sa poitrine où court le fin ruban de la route..., le convoi débouche, bête en furie, dans une vallée (à Loures).... Les boursouflures s'accentuent, l'angoisse redouble. Surgissent les glaciers, vertigineux rempart scintillant: nous reconnaissons les coins amis qui furent doux à notre fatigue, nous songeons avec délices aux heures divines que nous donna leur silence, nous exultons à l'idée de les revoir.... Nous perçons les tunnels, nous franchissons des gorges sur l'arc tendu des ponts..., la barrière des pics arrête notre effort..., nous sommes à Luchon. — Platanes de Barcugnas, tilleuls de d'Etigny; après l'ébranlement du voyage les nerfs fatigués se détendent, torpeur délicieuse.... Joie de retrouver ses outils de montagnard.... La caresse des vêtements clairs, la légèreté du chapeau, la fraîcheur des souliers de toile renouvellent l'être : c'est un homme nerveux et fort qui descend l'escalier de sapin craquant de son chalet pour aller vers les Thermes aux eaux guérisseuses de névroses et détendeuses de nerfs, vers les Quinconces où des « rastas » et une foule affairée écoutent la musique « mince » (oh combien !) les valses lentes.... (*valse lente* fait bien et sent la désespérance et le flirt, mais on ne joue tout vulgairement que des valses vives). On dirait le Boulevard !... Les visages sont creusés : c'est le jeu..., c'est surtout l'amour. Prenez garde à l'amour, il est là, embusqué à chaque tournant, il flotte dans la caresse de l'air... Toutes sont jolies, toutes semblent désirer qu'on les aime.... Aussi regardons-nous passer avec ivresse les corsages écossais des prestes cyclistes pédalant menu, les sombres amazones des raides écuyères, les jeunes filles qui partent demain et qu'on ne reverra plus : le cœur tiraillé par cette petite mort des départs devient le sensible cœur ridicule des romances...

— On s'ennuie, ici; nous ne voyons que les cimes, et c'est le corps entier que nous désirons... (Et c'est, aux Quinconces, une propagande inlassable d'Henry Spont pour sa montagne.) Vous croyez monter facilement, la canne à la main ? Laissez vos cannes, ne grimpez pas : la montagne n'est pas une fille, elle ne se donne pas pour un déjeuner (la montagne veut des amants, hennissait jadis le calme Soutras), les pics sont coupants, la glace perfide, les crevasses pareilles à des lèvres de mortes ; mais la montagne n'est point farouche, elle est maternelle et bonne à ceux qui savent lui demander son secret, elle accueille les hommes ardents dont l'âme est ingénue, ceux qui ont couché tout habillés dans d'humbles cabanes à côté de rudes bergers qui partageaient avec eux le lait et le pain et auxquels ils ont donné en échange un peu de ce vin des plaines, ceux qui ont connu les longues marches sous le soleil et crevé la croûte vitreuse de la glace.... — Et voici un converti, un catéchumène, un vrai, le comte de Barck ; il accepte l'initiation : demain matin on partira pour le Perdighère et le Posets.... Et le morceau du départ est d'un néo-romantisme exultant (rapprochez du *Voyage d'artiste, par deux amis*, Gustave de Clausade et de Malbos, 1835) : « *La sonnerie du réveil casse net les rêves de la nuit. Nous connaissons la joie du lever matinal. Nous prendrons la journée à sa plus fine pointe et nous en jouirons jusqu'à la splendeur triste du soir. Guêtrés de velours, la jambe serrée dans des bandelettes de toile, le torse libre sous le maillot, nous soulevons lourdement nos chaussures, dont les clous glissent sur le parquet. Avec le rude accoutrement nous revêtons un autre personnage, rude, fait comme lui de simple, de solide étoffe ; nous brandissons nos piolets, la main rafraîchie à la pointe de l'acier. Et nos gestes déjà sont élargis. On mange, ce n'est plus l'infusion exotique du thé, ni les « muffins » des légers repas de Paris, mais le pain dont les couteaux crèvent la croûte dorée, et le vin rouge, sang de la terre, qui coule*

*dans nos veines, qui gonfle les outres accrochées, la peau
tendue, à côté des sacs. La voiture nous attend, les chevaux s'impatientent, harcelés par les mouches. Il faut se
hâter. Alors c'est la brisure des départs. Les recomman-
dations dernières, les mouchoirs agités devant la grille.
Nous regardons la maison comme si nous ne devions plus
la revoir... »*

Sitôt Luchon quitté, dès le pont de Mousquères franchi,
nervosisme et romantisme factices tombent. En fait, dès la
montée de l'Arboust l'ascension du Posets est commencée.
Après la bisque de restaurant parisien, la saine garbure
pyrénéenne. Au détour d'Oo cependant, quand paraissent
les glaciers, un soubresaut nerveux et il faut « se ressaisir ».
Sansuc pris au passage, aux cabanes d'Astau on saute vivement à bas de la voiture : alors s'entame vraiment l'ascension. Relisez les anciens textes, Russell montant au
Perdighère « si facile », seul et en se jouant ; — Liégeard,
au style calamistré, très mousquetaire, tout en brio, nar-
guant le tenancier de l'hôtellerie qui réclame le droit de
passage, et disant à son guide, avec un panache à la
Frédérick Lemaître : « Si en revenant nous tombons et
sommes livrés aux *murènes* (!) du lac d'Oo, le drôle en
sera pour ses frais !... » (le Perdighère de Liégeard, tout de
même, est le vrai Perdighère, le Perdighère du temps de
Lézat et de la « cascade Michot ») ; — Schrader à la
cabane d'Espingo, au coucher du soleil, devant un paysage
d'une beauté si calme et si recueillie qu'il ose à peine la
troubler par ses paroles ; — Russell revenant au Perdighère
(par le Sud) entre des murs de glace, « corridor étincelant
rempli d'air pur et de soleil, où jouent ensemble les vents
glacés des hautes régions et les brises virginales de l'aurore », Russell « ensorcelé par la splendeur et l'étincelle-
ment ». Etc. Renouveler littérairement cette ascension des

cirques d'Oo, pas facile : tout ce qui dans le pyrénéisme a
tenu une plume est devant vous. Mais au fond, l'essentiel
ce n'est pas la montagne, le décor fixe ; c'est l'ascensionniste variable, l'acteur. Plus que jamais ce n'est pas ce sur
quoi l'on monte, mais c'est celui qui monte ; c'est la
pratique profonde du fait de monter : sensualité de monter,
labeur de monter, orgueil de monter. Le dilettantisme de
monter, « fièvre » et « jouissance », l'observation satisfaite
— comme dans un miroir — de soi-même montant, la
préoccupation et la notation de ses « gestes », ce que l'on
peut appeler le *narcissisme* ascensionniste, voilà la sauce
nouvelle. Pas même la psychologie, mais la mécanique
de l'ascension. La partie « travail » de la course vient,
exaltée, au premier plan. Pour ceux qui ont « travaillé »,
ne fût-ce qu'une fois, c'est saisissant. Chose paradoxale :
les grimpeurs très forts, à force de s'écouter et de se
regarder, et de distiller l'ascension, ont l'air de se donner,
pour les mêmes pics, dix fois plus de mal et de difficulté
que ne s'en donnaient Lézat ou simplement Liégeard ! Mais
comme ils peignent, par touches impressionnistes, la vie
en montagne !... — Et alors : montée lente, d'un pas
cadencé, les épaules pliant sous le poids des sacs, les
outres ballottent sur les reins.... Le lac d'Oo : pas
encore gâté par les ingénieurs, il a la majesté des belles
choses inutiles.... Soif : une humble source connue des
initiés (Liégeard y a bu), on se couche à plat ventre pour
boire, « elle se donne toute ». Suite de la montée, « la
fièvre nous reprend, la marche entretient l'excitation ; les
jarrets tendus nous portent en avant, avec un peu d'orgueil
de la difficulté vaincue..., nous sommes très hauts déjà ».
La cascade, précipitée avec une grande plainte de bête
blessée. Le col : accoudés aux bâtons, on regarde, pris
par le plaisir des yeux ; le cœur a cessé de sauter dans la
poitrine, on s'apaise. « Nous jouissons du silence. » Clo-

chettes dans le cirque d'Espingo, les troupeaux, la cabane, le berger. (Merveille : rien n'a bougé ici depuis Ramond, cent dix ans ! rien ne s'est défait, la montagne est bien éternelle. Pendant ce temps, de l'autre côté du seuil d'Espingo, en France vingt révolutions. Et finalement le résultat ? dites, vous qui ici même, aux Pyrénées, souhaitiez la première, Ramond de Strasbourg !...) Et comme le soir — a dit Russell — tout se calme, jusqu'au cœur de l'homme, c'est un Henry Spont tout calmé qui dit — très curieusement — le soir à Espingo : « Effrayant cirque, mais dans la sombre cabane le feu qui pétille jette un peu de vie ; les pierres noires, les solives du toit s'imprègnent de chaleur, nous font un petit coin de confort. Une odeur fine de laitage, de bois brûlé, de résine, nous surprend. Nous voici enroulés dans les plaids, assis devant les dalles du foyer. Notre pensée nous reporte aux premiers hommes, quand vêtus de cuir ils rentraient pleins de faim s'asseoir près du feu. Quelle joie, délicate et barbare, de nous retrouver ainsi — âmes rudes et simples sous nos accoutrements — revenus à l'enfance confuse des races... (rappelez-vous Chausenque aux couilas de Gaube) ; et pourtant ces bûchers sont les mêmes qui réchauffent l'hiver les mules étroites des frileuses femmes (ce n'est plus Chausenque). « Nous mangeons dehors. Nous voulons jouir des dernières clartés. L'écrasante splendeur du décor abolit notre orgueil (rappelez-vous Schrader).... Le vent a fraîchi, les étoiles s'allument dans le ciel noir. Nous prolongeons notre songe, rassurés par l'abri voisin. Mais le sommeil des choses nous gagne. Nous nous étendons sur les branches de sapin craquantes. Le feu s'est ranimé ; d'énormes troncs d'arbres, posés en travers du foyer, s'écroulent dans la braise ; la fumée bleue, en couche épaisse, flotte au-dessus de nos têtes. Le berger a solidement barricadé l'entrée, de nos piolets croisés. Le chapeau rabattu sur les yeux, la nuque

appuyée aux peaux de moutons, nous reposons côte à côte,
dans la chaleur, dans la lumière, essayant d'accrocher nos
pensées au fil d'un rêve !... » (Tout ceci est très particulier.)
« Léger sommeil de montagnards, coupé de brusques
réveils, d'inquiétudes sur le lendemain. Dix fois déjà j'ai
franchi les dormeurs pour m'assurer du temps, dix fois j'ai
ranimé la flamme... À trois heures du matin nous sommes
debout, et pendant que le café chauffe, nous piquons de la
pointe de nos couteaux les rondelles du saucisson. Il importe de manger peu, mais souvent, pour entretenir sans
cesse la force, pour avoir la joie de boire après. Nous
remercions l'homme. Il nous aide à boucler les sacs, il
siffle son chien, nous accompagne jusqu'au pont. Le jour
commence à peine... » (Très joli. C'est ça ! Subjectif, si
vous voulez, et en accessoires. Mais c'est pour les vivre,
ces accessoires, qu'on vient ici de Paris.— Se débarrasser du
virus des villes, a dit Tyndall.) — On surprend la nature à
son lever : belle fille rougissante, de pudeur, à cause de la
curiosité des hommes. Montée dans le cirque supérieur, pas
cadencé, jarret infléchi, corps en avant, souffle opprimé,
bouche close. Entrée dans le domaine de l'hiver. Passage à
gauche du lac du Portillon, délicat à cause des éboulis
glissant sous le pied, entre ses jambes écartées on aperçoit
l'eau, on évite de la regarder : on avance avec calme,
lentement, travaillant des mains, les ongles meurtris aux
angles durs ; les paroles sont brèves, ton de commandement,
sans réplique. Le Perdighère est là, énorme bête couchée.
Escalade suprême sur des rochers branlants : la cime ;
exaltation, « la joie du triomphe nous tient debout ! » Et
encore : « les pics sont à nos pieds, nous les comptons
comme un berger son troupeau. » Certes : les Spont ici ont
tout monté. Le Perdighère seul manquait, le voici pris :
splendide. Et Marcel fait de la photo... pardon ! « l'appareil enregistre un moment de l'éternelle beauté. » Quelques

cartes ont été déposées au sommet par les Russell, les de
Lassus..., les montagnes, comme les femmes, ont leurs
amants !... Chaleur accablante, soif, faim, soleil qui cuit les
têtes sous le feutre, tout cela grise... Un dernier regard,
« avide », qui voudrait tout emporter.... Descente : pénible.
Portillon d'Oo : ici toujours le saisissement, le paysage
polaire débouchant sur l'Afrique. Les cheminées rappellent
à la réalité : dangereuses, à cause de l'éblouissement causé
par la fatigue. Cabane du port d'Oo, on est en sûreté, les
pieds légers dans les espadrilles ; les vestes retournées
sèchent sur la pointe des piolets. Le vin, les foies gras, la
sieste raniment. Dévaler vers la cabane de Pahule... Le
chien accourt, et le berger aragonais : *Buenas tardes,
caballeros !* — *Buenas tardes !* Perdu loin de tout, il les
habite par force, lui, le berger, les affreux fonds de Pahules
et l'horrible cabane : il s'en passerait. Aussi, d'apprendre
par un colloque en patois avec Sansuc que des gens viennent
de Paris, ou simplement de *Bagnères*, pour voir çà — des
fous évidemment — il en hausse les épaules. (La scène est
bien vraie ; et à quoi tient donc la beauté des montagnes ?)
« La fatigue après souper, brusquement, nous accable, le
feu cuit nos figures, la pipe nous grise... » Phrases coupées
échangées avec l'homme. Le Posets ? — un geste : il est là ;
— difficile ? — un geste d'effroi... Et au matin la grande
montée : « la sueur perle à nos fronts, les courroies des
sacs coupent les épaules. » Uniformité du lieu, absence de
points de repère.... Alors se fixer un rocher, s'assigner la
tâche de l'atteindre, et cela fait, recommencer, fractionner
la route (nous le savions déjà par Labrouche : cette montée
du Posets est interminable et assommante), puis la grosse
affaire du glacier, à traverser avec un néophyte.... Sommet,
les joies de la veille, doublées. Observatoire merveilleux,
méconnu, peu visité (si loin, si long, si pénible ; tant mieux,
le Posets n'est point galvaudé), observatoire unique. Le

premier pic par la beauté : le Mont-Perdu, le Néthou ont
des satellites, une cour, seul le Posets est seul.... Il faut
partir pourtant : glissade debout sur le piolet ; déjeuner de
montagne, ivresse de tirer des sacs, dans cette nature
abrupte, les viandes portées de si loin ; bonheur de l'être
grisé de chaleur, des mains fraîches, des torses offerts à la
caresse de l'air ; exaltation de la personnalité dont les sens
multipliés jouissent dans une fièvre calme. Sommeil, étendu
en plein soleil, jambes allongées, bras en croix, pénétré
par la divine chaleur ; l'être se fond, se perd dans l'anéantissement. (Il n'y a pas à dire, c'est cela ; et ces sensuels de la
montagne jouissent par tous les pores !) Hélas ! il faut se
lever, aller vers les villes.... Debout ! Traversée d'un chaos ;
lac Baticiel, une émeraude ; un vallon neigeux se précipite
au fond d'Astos, la forêt accueille et rafraîchit de son
ombrage ; un bon chemin muletier ravit par l'imprévu de ses
décors. Cabane de Turmes. Autre forêt silencieuse. Le
torrent gronde. Contreforts du Perdighère. « Nous franchissons des ponts, nous passons en courant devant des
coins où nous voudrions dormir.... C'est un beau rêve
éveillé que nous faisons là... » Pont de Cubère : le torrent et
la route ont de la peine à se frayer un passage, ils luttent à
qui arrivera le premier. L'heure presse, l'orage vient, un
vent chaud sèche la gorge ; « d'ailleurs nous ne voyons plus
rien, les jambes seules travaillent d'instinct ». Courant,
sautant ; un clocher, des toits bleus, c'est Vénasque ! Le fer
des souliers glisse sur les pavés pointus habitués aux molles
sandales. *Casa San Mimi.* Les arrivants font crier les
marches de l'escalier. Voix de femmes : *Teresita ! —
Mamma ? — Ingleses.* Etonnement : ces gens à la face
brûlée, « aux gestes aisés », viennent de *Bagnéras*, du
Posets ! Descente à la cuisine, l'âme de la maison. Assis sur
le banc, tendre à la flamme l'envers des vestes, dont les
manches retournées pendent en bosse. Nappe de toile écrue

sur la table ronde, soupière qui fume au milieu des assiettes
à fleurs, vin noir dans les carafes. Joie de bêtes longtemps
privées. Sourire à Mlle Teresita, (elle est la femme ici !) jolie
avec la force d'une nature libre... « Mais la chaleur des
mets nous suffoque, nos yeux se ferment ; les chambres
préparées sont vastes, les lits de fer ont de larges oreillers
brodés, les draps fins sentent l'armoire — il faut l'affirmer,
les auberges espagnoles dans les Pyrénées sont propres,
c'est en France qu'elles sont sales ; — nous goûtons le
bonheur d'allonger nos jambes meurtries dans des linges
odorants, et notre sommeil devient tout de suite un plongeon dans le noir, un anéantissement complet de l'être,
avec les réveils d'une soif ardente étanchée à la carafe d'eau
posée, toute ruisselante, à portée de la main. »

Vénasque. Le matin : debout ! Il faut se hâter de vivre
ardemment cette journée. Joie des sacs débouclés, odeur
des cuirs, des savons, doux toucher des serviettes posées
en triangle sur des brocs d'étain, surprise de voir au grand
jour l'endroit où on pénétra la veille la bougie au poing. Le
tapis ras, le crucifix à la tête du lit, ce papier fleuri d'images
pieuses, les cœurs divins brodés au plumetis, vieilles
connaissances.... Mais aujourd'hui c'est l'Assomption, et la
grande fête. « Le corps reposé sous les vêtements secs, les
pieds à l'aise dans les souples sandales, nous descendons
prendre le café...» Tout loisir de visiter la ville : Vénasque,
coin d'Afrique, plein du deuil d'une civilisation morte ;
démarche légère des femmes, beaux gestes des hommes ; les
femmes, en jupe de laine courte, les cheveux bleus à
force d'être noirs, plaqués luisants aux tempes ; les
hommes en velours déteint, culotte fendue, gilet ouvert,
chemise échancrée, et regardant, les poings dans la ceinture tombée sur le ventre, en fumant les minces cigarettes
roulées d'une main sur la cuisse. Des prêtres passent à

grands pas. Promenade dans les rues. Appels : *Franceses!... Franceses!* c'est un cabaret. Des carabiniers en
grande tenue mangent des piments rouges dans des assiettes
vertes, boivent à même le vin dans des pots égueulés ; un
homme assis sur le comptoir de bois gratte la guitare, ses
camarades rythment la cadence de la pointe de leurs couteaux... A présent, la danse (les fameuses danses de
Vénasque), les guitares et les mandolines, les notes graves
et les ping ping aigus, la *jota*, fiévreuse, furieuse, les
hommes se jetant sur les femmes qu'ils enlacent (rapprochez
des danses catalanes décrites jadis par Chausenque). Ensuite, la valse, tournoiement éperdu, les yeux des femmes
pâmées chavirant dans le blanc (morceau « truculent »,
très à la bisque). Le soir, cela recommence, et c'est mieux,
ou pire, les Français s'y mettent. (Vénasque de tout le
pyrénéisme écrivain, Vénasque de Ramond et de Tonnellé,
de Russell et de Schrader, de Bartoli et d'Oliver-Copons...!
Vénasque de Spont : c'est peut-être le plus savoureux.) — Il
faut partir, laissant à Vénasque un peu de son âme qu'on
va renouveler à d'autres spectacles. La marche de Vénasque
au port et à la cabane de Cabellud, très renouvelée. — Le
voici, le port, et Cabellud lui-même, et Paco, et Martinn ;
Cabellud bien vieux, maigre et voûté, mal rasé, dont la face
rit par toutes ses rides ; son œil gris sous la visière de la
casquette concentre toute la vie de sa figure — l'autre œil
n'est qu'une paupière à jamais fermée. *Bonjour, Cabellud!...*
— *Adios! Et le papa? Et la mamma?* Singulier homme et
honnête homme, malgré ses prix, ce Cabellud. *Monsieur
Russell il va venir demain, à la magnana....* Ami du
comte Russell : le titre de gloire de Cabellud !... Russell !
« il est le montagnard et c'est pour nous un grand bonheur que de l'écrire ». Et le comte de Barck qui est peintre,
exécute sur le mur blanchi à la chaux de la cabane une
fresque, le portrait très ressemblant de Cabellud (effacé

depuis sous un lait de chaux. Pauvre Cabellud ! il ne
restera plus que six ans dans la cabane du port, et tout
simple débitant qu'il est — débitant au port, car hors du port
il est un notable Vénasquais, hospitalier à ses amis pyrénéistes, ayant la meilleure maison de la ville, et à l'église la
chapelle de sa famille — quand il redescendra finir sa vie à
Vénasque, c'est un fragment du grand pyrénéisme qui se
détachera avec lui....) On brûle Sauvegarde, trop d'ombrelles
blanches sur le sentier. A l'hospice, voici l'hospitalier
Courrège, rieur. L'ombre de la forêt, la route élastique
reposent. Embranchement du Lys ; les voitures (comme
du temps de Tonnellé). L'arrivée : la Reine des Pyrénées.
« Nous sommes gênés avec nos rudes accoutrements parmi
les marcheurs brossés, peignés, à qui l'hygiène impose,
après le bain, le *walking* de réaction. » Le chalet, le bon
gîte, la bonne table.

Et tout de suite la pointe de nervosisme reprend :
« ces notes rapides, *écrites dans la fièvre d'une main qui
tremble encore*, c'est l'ex-voto que suspend aux murs de
son église le marin retour d'Islande. » Et la piété pyrénéiste du jeune montagnard est ardente et sincère. « Nous
détestons les sociétés, nous sommes des marcheurs
solitaires. Pourquoi nous aimons la montagne ? Sait-on
pourquoi on aime ? On le sent. Des défauts, elle n'en a pas.
Les Pyrénées sont belles. Les Pyrénées sont charmantes. »
Et il finit romantique: « *ces lignes, il n'aurait pas fallu les
écrire au balcon tandis que sonnent les cloches des
hôtels, mais les graver sur la pierre dure, avec l'eau du
torrent pour encre, et pour plume la pointe d'acier du
bâton....* »
Accompagné de petites photographies rares, ce jeune et
vif récit d'Henry Spont est, dans la littérature pyrénéiste, un
élément tout particulier. Et essentiel. Reflet d'un moment.

XV

SUR LA MONTAGNE. — LA MARCHE VOLUPTÉ.

La librairie Plon met sur le chantier une série de livres montagnards. Le premier est :

Henry Spont. — Sur la Montagne (les Pyrénées). Ouvrage orné de 60 gravures d'après les photographies de l'auteur. Paris, Plon (1898), in-8, de 221 p.

Thème de combinaison. Le Posets de tout à l'heure, sur lequel on a greffé Malibierne, le Néthou, et une course d'automne aux pics du Lys avec les guides Angusto et Panblanc (Pain-Blanc, à la face de clown) ; pour en faire un volume il a fallu étendre. Et appuyer sur toutes les notes : la hantise de l'amour (« *avec des yeux fouilleurs d'amant nous avons déshabillé la montagne* », etc., et le grain de poivre rajouté au morceau des danses de Vénasque), le romantisme (« *nous prendrons la bicyclette : courbés sur le guidon d'acier, poitrine ouverte, tête nue, nous irons dressés sur les pédales actives...; d'un élan fou, ombres trépidantes, grisées de vitesse, mais douées par la fièvre d'une vie plus intense, nous nous disperserons dans les choses* »), le nervosisme (au sommet du Perdighère ce n'est plus seulement *la joie du succès nous tient debout,* mais encore : *on serait seul, on ne le croirait pas, l'émotion trop forte deviendrait de la folie*), même la neurasthénie (tout le chapitre du départ de Paris, etc.), le développement du moi, la sensibilité exaspérée, les larmes, évocations à la mort, les états d'âme ; la montagne du psychologue. Mais cette neurasthénie est jeunesse, ou littérature (très travaillée, les phrases toujours très « bouclées »). Eperdûment épris de ses Pyrénées, Henry Spont a voulu faire de propos délibéré un livre

éperdu. Et avec l'obsession des mots « rares ». Lui-même
dit — au début : *notre âme est restée là-bas* (aux Pyrénées),
*nous l'appellerons, nous l'enfermerons dans les pages de
ce livre, nous l'habillerons avec les mots que nous avons
appris à Paris* (voilà le point décisif), *avec les mots dont les
grands écrivains nous ont transmis l'héritage;* — au
milieu : *je manie mieux le piolet que la plume, je n'ai le
vertige que devant le papier:* — à la fin : *oh! ne pas
pouvoir frapper ses pensées sur l'airain sonore d'une
médaille neuve; à mesure qu'on cherche les notations
littéraires, les impressions s'évanouissent, l'écrivain
reste au milieu de la page comme le montagnard sans
corde au milieu du glacier.* Et il conclut: *la montagne,
je ne l'ai pas racontée, je l'aime trop... il eût fallu des
cris, des gestes rudes* (toujours la préoccupation du « geste »;
mot très esthète de ces années-là)... *alors ne sachant que
faire je me suis raconté moi-même.*

Heureusement, Henry Spont ici se trompe deux fois. Il
ne s'est pas raconté. Il a parfaitement raconté la montagne.

Il ne s'est pas raconté. L'Henry Spont vrai, — l'homme
nerveux et fort qu'il se disait tout-à-l'heure ne — larmoie
pas, n'aborde pas les bergers en disant : *Berger, berger,
ne nous envie pas, tu es le plus heureux; vois comme
nous sommes pâles, comme nous tremblons, comme
notre âme est dévorée d'inquiétude;* les prosélytes qu'il a
menés au Néthou ne l'ont pas vu admirer *le geste des
montagnes figées,* ni entendu s'écrier : *Aux épaules, à la
place des courroies il nous pousse des ailes! Des ailes
d'anges à ces corps de brutes, à ces corps noirs, brûlés,
dont seuls vivent tes yeux pareils aux yeux des aigles.
Ange et bête c'est ce que nous sommes en cette heure
d'extase....* Non, ils l'ont trouvé montagnard passionné et

pratique, chef de colonne avisé et autoritaire, débrouillé au
campement, de soigneuse hygiène, en train et gai, et supérieurement expert à régler une marche.

La marche ! la marche en montagne ! c'est sa passion,
son art. Il la prêche, il la professe.

[Savez-vous ce que c'est que la marche en montagne ?
C'est la lenteur rythmée : en physique on dirait l'isochronisme. Soyez isochrone. Partez infiniment lentement, le
corps en demi-flexion ; après un moment d'entraînement
on vous permettra une légère augmentation de vitesse ;
puis plus rien, le rythme est fixé *ne varietur*, isochrone.
Un (très lentement), deux (très lentement), un (très lentement), deux (très lentement). Sous aucun prétexte ne
changez. Ne pressez pas, vous vous essouffleriez ; ne ralen-
tissez pas, vous feriez du retard ; vous soufflez, le cœur
vous bat à éclater, n'arrêtez pas, vous dérangeriez l'horaire ;
vous voulez parler, taisez-vous, dépense inutile d'énergie,
mettez-vous un caillou dans la bouche ou un noyau de
pruneau ; vous voulez regarder, regardez en marchant ;
vous ruisselez, vos vêtements vous collent au corps,
laissez coller, laisser couler : soyez isochrone. (Sansuc,
qui ne connaît ni l'eurythmie ni l'isochronisme, a une
bonne manière un peu paysanne de condenser la
question : *il faut*, dit-il, *marcher comme un abruti.*
Mais ce *un (très lentement)*, *deux (très lentement)*, c'est
le levier qui vient à bout de tout !]

La marche est une volupté ! crie Henry Spont. Flottante
d'abord, mal réglée ; puis la cadence plus large, les jambes
déliées, l'effort combiné épargnant la fatigue ; l'initiation
faite aboutissant à l'harmonie parfaite. La marche est une
volupté. « Nous l'aimons pour son beau rythme, pour l'élégance de sa période, lente et scandée dans les montées,
rapide et légère dans la descente... Incertaine au début,
puis devenue régulière et précise. Nous la savourons plei-

nement, nous mettons tout notre art à la développer, à
l'orner. Les manches tournées sur les poignets rafraîchis à
la cascade, les bras allongés en croix sur le bâton nous
voilà partis... Un pas nous incline, un autre nous redresse.
Nos énergies se plient à la mesure ; nous apportons à les
ménager un soin jaloux. Nous ne perdons pas un souffle.
Des heures et des heures nous monterons ainsi sans dire un
mot. Un mot, un seul, briserait la cadence.... » Il y a
cependant des répits : « Un plateau, une prairie... point
d'orgue. Debout, accoudés à nos bâtons nous contemplons.
En une seconde la nature nous pénètre. » Sur un signe, on
repart : « ceux qui nous voient peuvent croire qu'il n'y a
que de l'hébêtement dans nos faces, il y a de l'extase.... »

Le Spont vrai se dégage ici. Il pourrait chercher le renom
des priorités, de la difficulté à effet, du couloir sensationnel,
de l'arête nouvelle, essayer le Crabioules par le Nord, ou
tenter un coup d'éclat — qui reste à faire : — enlever les
Encantados. Non, il fera la difficulté nécessaire, mais cela
ne l'intéresse pas : ce qu'il veut c'est vivre en montagne,
marcher. La marche en montagne est son sujet.

Il a raconté la montagne. Dans maints traits caractéristiques de son livre, dans des détails « vécus » de la vie en
montagne, où il est excellent. Et de façon particulière.
Il a rendu, lui qui écrit pour les non initiés, ce que nul des
initiés ne rend d'ordinaire : il a rendu le côté fatigue de
l'ascension, la colossale dépense d'énergie. Brulle, lui,
aborde la difficulté « un suprême de sourire aux lèvres » ;
avec Russell il semble qu'on se pose sur les pics comme
un oiseau : on leur fait des visites, on dépose sa carte
p. p. c. sur le Perdighère. La marche au Posets d'Henry
Spont — morceau très à part — rétablit la réalité, les dessous
de ces courses effroyables. Quatre jours ! (Et voilà pourquoi
on ne le fait pas, ce Posets : qui a quatre jours à prélever

sur sa saison à Luchon?) Jours de quinze heures, ou de
dix-huit. Heures de soleil torride. La tête qui cuit sous le
chapeau, la sueur qui cuit les yeux rouges, la réverbération
des neiges, la soif, la nourriture insuffisante et froide, les
gîtes abominables et ce qui s'ensuit, la fatigue écrasante,
l'insomnie, ou le quart de sommeil agité par la fièvre, la
gorge qui brûle, la peau du visage qui éclate, etc., etc, voilà
le plaisir. Et aussi la neige traîtresse et le roc fidèle, et les
marches sublimes, la montée vers le ciel implacable sur un
escalier de géants qu'on taille soi-même. (Très bien. Mais le
Posets n'est pas une volupté.) Et au total : *Sur la Montagne*,
livre indispensable dans la bibliothèque pyrénéiste.

Maintenant Spont est un vulgarisateur qui va se donner
pour tâche d'exalter les Pyrénées successivement dans
chaque périodique.

Dans la *Nouvelle Revue* d'abord : *Les Pyrénées, par
Henry Spont. Le Cirque de Gavarnie* (photos).
Récit posé ; toujours la marche : « bien que la sueur
inonde nos faces et colle la chemise à nos reins, nous
sommes parfaitement heureux ». — Avec Sansuc le Mont-
Perdu, le Marboré — celui-ci paraît trop plat et sans profil
à Henry Spont qui n'hésite pas à déclarer : « j'aime les
montagnes qui ont une gueule » ; l'expression est rude,
mais à la bonne heure, ceci au moins n'est pas neurasthénique. — Le Gabiétou dans le brouillard (ici presque la
perdition — pour l'ébattement des gavarnistes, toujours un
peu piqués de l'intrusion d'un guide luchonnais, et qui
irrévérencieusement appellent Sansuc *Sansucre*). Volupté
de l'escalade sur roc : « on entend résonner l'acier de la
hache, les clous des bottes grinçant contre le grain de
granit ; à chaque instant il faut s'arrêter, rehausser d'un
coup de rein le sac dont les courroies meurtrissent les

épaules, alors le gobelet tinte. Un faux pas, on serait perdu. Nous n'apercevons que des détails, une succession de petits actes précis et minutieux, point difficiles à faire, mais qu'il faut réussir — le pied ici, le coude là, un saut, à toi le genou, à toi le piolet. Quand un bout de culotte reste pris entre les dents de la montagne, on tire fort pour arracher l'étoffe et on rit. Un homme ainsi occupé n'a pas le loisir d'avoir peur, il monte dans un grand concert de joie, fier de la force qui triomphe... » (Ceci, très de notre temps. Et essentiellement pyrénéiste : bonheur de vivre, même en pleine difficulté.)

Et un tableau un peu romantique encore, de la salle à manger de l'hôtel de Gavarnie. « Il y a ici une tradition, celle de la montagne. Tous ceux qui s'illustrèrent dans la conquête des cimes ou qui venus trop tard trouvèrent pour les atteindre des voies nouvelles sont là, les coudes sur la table et le cigare aux dents : inconsolable de la mort de Packe le comte Henry Russell ; les Brulle, les Saint-Saud, les de Monts ; ils parlent de leurs exploits de jadis avec des lueurs dans les yeux. Les escaliers résonnent sous leurs lourdes bottes. L'écho de leurs conversations passionnées traversent les cloisons mêmes. Ils sont grands et forts (pas toujours), constamment (?) guêtrés de velours (?) ou de cuir, soldats toujours parés pour la manœuvre, et leurs voix sont des voix d'enfants (??) Sur la petite place, les guides... noms célèbres. — Le clan de Gavarnie ! c'est lui qui entretient la flamme des temps héroïques.... »

Dans la *Revue illustrée* de 1899 : *Aux Pyrénées, l'ascension du Néthou* (avec photos). Reproduit dans le *Petit Français illustré* de 1900.

Et pour la même revue Henry Spont préparera bientôt un article sur la marche en montagne.

Ici, fin de la jeunesse et du romantisme ; c'est la maturité, et tout ce qu'il y a de plus sévère, positif, la didactique de l'ascensionnisme. Un tel article comblera une lacune (les livres sur l'art de monter sont nombreux en anglais concernant les Alpes, ils n'existent point encore aux Pyrénées) et répondra à un besoin nouveau : tout un public est friand de ces lectures sur la technique montagnarde.

[Quoi ! des livres pour apprendre à mettre un pied devant l'autre ? Certes, depuis la création l'homme marchait, mais sans savoir. Et quand vinrent les Saussure et les Ramond, ceux qu'ils trouvèrent pour les conduire, les Balmat et les Rondo, savaient se vêtir chaud, se charger au minimum, se chausser ferré, employer crampons, marcher lent, régulier et fléchi, monter le Mont-Blanc, ou descendre Tuquerouye ; mais tout cela empiriquement, comme M. Jourdain prononçait les *u* avant d'avoir le maître à philosopher. Mais lorsque l'homme des villes vint à la montagne, il aima avoir son maître à marcher et son maître à monter. Aux Pyrénées, dès 1834, deux pages préliminaires de Chausenque sont un germe du manuel d'alpinisme. Il n'y a plus qu'à développer la matière et à la codifier en trois titres : 1° les puérilités, les conseils de M. de La Palisse, ou de Nérée Boubée : partir de bonne heure, se bien couvrir, etc.; à ces puérilités l'on ne saura jamais renoncer ; 2° l'art de la marche, de l'habillement, du calcul du poids à porter, et la science de l'entraînement ; ceci peut comporter, de notre temps, un volume, vu notre connaissance physiologique actuelle de la marche et de la fatigue : les déchets de l'organisme, les toxines, l'auto-infection, la condamnation de l'eau-de-vie jadis si vantée, l'usage des anti-déperditeurs et « aliments d'épargne », café, kola, sucre ; bref, l'art de ne point se handicaper et de se doper, et de combattre l'impuissance par des trucs phar-maceutiques ; 3° dès Chausenque, avec la fameuse recommandation sur le placement des clous aux chaussures, nous entamons à l'état embryonnaire le titre III, le « grand art », les pures questions d'ascensions, d'attaque de la glace et du rocher. Laissez passer un demi-siècle, et nous arriverons à une admirable perfection et à des traités transcendants....]

Jam (le comte de Bouillé), lui, faisait tenir tout l'art de la marche en un mot: TRÈS LENTEMENT.

XVI

1898. — RÉSURRECTION DES OFFICIERS GÉODÉSIENS.

Nouveau point mort du pyrénéisme, entre l'ancienne génération et la nouvelle.

Les périodiques très à court. L'*Annuaire* pour toute Pyrénées, réduit à accepter un article sur *Amélie-les-Bains* (pourquoi pas, du reste? la région est belle).

Au pic du Midi, inauguration officielle des bustes de Nansouty et Vaussenat.

Au Vignemale Russell fait sa trentième : affluence de visites, Henri de Curzon, Meys, etc., Vignemale-salon : et il semble indiquer que dans sa pensée cette trentième est sa dernière.... Et il refait le pic de Labassa, si peu visité (c'est celui qu'en 1891 il appelait Estom-Soubirou).

A Saint-Jean-de-Luz, se crée une section basque du Club Alpin (pourquoi pas? le pays est si beau).

Et dans sa fécondité le Club Alpin procrée son cinquantième enfant, la section de la Montagne-Noire (*le Sidobre*, par Nauzières, dans l'*Annuaire*).

A Paris, le Club Alpin, après avoir glorieusement établi par son *Annuaire* qu'il y a une forte école française d'écrivains de montagne, fonde la *Société des Peintres de Montagne*. En réaction contre l'école de Calame et contre toute convention, il s'agit de montrer que notre école actuelle de peintres de montagnes *écrit*, elle aussi, rigoureusement net et vrai. (Ce qui lui manque, à force d'exactitude, c'est l'exactitude du sublime, c'est le grandiose, le tragique, le fantastique de la montagne, qui sont certes des réalités. Doré en avait eu l'instinct. *Il manque*, dit un artiste, *quelqu'un qui ferait pour la montagne ce que Raffet a fait pour le soldat.*) Schrader, dès le début, se place au premier rang des peintres de montagne, avec sa grande aquarelle le *Mont-Perdu vu de la Munia*, ensemble puissant et détail minutieux : on peut suivre la route de Ramond, rocher par rocher. Ainsi doit être le rendu de la montagne, où l'œil discerne à la fois la masse immense et le menu détail (la Maladetta et les branches de ses pins à crochets), et c'est le détail même qui met la masse à l'échelle. Presque tous les tableaux du cirque de Gavarnie sont insuffisants et le rendent petit faute de minutie. Il faut un œil d'aigle.

Et Schrader appuie l'exposition d'une conférence : *A quoi tient la beauté des montagnes?* (dans l'*Annuaire*). A quoi? eh bien, c'est impossible à définir positivement. La montagne vue de loin a toujours été jugée belle, c'est cause entendue. Pour les régions moyennes, jusqu'où finit l'herbe, pas de difficulté. Mais en haut! ces régions dont on s'est épris depuis Saussure et Ramond : la « sublime horreur », disaient nos grands-pères, et ce cliché aujourd'hui paraît bourgeois et fait rire. Cependant Chausenque disait : « l'affreuse et repoussante décrépitude des cimes déchaussées et stériles ». — Mais Chausenque est le pyrénéisme bourgeois. — Eh bien Russell, lui, dit : « j'aime l'horrible dans la nature ». Et alors? — Les régions supérieures, dit Schrader, sont supra-terrestres, on y est transporté dans un milieu planétaire, cosmique. C'est vrai, mais pourquoi des esprits supérieurs, un Chateaubriand, n'ont-ils point senti ce genre de « beauté » ?

Schrader nomme ici Taine pour « ses prétentieuses et fausses descriptions des Pyrénées ». Et il pose une sorte de loi : *la beauté n'augmente pas avec la hauteur ; elle est au maximum à la moitié de la zone de neige* (on pourrait varier : en face et aux deux tiers de la hauteur de la montagne que l'on regarde).

A Bordeaux le *Bulletin Sud-Ouest* pleure la mort prématurée de Lourde-Rocheblave. (Son ami Schrader le jugeait un homme de première valeur n'ayant pas donné toute sa mesure.) Lourde-Rocheblave, lui, en dernier lieu, pleurait sinon la mort du moins la maladie du *Bulletin Sud-Ouest* qu'il voulait mettre au régime et faire maigrir. C'est le plus compromis des périodiques, maintenant, et fait à rebours de la logique. Ceux qui ascensionnent n'y écrivent pas. Ceux qui ne montent pas racontent complaisamment leurs parties de montagnes — où ils vont « en bombe », comme à la fête de Neuilly — avec des émerveillements naïfs : un chef de gare leur a réservé un compartiment de seconde classe, le dîner au buffet de Dax a été remarquable (et on en donne le menu), — on s'est arrêté à Luz pour prendre le Pernod, — dans le refuge de Tuquerouye on a fait la manille, — passé Tuquerouye, sur cette terrasse de Bielsa (témoin des émotions de Ramond et de Schrader), impressions vives : le jambonneau était gâté et sentait.... (Allons, ne nous scandalisons pas ! il y a longtemps que ce genre est créé. Voisenon en 1761 se faisant porter à trois lieues de Cauterets, à un lac « qui est en Espagne » — c'est le lac de Gaube : — « *la nature paraît*

y gémir de l'horreur qu'elle se fait à elle-même », dit-il,
« *l'eau du lac est bleue vive et claire, nous fîmes pêcher
des truites, elles étaient bien saumonées et d'un goût
merveilleux; nous avions porté beaucoup de daubes, du
rôti froid, des fricassées de poulets dans des pains, des
tartes et des pièces de pâtisseries délicieuses appelées des
millasses, je mangeais à effrayer toute la compagnie.* » —
C'est bien cela, c'est même mieux qu'au buffet de Dax.)

Dans les photographies, maintenant, une habitude : les
touristes encombrent les sommets de pics et les premiers
plans. *Moi et le Mont-Blanc*, dit Perrichon.

Autre mort, à l'Escaledieu, un pyrénéiste, disparu de
l'activité depuis vingt-cinq ans : Emilien-Sigismond
Frossard fils. Né à Nîmes en 1829, il avait fait ses études à
Cambridge, et avait été consacré par l'évêque de Lichfield :
il exerça à Kingswinford, Guernesey et Bordeaux.
Pyrénéiste de marque : ses *Quelques courses aux environs
de Cauterets* pourraient être réimprimées. Au moment de
sa mort il publiait dans le *Bulletin Ramond* la liste de
quelques cartes de visite laissées au Vignemale de 1838
à 1869. Sans le savoir il rendait ainsi un service décisif
(nous le verrons plus loin) à l'histoire rétrospective du
Vignemale....

Et d'autres ressuscitent.

Le fait sensationnel de 1898, l'exhumation des rapports
des géodésiens.

D'emblée ces officiers ont partie gagnée : leurs campagnes
sont un tel « numéro » de vie au grand air, un tel chapitre
de pyrénéisme, que tout le pyrénéisme en reste bouleversé.
Le « clan » de Gavarnie, d'emblée, les reconnaît pour siens,
Peytier et Hossard surtout. « Ce sont des héros ! » s'écrie
Russell — qui se met alors à reprendre les livres de l'ancien

pyrénéisme, Ramond, Dusaulx, etc. Après avoir fait l'histoire il l'apprend.

Et par où Peytier et Hossard ont-ils monté le Balaïtous ?

XVII

AUTOS.

1899. — Partout on inaugure. — Padirac ; le gouffre lui-même est vulgarisé : on inaugure Padirac ! billets réduits et feux d'artifice. Pas plus malin que la visite quotidienne aux égouts, à Paris... On inaugure le Canigou, le chalet gardé des Cortalets ; par une chaleur torride : une inauguration en bras de chemise, tout le monde, même le président du C. A. F. Dans cette familiarité, un « m'as-tu-vu » parisien, échappé de quelque Eldorado ou Scala, se croit autorisé à chanter un répertoire de café-concert. Scandale énorme. On le met à bas, un méridional saute sur la table et entonne le *Montanyas regaladas*. Triomphe ! (Raconté par Trutat dans *le Massif du Canigou*, conférence faite à la Société de géographie de Toulouse. Publiée à Toulouse 1901, brochure de 31 pages ; photos.)

Guide historique et pittoresque dans le département des Pyrénées orientales, par Pierre Vidal, seconde édition (la première est de 1879). Perpignan, 1899, in-12 de 544 p., avec photos. Excellent.

Un petit fait, bien pyrénéiste. Vous connaissez Bayssellance, qui depuis quarante ans étudie et possède sa vallée d'Ossau ; Bayssellance l'inventeur de la montagne de la Gentiane, etc. Eh bien, après quarante ans il va se décider à aller voir la vallée d'Aure, dont il entend parler depuis si longtemps ! (*Bulletin Sud-Ouest.*) Très pyrénéiste, très Chausenque, cette difficulté à changer de vallée !

Cénac fait la difficulté sur le Pibeste l'hiver. Il fait le grand Bat-Houradade, difficile.

Un Raid en Aragon, par Alphonse Meillon (*Bulletin Pyrénéen*). C'est un plan de voyage : le terrain de Wallon revu en vitesse, en dix jours. De Lescun, passer le port de Pétragème (ici une erreur typographique curieuse : une photographie est intitulée *les Montagnes de Pétragème*, et ce qu'elle montre en réalité, ce sont les montagnes d'Aspe — le beau *Licerin* notamment, au-dessus des fonds de *Rio-Seto* et de *Tortiellas*, pris de la route, à la descente du Somport sur Canfranc — montagnes encore peu connues, mais qui vont être révélées bientôt). Gîter à Anso, à Berdun, à Jaca ; chemin de fer pour Savinanigo, marche sur Viescas ; montée aux bains de Panticosa ; — puis le col de Brazato, Boucharo, Arrasas, Torla (récit de l'*Annuaire* de 1883, repris), retour à Viescas par le col de Cotefable, Escarilla, et montée à la fameuse Huega si vantée par Wallon ; retour par Gabas.

Raid ! le mot est moderne, la chose de tout temps. Raid de d'Arpajon. Raid de Ramond sur les sources de la Garonne. La Peyrouse, dans sa rage, trouve le mot, en français : l'*incursion* de Ramond au Mont-Perdu ! Raid de Parrot à travers les Pyrénées (précédé d'un autre raid sur le Mont-Rose, une pointe poussée à 3.900 par Parrot avec Zumstein, et qui lui rapporte gros : un sommet du Mont-Rose à son nom, le Parrotspitze. Il était dans la destinée du Mont-Rose d'être rabaissé à un groupe de noms humains : Parrot, Vincent, Zumstein etc. Finalement le sommet du Mont-Blanc est le Mont-Blanc, le Cervin est le Cervin, et le Mont-Rose s'appelle Dufour ! L'ascension de Parrot est mise par les histoires des Alpes au 17 septembre 1817. Or, son tableau de marche et de hauteurs des *Reise in den Pyrenaen* le met le 17 septembre 1817 à Gèdre, la veille à Tuquerouye, le 20 au Mont-Perdu. Il dit lui-même qu'il est parti de Strasbourg en juillet, à pied, pour arriver à Toulouse en août, avec les instruments qu'il avait au Mont-Rose). Raid décisif de Tonnellé en Aragon. Et en somme les brefs séjours à la montagne ne permettent que des raids, et toute course en montagne est un raid.

Mais l'essence du raid c'est la vitesse du récit. Voici la note moderne : ou bien la grande page très écrite, Ramond ou Russell, ou bien la notation télégraphique. Suppression des verbes. La demi-vitesse ne se supporte plus.

Que la grande page écrite reste très supérieure, ceci ne fait pas doute. Voyez-vous ce qu'eût donné la Tuquerouye de Ramond réduite en style télégraphique ? — Nous le savons ; par deux lettres écrites ex-abrupto à l'astronome Dangos (*Bulletin Ramond*). Ce n'est plus cela ! Bien qu'il y ait des détails de jet, et un aveu capital : en réalité, à Tuquerouye Ramond n'espérait plus et avait jugé le Mont-Perdu infaisable.

Mais en dehors des grands cas il faut écrire à soixante à l'heure, le style de l'automobile.

Automobile. En 1899 les chevaux de Luchon exécutent des tête-à-queue de terreur devant des machines étranges qui font teuf-teuf : voitures sans chevaux, frénétiques, et même au repos ayant le delirium tremens. Nos temps vont vite ! La bicyclette ? vieillerie déjà, et tombée à la vulgarité. L'auto, seul, est select ; langage nouveau : *du quarante, du soixante, du cent, du cent vingt, cheval trois-quarts, cinq chevaux, vingt chevaux, quatre cylindres, quatrième vitesse, monter du quinze, bougies, accus* (mulateurs), *essence, carburateur, avance à l'allumage,* et le mot par excellence, le fond de la langue : la *panne !* et réhabilité, d'un high-life suprême, un nom jadis de bandits : les

chauffeurs. Soif de vitesse (la vitesse est une volupté) ;
suppression des distances : vous êtes à Luchon, mais sans
délai à Gavarnie. A Pau, et instantanément à Biarritz. A
Biarritz... à Perpignan ! Glorification imprévue des routes
françaises, admirées il y un siècle par Young. Passion du
plein air, vie de délices (si l'on est raisonnable). Voler à
travers la nature.... et à travers la belle France.

La belle France ! *Le plus beau Royaume sous le ciel,
décrit par Onésime Reclus*, Hachette 1899, géographie-
poème en prose de 850 pages in-4 : la France chantée
par un trouvère qui écrirait comme Michelet. Prise par
les sources de la vie et du renouvellement : « *le principe
c'est l'eau, et l'eau vient de la montagne* ». Notez bien
cette conception : la montagne-source, la montagne-énergie,
c'est l'avenir. — Les cent pages de Pyrénées, à lire : on y
trouve bien la trace de la Pléiade. Quel dommage que la
donnée du livre n'ait pas comporté le versant espagnol !

Louis de Campus (abbé Louis Pérée, de Saint-Sauveur) :
Vallée de Barèges (Barèges, Héas-Gavarnie, Ardiden, Pic
du Midi, Piméné et Mont-Perdu), Pau, Escudey, 1899-
1900, quatre fascicules in-12, ensemble 422 p. Lectures pour
les baigneuses de Saint-Sauveur : récits, légendes, et un peu
de pyrénéisme rétrospectif. Vague instinct du futur livre à
faire : les morceaux choisis de la littérature pyrénéiste.
*Le Livre d'Or de la science, les Pyrénées françaises,
par Géza d'Arsuzy*. Par Reinwald, 1899, in-12 de 191 p.
Dans la *Revue Alpine* du C. A. F., section lyonnaise :
Le Marboré, par Ed. Sauvage.

Le *Bulletin Ramond* se soutient par les *Explorations
Ariégeoises* de Marcailhou d'Ayméric.
Dans le *Bulletin Pyrénéen* divers articles : Sacodo : *Le
Sesques*. — H. C. *L'Ardiden*. — Léon Maury (un jeune

palois, qui se prépare à l'école polytechnique : *Au Bat-Laétouse* ; bon début : encore un pyrénéiste que nous retrouverons bientôt.

Et le *Bulletin Pyrénéen* calcule avec orgueil qu'*en un an la S.E.B., dans 95 excursions, a monté 127.000 mètres, soit trente-quatre fois le Mont-Blanc ou seize fois l'Himalaya.*

XVIII

1900. — LES PYRÉNÉES A PARIS.

En 1900, inutile d'aller à la montagne. La montagne est à Paris. A l'Exposition Universelle, section du Club Alpin : livres, cartes, peintures, photographies. Le Mont-Blanc a pris la peine de venir en personne, dans le saisissant panorama de Schrader; il donne l'illusion de la réalité. Voici des révélations de Caucase, des divulgations d'Himalaya. Les Pyrénées, cependant, point si écrasées qu'on le pourrait croire : les énormes photographies du pic d'Ossau et du Balaïtous ont vraiment grand air. Et puis Luchon, avec quelques bouteilles d'eau sulfureuse, a envoyé un objet qu'il estime sensationnel : le mannequin grandeur nature de son fameux guide Courrège ; c'est le petit côté opéra-comique qui reprend. Et à Toulouse la section des Pyrénées Centrales ayant donné un banquet (toujours !) un enthousiaste, après avoir goûté au vieux rhum 1814 du restaurant Tivollier, a entamé cette cantate :

Salut à toi, brave Courrège,
Seigneur du roc et de la neige,
Des Monts-Maudits unique (?) roi....
Pique au poing, sac au dos, coiffé du béret basque.
Enfant tu gravis le Néthou....
Et pendant cinquante ans à travers les crevasses
Et sur le pont de Mahomet
Tu guidais les amants des rochers et des glaces....

Quelqu'un qui se divertit puissamment, à l'Exposition de 1900, c'est Russell. Tout l'amusa. Y compris ces Caucases et ces Himalayas vulgarisés par la photo. (Il y aurait une autre montagne à voir, à l'Opéra, au troisième acte de la *Valkyrie*, grand effet de mise en scène, nuages tragiques. *Et y a-t-il de la neige?* — Non. — *Alors, ce n'est pas un pic de trois mille....*) Où Russell est heureux c'est dans l'exposition de l'Asie Russe ; toute sa jeunesse lui revient, et le grand voyage il y a quarante et un ans : la Sibérie, le fleuve Amour, le général Mourawieff, et à huit mille kilomètres de Pétersbourg le pressentiment et l'appréhension de la vulgarisation de la Sibérie par un chemin de fer : *il y aura un pays de plus ayant perdu son caractère.* Et comme il sort de l'exposition de l'Asie Russe, le premier bâtiment qu'il rencontre porte cette inscription : *Chemin de fer transsibérien* ! Ainsi c'est fait ! Réalisée, la sombre prophétie ! Séance tenante, pour vingt sous, monter dans un sleeping-car, devant lequel un panorama mouvant en cinq minutes fera défiler la route de Moscou à Pékin. Tout est consommé ! La Sibérie tombée à la vulgarité d'un joujou, d'un manège de foire. Les temps vont vite. Les *Seize mille lieues* de 1858-1861, vues de 1900, semblent quelque chose d'aussi ancien que Marco-Polo !..

Et aux Pyrénées en 1900, c'est le funiculaire du Ger....

(La montagne est-elle assez usée, a-t-elle assez vieilli dans ces quarante ans! Mais pour Russell quelle carrière de gloire!)

Et tout à coup, venant des Pyrénées, un cri : *Peccavi! j'ai une confession à faire..., j'y suis remonté!...* C'est Russell : *Ma trente et unième du Vignemale* (dans le *Bulletin Sud-Ouest*). Voici que « pour calmer les orages de son cœur et l'ardeur de son sang, » il a essayé d'abord de n'aller qu'au petit Vignemale. A 3000 il s'est senti perdu....

Le glacier d'Ossoue est aussi blanc qu'en hiver : merveilleux spectacle en revenant de la chaleur de Paris. Repris de la fascination... toutes les résolutions d'il y a deux ans s'évanouissent. Le lendemain, 12 août, il est au grand Vignemale : fumant un cigare, se grillant au soleil comme un alligator aux rives brûlantes du Nil ; l'air est immobile, la lumière aveuglante, et cependant le jour va finir.... Déjà, au fond des horizons lointains et vaporeux où l'Aragon touche à la Catalogne, les arêtes glacées des Monts-Maudits sortent en flamboyant des ombres livides qui montent à vue d'œil sur leurs flancs violacés, mais plus la nuit les menace plus elles semblent la dominer en rougissant d'orgueil et de colère. Lutte suprême entre les ténèbres et l'agonie du jour sur les sierras neigeuses ! Triste, attendrissante, même dramatique ! Elle ressemble à la fin d'une belle vie.... « Heureusement la nuit n'est qu'un sommeil de la nature, que le soleil, aussi fidèle qu'aux jours de sa première jeunesse, vient réveiller et rallumer tous les matins.... »

Il y a du nouveau au Vignemale. Le refuge du col d'Ossoue va être inauguré (inauguration sans pompe et sans phrases, en débâcle, à cause du mauvais temps ; la montagne est triste. Pourquoi serait-elle gaie à l'idée de l'enlaidissement progressif ?)

La concurrence aux grottes, alors ?

C'est la revanche du Club Alpin.

Il y a vingt ans, en 1880, souvenons-nous, Russell, lors de la grande montée en bande du Club à Tuquerouye, a marqué peu d'enthousiasme « *pour l'invasion du Mont-Perdu par quatre-vingts touristes armés en guerre* ». Et c'est de là que tout résulta, la nuit au Vignemale, puis la grotte, puis les grottes....

Le Club Alpin n'a pas digéré le mot. Vingt ans après voici la riposte : récapitulant ses créations de refuges, et constatant — ce qui est un fait — que le système des grottes est condamné par la pratique ; que l'abri du Mont-Perdu, établi par Russell, est devenu inhabitable, et que la grotte de Russell à la brèche de Roland est à condamner, le Club Alpin ajoute d'un ton détaché et protecteur : « *celles dont il a, par la suite, criblé le Vignemale* sont des entreprises privées... que le Club Alpin a soutenues seulement de ses sympathies. »

Riposte de Russell : sans se troubler il fait agrandir le *Paradis*. — « Je *trépane* le Vignemale », dit-il.

Plaines et Montagnes, Russell (*Revue de Comminges*).

Paysages Andorrans, Vte Jean d'Ussel (*Revue des Pyrénées*). Bon article, annonce un écrivain de montagne.

Retour d'Andorre, Dubédat (*Revue des Pyrénées*).

Roland (pas celui de la Brèche) *et les quarante chanteurs* (*Bulletin Ramond*).

Pic de Bigorre et pic d'Ossau : comte de Bouillé (*Bulletin Pyrénéen*). Toujours fidèle à sa passion, Jam ! Et c'est un suprême cri de fidélité.

Et un autre cri, d'un pyrénéiste toujours enthousiaste dans l'exil, et qui en 1900 écrit à Brulle : « *Dès mon enfance, le spectacle fascinant de nos Pyrénées... Mes premiers regards furent pour elles... peut-être ma plus grosse passion.... Et comment résister à cette vision éblouissante limitée à gauche par l'éventail étincelant de neige de la Maladetta et à droite par la masse sombre et orgueilleuse du Vignemale ?... Songez à cette dentelle de pics et de cols qui unit ces deux points.... Songez à cette lumière, tantôt bleue ou violacée, tantôt argentée ou dorée. Quelle tentation à la portée des yeux ! Et quels souvenirs ! — les mêmes sensations éprouvées côte à côte, corde à corde ; le plaisir du danger couru, de la difficulté surmontée ensemble, des descentes hasardées, des rochers pris d'assaut ! le souvenir des nuits passées à la belle étoile.... »*

C'est Bazillac.

VII

XIX

FIN DU « SIÈCLE DE LA MONTAGNE ».

Signe des temps ! Cette fois, en 1900, les Pyrénées ont disparu de l'*Annuaire* du Club Alpin....

C'est une époque, une grande époque qui finit.

Cette année 1900, le Club Alpin emploie l'*Annuaire* à récapituler ses travaux ; travaux scientifiques ; travaux sur le terrain : les sentiers et les abris ; — travaux sur le papier : c'est-à-dire l'*Annuaire* même.

Bref c'est l'inventaire, et cela sent la fin !

Un point serait encore à récapituler : les accidents. « L'Alpe homicide ». Quatre-vingts morts par an aux Alpes. Pourquoi cette hécatombe, et rien aux Pyrénées. Les pyrénéistes sont d'une rare adresse sur leurs rochers, et les alpinistes d'une rare imprudence avec leurs courses sans guides ? Soit. Mais la vraie raison, c'est que les Alpes sont plus difficiles, parce que plus hautes. Les Pyrénées n'ont pas d'illusion à se faire là-dessus. Oh ! des accidents, aux Pyrénées, on en a, mais sans allure. Un jeune étudiant se tue, tombant d'un rocher, en voulant atteindre le fond du lac d'Oo. Un occasionnel venu de Paris fait le Néthou, et anéanti de fatigue, repassant la nuit le port de Vénasque, bute, tombe d'un lacet sur l'autre et se brise le crâne. Ceci n'a aucun prestige.

C'est la météorologie de 4000 qui aux Alpes est meurtrière. Mais aux Pyrénées, dès que revient la neige c'est la météorologie de 4000 ; alors des catastrophes parfaitement présentables. Récemment, cette famille d'espagnols engloutie au port de Gavarnie et que le courage d'Haurine et de ses compagnons ne put sauver toute. Le 31 mars 1852, trente-cinq hommes de Gavarnie allant faire de la contrebande se dirigent sur Pouey-Espée pour revenir sur la brèche par la base du Taillon, divisés en deux files. Une avalanche ensevelit la première, huit hommes sont pris, sept sont morts, dont quatre ne seront retrouvés qu'en juin, un seul peut être ramené à la vie (Junté, mort en 1902). Ceci est digne des Alpes. — Et la catastrophe de novembre 1882, aux mines d'Ar près des Eaux-Bonnes : dix-sept hommes tués sous l'avalanche !

Et comme le Mont-Blanc, les Pyrénées ont leur cadavre longtemps conservé, puis restitué après cheminement sous le glacier. Elles ont gardé Barrau, mais le glacier oriental du Pic Long a rendu le chasseur d'isards Caubet, d'Aragnouet, après vingt-six ans d'ensevelissement....

Durier est mort. Schrader le remplace comme président du Club Alpin. C'est Schrader qui présidera en 1902 le centenaire de Ramond au Mont-Perdu. Providentiel !

Car déjà on y pense, à célébrer cette date de 1802: la plus grande dans l'histoire de la conquête de la montagne après celle de 1786 ! Balmat prenant le Mont-Blanc a virtuellement pris la Montagne. Ramond au Mont-Perdu a pris les Pyrénées. Auprès de cela, les Meijes et les Drus, faits minimes, ou complémentaires. Seul complétera la grande trilogie celui qui prendra l'Himalaya. Surtout s'il sait écrire.

Légitimement le XIXe siècle, à la montagne, commence par un cri d'orgueil, une prise de possession (Ramond au Piméné) et quelque pompe (Ramond au sommet du Mont-Perdu, variante : lecture à l'Institut, *Annales du Museum*): « ... *Le secret de l'enthousiasme :.. l'empire même des lieux, la majesté du spectacle, l'émotion qu'excitent des aspects si importants et si nouveaux, lorsque seul, sur ces cimes qui sont les véritables extrémités de la Terre,*

*l'observateur, invité au recueillement par la grandeur
des objets et le silence de la nature, contemple sur sa tête
l'immensité de l'espace, et sous ses pieds la profondeur
des temps.... »*

Singulièrement le XIX⁰ siècle, à la montagne, finit par un
cri d'orgueil, une tentative d'accaparement, et un redou-
blement de pompe. Le Club Alpin dans l'*Annuaire* :

*« Le passé de notre Société est brillant. Elle a conquis
la montagne et l'a offerte comme un cadeau splendide et
divin aux générations qui montent. Son effort ne l'a pas
épuisée. Sa vie est ardente. Sa communion constante et
sublime avec le monde des cimes lui assure une immor-
telle jeunesse. En elle réside l'amour du bien et l'amour
du beau. Elle veut les corps sains et robustes, elle veut les
âmes pures, fortes et généreuses, elle veut par le spectacle
et la familiarité de la nature faire descendre dans nos
cœurs ce rayon d'infini qui est l'intégral et le suprême
bonheur de notre condition mortelle. Au seuil du nouveau siècle elle salue les horizons inconnus avec la juste
confiance que lui donnent l'utilité de son but, la noblesse
de sa mission et la hauteur de son idéal... »*

Très toast de banquet.

C'est le Club Alpin qui a conquis la montagne ? C'est le
Club Alpin qui, aux Pyrénées, a conquis Mont-Valier, Pic
d'Ossau, Mont-Perdu, Maupas, Balaïtous, Montcalm, Vigne-
male, Néouvielle, Pic Long, Posets, Fourcanade, Carlitte,
Hermittans, Cylindre, Munia, Cotieilla, Pic d'Enfer,
Suelsa ?

Le Club Alpin donnera la montagne en cadeau aux générations qui montent ?

Oh non : la montagne européenne, ce sont les hommes du
XIX⁰ siècle qui l'ont eue.

(Le curieux, c'est que ce XIX⁰ siècle de grimpeurs, ce

siècle de Cervins, de Meijes et de Grépons, n'a pas fait
capituler et laisse invaincus l'aiguille de Mède, le mur
Nord du Crabioules, les Encantados et le Naranjo de
Bulnés. — Et le Capéran de Sesques. Brulle ne l'a pas monté!)

Oui, la montagne, ce sont les hommes du xixe siècle qui
l'ont eue.

Le xxe n'aura que les restes.

Et les restes peut-être abîmés.

XX

CENT ANS AUX PYRÉNÉES. — LE PYRÉNÉISME.

Cent Ans aux Pyrénées....

Une étude d'ensemble de la littérature pyrénéiste, si
suivie et homogène, reflet si exact d'un siècle, était inévitable, s'imposait. Comment, aux Pyrénées, à travers ce
siècle, a-t-on parlé montagne?

Mais fatalement 'cette étude arrive à en renfermer une
autre : comment, à travers un siècle, on a découvert,
conquis, monté les Pyrénées : l'histoire du pyrénéisme....

La vulgarisation du passé.

Un résultat. La fortune complète des mots *pyrénéisme*,
pyrénéiste, aujourd'hui adoptés et d'usage exclusif. (Il y a
même à Tarbes un journal *le Pyrénéiste*.) C'est qu'ils
répondent à une réalité et à une chose à part. Pyrénéisme
implique une passion particulière et n'implique pas néces-
sairement l'ascensionnisme de difficulté. Alpinisme est
synonyme de tour de force.

A moins que par corruption dégradante *alpiniste* ne soit
synonyme de tout ce qu'il y a de moins tour de force.

« Trois cents alpinistes ont visité la forêt de Fontainebleau. »
« Quatre cents alpinistes ont descendu la Seine en bateau à
vapeur. » « Cinq cents alpinistes sont allés à la vallée du
Lys. » Et sur la montée du lac de Gaube et du port de
Vénasque, de la tête à la queue des caravanes, des cris
d'appel ou d'encouragement : *ohé! ohé! les alpinistes!*

Ceci parce qu'il manque le mot nouveau pour désigner
une chose nouvelle. Mot formellement nécessaire et à
adopter : *clubalpinisme, clubalpiniste* (moins disgracieux
que « congressiste » déjà usité). Alors tout s'arrange.

Une réclamation. De Paul Labrouche, l'auteur du mot
historique *pour qui veut grand nous avons mieux* (que
les lacs des Alpes), *l'Océan à un bout et la Méditerranée
à l'autre*. Eh bien, comme tous les mots historiques il est
faux, ou du moins il est tassé. Le vrai mot n'était pas en
deux lignes, mais en deux pages. Ces deux pages, Labrouche
les rétablit dans la *Revue des Pyrénées* (*A propos des
deux mers pyrénéennes, note d'autobibliographie*), et il
fait bien, car elles sont originales, et il serait dommage de
les laisser perdre.

Une conséquence. Cinquante ans après Sainte-Beuve
attaquant l'étude de la littérature pyrénéiste par Ramond
seul, voici que la critique d'ensemble de cette littérature
commence à s'établir.

Dans la *Nouvelle Revue* de 1900 :

La Littérature des Pyrénées, par Gabriel Compayré
(trois articles).

Gabriel Compayré, recteur de l'Académie de Lyon, est
aux vacances un des plus agréables causeurs des Quinconces
de Luchon.

Il est sensible au pyrénéisme, à l'atmosphère pyrénéenne,
sans ascensionner. Il va donc nous fournir une indication

précieuse, renforçant celle que nous donnait déjà Sainte-Beuve : quelle impression peut produire la littérature de montagne sur ceux qui ne montent pas? Eh bien, Gabriel Compayré part de ce principe : qu'il en est des montagnes et de leur littérature comme de la musique, qui n'est pas faite pour être comprise par les seuls hommes du métier, mais goûtée aussi par le public. Dans la littérature de montagne, l'homme qui n'est pas du métier, le public, sera sensible à la littérature plus qu'à la montagne, il recherchera la mélodie, le morceau bien fait, surtout les idées générales. (Comment, si l'on n'est spécialiste, se plaire aux descriptions spéciales, aux énumérations de noms topographiques ou au détail minutieux des mouvements dans les grimpées? C'est-à-dire à l'abus du terme technique, qui est toujours un défaut. L'énumération, la monographie, le dénombrement des gestes, c'est en littérature la force des faibles.... Le délayage aussi est leur marque; la distension, excessive maintenant dans la littérature de montagne.) Ainsi, Chausenque obtiendra la cote « passable », topique si on le juge sur la qualité de littérature qu'il contient. (Mais il faut aussi juger les écrivains pyrénéistes sur la quantité de pyrénéisme qu'ils dégagent, et Chausenque ici remonte dans les essentiels.) — Inversement Taine est défendu par Gabriel Compayré, qui cependant le trouve trop philosopheur; au fond, ce sont ses idées générales qui plaisent, et son genre neutre; livre d'un écrivain, mais « qui s'est visiblement appliqué » et sait « habilement sertir une enfilade de mots expressifs, sans trace d'émotion » (*sic* : de pyrénéisme il n'a pas un atome); mais « de tous les livres sur les Pyrénées c'est celui qui a eu le plus d'éditions ». (Précisément parce qu'il a la qualité primordiale pour le grand public : il est anti-montagnard.) — Compayré est sévère pour le livre de Liégeard, jugé sur son degré d'impérialisme; mais il faut aussi le juger au degré de luchonnisme, et le document est de premier ordre. La série des jugements de Gabriel Compayré — sur Ramond, un Saussure supérieur, un classique ; sur Tonnellé, si sensible à la lumière, à la couleur (si peintre en un mot ; — on pourra lire le portrait de Tonnellé par Caro : on n'y trouvera rien sur le peintre pyrénéiste, mais on s'intéressera à la figure du jeune délicat surmené d'études) et sur les plus récents, comme Gourdon, naturaliste mais littérateur à l'occasion, ou Spont, fin parisien, à ses heures montagnard avec délire et sensualité, très subjectif, et pénétré de psychologie — nous donne des indications précieuses sur l'effet produit par ces auteurs sur le public. Et pour sa fin, Gabriel Compayré réserve Russell, « incontestablement le premier des écrivains pyrénéistes », il lui consacre des pages qui sont à lire. Après quoi il conclut justement que le sujet n'est pas épuisé, et que les Pyrénées peuvent toujours être renouvelées par la manière de futurs écrivains.

Il serait à désirer que cet essai sur la *Littérature des Pyrénées* fut repris, complété par l'étude des écrits pyrénéistes semés dans les périodiques et dans l'*Annuaire*, poussée de Schrader et de la Pléiade jusqu'aux plus récents, sans même redouter les purs grimpeurs, et publiée de nouveau, en un volume dont la place serait marquée dans les bibliothèques pyrénéistes.

D'ailleurs la question de la littérature de montagne est dans l'air. Jules Lemaitre dans son article *Touristes d'autrefois* constate que le sentiment de la nature a gagné en sincérité, en profondeur et en étendue. Nous n'aimons plus comme nos aïeux les formes modérées, paisibles, riantes de la planète, mais les formes abruptes, violentes, terribles. Aussi, nous ne saurions plus nous contenter d'une littérature modérée et paisible.

Vous qui écrivez sur la montagne, surveillez-vous, la

critique vous guette. Voyez ce qui arrive à Nisard : une de ses phrases est donnée dans *l'Art d'écrire* d'Albalat comme modèle de mauvais style ; c'est la route des Eaux-Bonnes : *des bois descendent* au bord du chemin *qui se plie aux sinuosités du coteau*, la rivière *coule dans le fond parallèlement;* il y a des bois *sur la montagne opposée*, ils *s'arrêtent à mi-côte*, des vignes *touchent d'un bout la petite rivière, de l'autre vont rejoindre la lisière des bois...*, il y a *des diversités ravissantes...*, etc., etc. On ne voit rien, rien n'est peint, c'est banal et amorphe.

Les trente pages *Pyrénées* des *Souvenirs de Voyage* de Xavier Marmier, 1841, sont du même genre.

(Itinéraire : en 1834, Saint-Gaudens, Luchon, port et ville de Vénasque, retour par la Picade, Artigue de Lin et Bosost ; Bagnères de Bigorre.) C'est le triomphe du flou, du cahier d'expressions banales (néanmoins la page sur la ville de Vénasque est à noter), rien n'est peint, ni même vu. Vague narration de lycéen sur la montagne. Comme ceci nous fait aimer la force et la précision des écrivains vraiment montagnards !...

Vous surveillant comme écrivains, surveillez-vous aussi comme grimpeurs : la critique des grimpeurs implacables vous guette, féroce, épluchant vos gestes et vos dires, prêts à faire des gorges chaudes de toute exagération, de toute erreur. Songez qu'aujourd'hui un Whymper est considéré comme un habile qui a eu l'art de mettre les choses en valeur....

Les Gens d'esprit devant la Montagne, par A. Mauvif de Montergon. Angers, 1903, brochure (causerie sur la littérature alpine et pyrénéiste, par un pyrénéiste qui a écrit *Une Grand'Messe à Gavarnie*, Angers, 1901 — à rapprocher de *Une Messe à Gavarnie*, Paris 1864, brochure signée *Charlotte*). — *Souvenirs de Cauterets et du Vignemale*, Angers, 1903, etc.

XXI

DUSAULX : JUGEMENT EN APPEL.

Reste une question : celle de Dusaulx.

Si Taine a eu le plus d'éditions, Dusaulx pendant un demi-siècle a eu le plus de crédit.

Dusaulx le ridicule, Dusaulx, de la classe que Grand-Carteret a si plaisamment qualifiée « les apostropheurs » (de leur manie d'apostropher la nature), Dusaulx a trouvé un avocat, non des moindres. Russell a plaidé pour lui : *il sentait la nature*. Russell a raison.

Ajoutons : Dusaulx peut être ridicule, mais il n'est point ennuyeux.

Et ce dont il faut bien se rendre compte, c'est l'importance qu'il a prise sur le public : il l'a tenu pendant la première moitié du siècle pyrénéiste, Taine pendant l'autre.

Mais Dusaulx a été un bien autre personnage que Taine pour les populations pyrénéennes (de Barèges et Gavarnie) : elles l'ont considéré comme un homme providentiel venu de Paris pour comprendre et révéler les Pyrénées.

En lui dédiant son *Précis d'observations sur les principes des eaux minérales des Hautes-Pyrénées*, Tarbes, an XI, le médecin Fabas, de Saint-Sauveur, l'appelle *le bienfaiteur des Pyrénées*.

Et lorsque bientôt, on apprend que Dusaulx est mort, le même Fabas imagine d'organiser sur le papier une pompe funèbre qui est bien la chose la plus extraordinaire qui se soit écrite dans le pyrénéisme.

L'exorde, en style Directoire :

« *Dusaulx a fourni sa carrière. La mort, fille du temps, des orages de la vie, et de la douleur, vient d'arracher cet homme célèbre aux sciences politiques,*

*aux belles-lettres, aux douceurs naissantes d'une grande
république, et surtout aux méditations de la sublime
nature. Ses nombreux amis sont en deuil, ses rivaux
honorent sa mémoire..., les partisans de Jean-Jacques
eux-mêmes pleurent sur les restes inanimés du vieillard
qui, sur le point de comparaître au temple auguste de
l'éternelle vérité, rendait un hommage libre, mais sincère, au génie sublime de son ancienne idole, en dévoilant
ses faiblesses. Mère des dieux et des hommes, des cieux,
de la terre et des eaux, ô Nature ! permets qu'avant de
rentrer dans ton sein, le génie qui honora sa patrie
puisse, dégagé de sa terrestre dépouille, planer quelque
temps sur le domaine de ses affections.... »*

La Nature, sur ce, exauce les vœux de Fabas et « suspend
l'irrésistible pouvoir du Destin.... » Elle va permettre à
l'ombre de Dusaulx d'assister à son propre service funèbre.

« *La dépouille mortelle de Dusaulx est déjà dans la
tombe ; son ombre incorruptible erre encore dans les
sociétés savantes qu'il enrichit de ses travaux, à la tri-
bune nationale où sa voix puissante par les principes fit
trembler les cruels décemvirs, dans les cachots où le fer
assassin dédaigna de trancher sa tête blanchie par les
années.... Viens aussi parmi nous, ombre silencieuse,
souffle immortel d'un voyageur si cher à nos contrées,
dirige ton vol majestueux vers ces belles Pyrénées que tu
désirais de revoir encore. Viens jouir des regrets de ton
guide Bergé. Viens embellir la fête touchante qu'il
prépare à ta mémoire. Les soupirs de son chalumeau ne
sont point à dédaigner : ils doivent te plaire.... »*

Voici ce que ce brave Vergés a censément préparé : le signal
est donné, l'annonce funèbre retentit de rocher en rocher,
dans les gorges, sur les hauteurs, au fond des abîmes ; elle
se propage par la voix gémissante des échos jusqu'au fond
de la vallée de Gavarnie, à travers les membres épars des

montagnes mutilées par les lavanges de l'hiver. Et alors,
les pâtres hospitaliers du pic du Midi et de l'Ayré descendent
comme l'isard de leurs huttes voisines des cieux et viennent
suivre, dans le silence le plus profond. Ils avancent, et
l'écho plaintif de l'Escalette répète l'inscription gravée par
Dusaulx et Saint-Amans sur la porte de sa demeure; plus
loin la nymphe de Palasset s'écrie : *Gave de Héas! Garde-
toi de troubler désormais ma triste retraite. N'emporte
plus mes stalactites, mes miroirs, mes glaces azurées,
mes berceaux! Je n'ai plus d'architecte! J'ai perdu mon
amant passionné : son ciseau, ses pinceaux sont dans la
tombe!* Plus loin, la cascade de Saussa n'offre plus, par sa
course bondissante et désordonnée, que l'expression du
désespoir. Quant au chaos, matière inerte et massive, il se
tait!... Mais hâtons-nous d'aborder le cirque merveilleux.
Au pied du Marboré s'avance « le bloc sacré sur lequel des
mains agricoles, mais pures, vont tracer les inscriptions
dictées par la reconnaissance ». Alors l'honnête Vergès,
saluant le magique berceau du Gave, parle censément
ainsi :

« *Marbre religieux, lancé naguères des sommets ina-
bordables du Mont-Perdu pour servir la vengeance du
farouche dieu qui l'habite! tes éclats, ni le bruit de ta
chute ne purent arrêter les pas de l'intrépide naturaliste
(Ramond) qui, le premier osa gravir tes crêtes périlleuses
pour contempler face à face le dieu des glaciers. C'est
sur tes ossements, je m'en* (sic) *rappelle encore, que
s'assit le peintre philosophe dont nous célébrons la
mémoire, lorsque l'œil dans le ravissement et le pinceau
du Corrège à la main il traçait à grands traits les
terribles mais sublimes beautés de l'amphithéâtre. Je
dépose à tes pieds le bâton ferré et les crampons de cet
aimable voyageur : il m'honora de ce dépôt précieux,
lorsque des adieux, mêlés des larmes de la sensibilité, le*

*séparèrent de moi. C'était cette armure et ma main pré-
voyante qui soutenaient la marche chancelante du vieillard sur les pentes périlleuses de nos montagnes, lorsque,
planant sur les ailes de l'imagination, son génie de feu
parcourait leurs cimes inaccessibles.*

*« O mon ami ! Combien de fois, dans l'extase de la
rêverie, tu t'avançais sur les bords du précipice qui
t'allait engloutir ! Ton guide chéri te retirait du sentier
de la mort ! A ton tour, tu m'as tiré du sentier de l'erreur ;
ta douce morale, ton instructive société, m'ont préservé
de la contagion du vice qui pénètre jusque dans nos
chaumières. »*

Ayant ainsi parlé, le guide Vergès, censément, « rend le
marbre dépositaire de cette inscription » : *Vallée magique,
ne crains plus les ravages du temps, Dusaulx t'a décrite.*
Un centenaire, et une paysanne vertueuse, droite comme
le sapin des forêts, mère tendre, épouse chérie, en ajoutent
d'autres....

Puis subitement :

*« J'entends le bêlement des brebis qui réclament leurs
pères nourriciers ; c'est assez ! qu'on entonne l'hymne du
départ !*

*« Et vous, ombre chérie, qui venez d'entendre nos
accents, partez satisfaite prendre votre place au temple
de mémoire. »*

!!!

Après quoi, Fabas envoya cette extravagance de l'an VII
au citoyen Desessarts, de l'Institut, qui s'y laissa prendre,
crut que c'était arrivé et la transmit à l'illustre Compagnie,
comme récit des honneurs funèbres réellement rendus à
Dusaulx à Gavarnie.

XXII

ACTES DE NAISSANCE DE QUELQUES GUIDES.

Renseignements précieux. De l'instituteur actuel de Gèdre, Rondou — arrière petit-fils du guide de Ramond — aussi réputé entomologiste que son prédécesseur Bordères l'était botaniste.

Il a recherché pour les *Cent Ans* l'état civil des grands guides.

A Gavarnie par exemple c'est, le 9 septembre 1810, Pierre Passet, âgé de vingt-huit ans et époux de Marianne Laflèche, qui présente à Henri Bellou, adjoint, son fils Laurent, et le 4 mai 1813 son fils Hippolyte. — Et à son tour Laurent Passet le 4 février 1845 présente à Pujo, maire, son fils Henri. Et Hippolyte, le 6 avril de la même année, son fils Célestin.

Le fameux Chapelle père s'appelait Henri Paget, dont le beau-père avait eu comme bien national la chapelle de Héas qu'il revendit à l'évêque de Tarbes. Sa mort tragique ne fut point le fait d'un étranger, mais de lui-même : en déjeûnant à la chasse, il vit des isards, et tira à lui son fusil posé sur l'herbe, en le prenant par le canon..., il reçut toute la charge dans l'aine.

Voici en 1837, l'acte de décès, à Tarbes, d'un guide qui accompagna Ramond dans les environs immédiats de Barèges : Antoine (et non Simon) Charlet, de Betpouey.

Impossible d'ailleurs de retrouver dans les actes de la paroisse d'Esterre l'acte de baptême du brave Simon Guicharnaud.

Mais, par contre, voici le plus précieux des actes de baptême. « *Paroisse de Gèdre. L'an 1751 et le 23 novembre est né un fils légitime à François Taulat et à Jeanne-Marie Lagugné, mariés. Parrain et marraine: Grégoire Palasset et Marie Périssère. On lui a donné le nom de Grégoire. — Calastrémé, vicaire.* »

Grégoire Taulat: ce nom ne vous dit rien? Il devint un homme petit et tout rond ; d'où le sobriquet *Arrondou, Rondou.* C'est Rondo.

Il est mort à Gèdre le 1er septembre 1820.

« *Du 25 décembre 1788 est né un fils à Grégoire Taulat dit Rondou et à Marie Syrboux, mariés.* » Prénoms Jean-Grégoire. C'est Rondo fils, le guide de Parrot au Mont-Perdu ; il est mort à Gèdre en 1857. — Et pour le guide nommé « Antoine Debaguette » par Parrot qu'il conduisit à Tuquerouye, c'est Antoine Bayet, et avec l'habitude patoise de mettre *de* entre le prénom et le nom : *Antoine de Bayet.* Tous nobles, dans le Midi.

Et voici encore *le 27 vendémiaire an V devant l'agent municipal de Luz,* l'acte de naissance de Jean-Henri Cazaux (le Cazaux de Chausenque), qui fut un guide de premier ordre. Témoin ce curieux certificat que lui donne en 1825, M. Luminais, secrétaire général de la Société Académique de Nantes : « *Henry Casaux m'a conduit jusqu'au sommet du Mont-Perdu en me faisant traverser, pour y parvenir, la brèche de Roland et son glacier, et à l'aide de ses soins complaisants j'ai trouvé ce voyage infiniment plus facile à effectuer que je ne m'y attendais.... Il m'a inspiré une telle confiance que, l'associant à mes voyages, j'ai visité avec lui la vallée d'Estaubé, celle d'Héas, les sommets de Néouvielle dont nous avons parcouru les glaciers, suivant ensuite la vallée de Barèges et passant par le Tourmalet, la hourquette d'Arreau, la vallée du*

Louron, d'où après avoir franchi le passage si périlleux des montagnes de Clarabide nous sommes parvenus au lac glacé situé jusqu'au sommet des montagnes d'Oo. Revenant par Bagnères-de-Luchon il m'a également suivi dans les Pyrénées espagnoles où j'allais visiter la Maladetta qu'à l'aide de crampons nous avons gravie à une très grande hauteur, malgré que l'année précédente un guide s'y fût englouti et que nous ne connaissions pas le chemin. En foi de quoi je lui ai délivré le présent certificat comme une preuve de l'obligation que je lui conserve.... » Voyez que sous la Restauration tout ne fut pas Orloff ou Marcellus; et qu'il y avait en 1825 — concurremment avec les officiers géodésiens — dans l'élément civil, un pyrénéisme fort sérieux.

Et encore une fois retenez le nom d'Henri Cazaux : il va être, comme celui de Rondo, un des grands noms du pyrénéisme.

Et voici pourquoi (ceci, on ne le sait que d'aujourd'hui) :

XXIII

LES FEMMES AUX PYRÉNÉES.
LA VRAIE PREMIÈRE ASCENSION DU VIGNEMALE.

Le rôle de la femme dans l'ascensionnisme pyrénéen est restreint.

Sauf pour une montagne, mais de marque : le Vignemale.

Et à ce propos : elle est longue et difficile à rétablir, l'histoire ancienne du Vignemale. On l'a essayé plusieurs fois dans les revues pyrénéistes, très imparfaitement. Reprenons avec les faits acquis.

En 1788, le Vignemale est inexistant. Les gens de Cau-

terets dissuadent Dusaulx, Saint-Amans et Pasumot d'aller
au lac de Gaube : « il n'y a rien à voir ». Ils leur montrent
au fond de Lutour une montagne *qui s'appelle le Culaous,*
disent Dusaulx et Saint-Amans : c'est bien. Mais Pasumot
dit qu'on la lui a nommée *le Vignemale, que les Espagnols
appellent Culao.* Pasumot a-t-il mal compris ? Ou pour les
gens de Cauterets de 1788, le Vignemale est-il partout,
comme le Mont-Perdu pour ceux de Gavarnie ? La duchesse
d'Abrantès sera-t-elle excusable de croire que de Cauterets
elle voit le Vignemale ?

Ramond s'est désintéressé du Vignemale, systématique-
ment ! il a seulement dessiné de loin, côté Ossoue, cet
« amas », où il se représentait la base du Cerbellona comme
séparant le val de Broto du val de Thène.

En 1798, par la Beaumelle, première ascension du Petit
Vignemale, par Ossoue aller et retour. Au départ de Gèdre
Ramond voit La Beaumelle sur le chemin : « *il nous
devançait ; il allait seul à la recherche de régions inconnues, le Vignemale ; personne ne l'avait approché...* »
La Beaumelle n'a pas eu le sommet, la Pique-Longue (en
fait de pique il n'eut que celle avec Ramond), mais son
ascension est capitale.
Il vit de près le grand glacier, découvrit le plateau de
névé et sa couronne de pics. En fait, c'est la première
ascension du Vignemale, considéré comme masse.

Deuxième ascension du petit Vignemale, 1805, La Boulinière : de Cauterets, aller et retour par le glacier Nord
(premier récit dans l'*Annuaire statistique* de 1807, le second
en 1825). « Le col d'Ossoue est peu fréquenté », dit-il. Certes !
Il va l'être de façon illustre.

La femme. Le 18 juin 1807, la reine Hortense entre à

Cauterets, « où son auguste époux, arrivé à Saint-Sauveur le 19, se réunit à elle le 23 » (rapport du préfet Chazal au conseil général). Les médecins enlèvent bientôt à Cauterets le roi Louis pour l'envoyer dans l'Ariège.

L'affluence des étrangers est considérable. La reine prend les bains « si doux, si calmants », de la Raillère. On a fait blanchir, peindre, et éclairer par l'agrandissement de deux fenêtres, les quatre cabinets et le salon de l'établissement ; on les a meublés de glaces, de tapis de pied, de rideaux de mousseline. Le jour où est publiée à Cauterets la victoire de Friedland, Sa Majesté peut « se baigner dans son cabinet sous une double couronne de roses et d'immortelles, dans un pavillon en forme de tente, orné de guirlandes de lauriers ». La reine commence ses promenades et courses : pour elle on améliore les chemins de Luz à Gavarnie et du Tourmalet. Enfin vient le sensationnel passage du col du Vignemale, avec porteurs : au col, on boit à la paix de Tilsitt dont la nouvelle est arrivée l'avant-veille. Au retour elle décore de médailles d'or les deux chefs porteurs, avec pensions de cent francs sur la ferme des eaux ; elle exprime le désir qu'il soit fait mention dans la statistique du département de son « ascension au Vignemale ».

Et ici reparaît Fabas, maintenant inspecteur des eaux à Saint-Sauveur. Il assène à Hortense une ode, le *Passage de la Reine par le Vignemale*, de style empire :

> Roi des Monts ! despote intraitable,
> Toi qui domines dans les airs,
> Toi dont le trône inabordable
> Appelle et fixe les éclairs !
> Fier VIGNEMALE, en vain ta cime
> S'entoure d'un affreux abîme
> De neige et de débris pierreux,
> Une nouvelle BÉRÉNICE
> Ose, à côté du précipice,
> Gravir sur ton front sourcilleux.
> Quel cœur ! quel courage intrépide !
> Quelle héroïque volonté !

En note : *il y a vraiment de l'héroïsme dans le projet et
l'exécution de ce voyage.*

> Pour franchir un torrent rapide
> C'est d'*Eucharis* l'agilité....
>
> Diane ! admire sa souplesse
> Toi, Minerve, sa majesté !
> Son mouvement est plein de grâce,
> L'isard qui devance sa trace
> Par ses bonds cherche à l'éclairer ;
> L'aigle royal plane autour d'elle
> Et réchauffe, du bout de l'aile,
> L'air pur qu'elle doit respirer.

La reine s'amusait à dessiner :

> Dès lors, la flamme du génie
> S'agite dans son noble sein ;
> Elle colore et vivifie
> L'imposant tableau qu'elle peint.
> Son œil parcourt l'espace immense
> Des trônes soumis à la France
> Par le Héros qui la régit....
>
> Telle qu'*Iris* dans un nuage
> Hortense paraît à nos yeux,
> Annonçant la fin de l'orage
> Et le retour d'un calme heureux....

Ceci est pour Tilsitt. Voici pour Gavarnie :

> Bientôt, loin du pic, parvenue
> Dans le cirque si révéré,
> De respect son âme est émue,...
> La pourpre encense Marboré.
> Sublime jeu ! Scène magique
> Sur ce théâtre magnifique
> Des torrents d'eau cachent l'acteur.... (!)

La reine était naturellement en toilette de course,

> En vain d'un costume vulgaire
> Veut-elle déguiser ses traits,

elle est reine, et elle donne le premier rang à tout ce qu'elle
touche. Ainsi le Vignemale a été jugé par Ramond inférieur

au Mont-Perdu ; *quoi qu'il en soit* il a repris son rang de
suprématie depuis que Sa Majesté la Reine de Hollande
*lui a fait l'insigne faveur de le visiter et de le nommer
Roi des Monts.*

Hortense distribuant de l'avancement aux montagnes ! le
Vignemale « est passé Roi » comme disaient de leurs chefs
les soldats de Napoléon !

Et lorsqu'elle inaugure le pont de Saint-Sauveur, construit par Moisset et Siret, pensez que Fabas est encore là
avec une poésie de circonstance, le *Soliloque du pont de la
Hiéladère,* où le pont dit cette platitude, que tout passera,
que les cimes elles-mêmes s'écrouleront, mais que lui, pont,
survivra à tout, comme filleul d'une telle marraine.

La reine quitta Cauterets le 10 août.

L'année suivante Fabas publie : *Nouvelles observations
sur l'état actuel des montagnes des Hautes-Pyrénées...
précédées du passage de Sa Majesté la Reine de Hollande
par le Vignemale, de l'oraison funèbre de Dusaulx, etc. ;*
anonyme. Tarbes. Lavigne, 1808, in-8 de 154 p. Réimprimé
en 1852.

Fabas dédie son livre au Roi de Hollande. Car il lui doit
« la vérité toute entière ». Le passage du roi dans les
Pyrénées a révélé à l'auteur le secret de leur formation ;
elles lui ont paru s'émouvoir par sa royale présence.... Et
ce secret le voici. En géologie Fabas n'est ni neptunien ni
plutonien, il est végétarien. Pour lui, les montagnes sont
des êtres organisés, des végétaux de pierre : le Créateur
disposa, dans la direction des chaînes à obtenir, des coty-
lédons pierreux qui, convenablement imbibés d'eau, par
séjour sous la mer ou autre procédé, se mirent à sucer la
substance propre à leur développement, et à croître par la
circulation des sucs lapidifiques. Êtres vivants, les montagnes ont donc une jeunesse, un âge mûr et une vieillesse.
Les Pyrénées sont dans la vieillesse....

Attention ! Avec Dureau-Delamalle, 1807, nous tombons dans l'ascension apocryphe. Ecoutez ceci :

Il est parti avec le meilleur guide de Cauterets ; ce meilleur guide, dès avant le col d'Ossoue déclare qu'il n'ira pas plus loin ! Mais son voyageur s'élance, découvre le grand glacier, « il étendait ses pieds d'un côté dans le val de Broto de l'autre dans la vallée d'Ossoue », s'élève « vers le sommet de la montagne », trouve du calcaire, et tout d'un coup, sans autre préparation : « *cependant, j'étais arrivé au sommet de cette montagne imposante...*, etc., *seul, parvenu à ce sommet jusqu'alors inaccessible...*, etc., *le soleil brillait de l'éclat le plus pur, je découvrais nettement la chaîne des montagnes d'Aspe,* » etc., etc., et il fait à Vignemale le serment de parcourir toutes les vallées méridionales, de gravir tous les pics espagnols !! Cependant « le jour s'avançait », il avoue « qu'il ne chercha pas à se procurer le plaisir de la variété par une autre route » (à varier la descente, comme nous disons), le chemin qu'il avait tenu, resserré sur une arête escarpée entre deux glaciers, était déjà assez difficile ! (*sic* : la montée et la descente du Vignemale sans guide par les quatre pènes sans toucher la glace, quoi !) Tout ceci, pure mystification, *bluff*, de quelqu'un qui a lu la Maladetta de Ramond.

La femme ! 1809, la duchesse d'Abrantès. Qui saura jamais si son passage du col du Vignemale est imagination pure, ou le récit halluciné d'une chose jadis réellement faite ?

Puis Arbanère, et la grande époque de l'effrayant barranco....

Pour rentrer dans le sérieux il faut sauter à 1822, ou au temps du cordon sanitaire. Ascension de la « seconde pène » (cime du Milieu de 3.005 ?) par Chausenque. Pour l'époque, un exploit. Mais l'ascension est « juste milieu » comme

Chausenque lui-même ; se placer entre le petit Vignemale et
le grand, et, très impressionné, conclure par un renoncement
inexplicable sur le grand pic, jugé décidément inaccessible.

Avec Melling nous revenons à la fantaisie, qui sert de
point de départ à la fantaisie extraordinaire de Jubinal.

Et maintenant, le point décisif. Qui a fait la première
ascension du Vignemale, de la Pique Longue ?

Cazaux en 1837, dit Chausenque.

Cantouz et son beau-frère Guillembert en 1834, dit le
prince de la Moskowa.

Mais le prince de la Moskowa n'a pas le don de la précision,
il raconte en amateur : il dit *en 1838* que la première
ascension a été faite *deux ans avant, en 1834* ; il appelle
une plaque de neige « le grand glacier » ; il nomme son
guide *Cantouz*, et au sommet — suivant Emilien S.
Frossard — ce guide s'inscrit *Gazas*. Qu'est-ce que ce
Cantouz qui est Gazas ?

Ici l'instituteur Rondou intervient aujourd'hui pour donner
du problème du Vignemale la solution, simple et élégante.

Non pas *Gazas* (Frossard a mal lu, comme il a lu *Gual-
lembert*). Mais *Cazas*, c'est-à-dire *Cazaus* (*Cazaous* en
patois).

Cantouz, c'est Cazaux ! Henri Cazaux, *seul beau-frère,
d'ailleurs, de Bernard Guillembet* (et non Guillembert).

Et en 1901 le fils d'Henri Cazaux, Jean-Marie Cazaux,
octogénaire, né en 1821, disait à Rondou un souvenir d'ado-
lescent conservé très net : l'ascension de son père et de
Guillembet ; ils avaient des cordes et s'étaient attachés ;
Guillembet tomba dans une crevasse, et Cazaux eut toutes
les peines du monde à l'en tirer....

Ainsi les vainqueurs certains du Vignemale sont Henri
Cazaux et Bernard Guillembet. (1837 ?)

Deux guides seuls, comme au Mont-Perdu. Par Ossoue. Descente par le Sud, chemin pressenti par Latapie, au dire de Chausenque.

Alors vient l'acte le plus notable accompli par la femme dans le pyrénéisme. La première ascension de touristes du Vignemale, par lady Lister et son amie avec Cazaux. Le fils de Cazaux gardait encore en 1903 la vision de « lady Anne Lister, une superbe femme ». Montée et descente par le Sud, brèche entre la pointe Centrale et le Cerbillonas.

Cinq jours après, le prince de la Moskowa avec Cazaux et Guillembet.

Et pourquoi, dans son récit, pas un mot de l'ascension de lady Lister faite cinq jours auparavant ???

Même itinéraire par le Sud (abandonné ensuite jusqu'aux rares reprises par Brulle et Saint-Saud puis par Russell). Quand il se trouva sur le plateau de névé, il crut être dans un ancien cratère comblé de neige et supposa le Vignemale un volcan éteint.

La plaque de neige Sud étant fort risquée pour des touristes, autant valait reprendre avec précaution par le glacier d'Ossoue. Qui a adopté définitivement cette voie ? Laurent Passet vraisemblablement. Le premier touriste dont le nom soit conservé est une femme : Madame Lerouge née Dupont-Delporte, 1846. Puis le duc de Nemours.

Et jamais Chausenque !

Un revenez-y du voyage de la reine Hortense. Lettre (communiquée par Jean Bourdette) adressée « à M. Jubinal, ex-procureur de la République à Tarbes » :

« *Cauterets, 10 février 1850.*

Monsieur, vous me faites demander combien de temps

la reine de Hollande a séjourné à Cauterets. J'ai l'honneur de vous faire savoir que cette reine a séjourné à Cauterets pendant deux mois chez M. Larrieu, et faisant usage des eaux de la Raillère pendant son séjour à Cauterets, dont j'ai été choisi pour être son porteur pendant tout ce temps, soit pour la porter avec mon camarade aux eaux de la Raillère, et ailleurs, et ainsi que sur les montagnes des Pyrénées. J'ai à vous dire que M. son Mari a passé avec sa Dame l'espace de 12 à 15 jours à Cauterets, dont cette dernière m'avait donné une médaille en or, avec la récompense de 100 fr. qu'elle me faisait toucher année par année pendant 22 ans et depuis cette époque mon traitement a été négligé.

Agréez....

CLÉMENT LACRAMPE. »

Le Vignemale est la conquête des guides. Après l'Est et le Sud, l'Ouest : la montée du col de Cerbillonas. Sarrettes affirmait l'avoir escaladé *souvent* déjà, lorsqu'en 1870 il y conduisit Russell, qui en fait le premier et sensationnel récit : *Bizarre, colossale muraille tellement à pic qu'on tremblerait pour un isard en l'y voyant passer. Pour un bipède, l'idée de monter là paraît absurde, de loin.... Mais l'œil, même de très près, se trompe toujours.* Et de qui est la première descente par le col de Cerbillonas (ou comme disent les guides de Cauterets, « par le Clot de la Hount », c'est-à-dire en coupant ce mur) ? Russell ne l'a jamais faite, *par égard pour ses genoux*, dit-il. La première descente connue est celle d'Henri Cordier, 1874.

En 1883, Napoléon Ney, au sommet du Vignemale, pense au vieux Cantouz qui doit avoir quatre-vingt-huit ans. Ce serait l'âge exact de Henri Cazaux s'il eût vécu.

Et voilà le Vignemale conquis, par les guides. Et possédé par Russell de façon illustre. Au pyrénéisme alpiniste maintenant de raffiner, du Clot de la Hount manqué de Frossard, au Clot de la Hount réussi de Brulle et Bazillac, à la crête de Tapou des ouvriers de Russell, au Couloir de Gaube, et autres variantes depuis, montée de De Monts par les quatre pênes, etc., etc. — Après quoi il reste à le faire à pleine Pique-Longue par le mur Nord, avec des ventouses aux pieds et aux mains... et redescente par le couloir de Gaube en « toboggan ».

Si l'on considère la vigueur qu'elle a déployée dans les Alpes, le rôle de la femme aux Pyrénées, est, en somme, peu important.

Faute de registre on ne sait quelle femme a monté la première le Mont-Perdu. (On a raconté l'histoire d'une Madame L... qui, pour monopoliser l'honneur de l'ascension, aurait enlevé les cartes de visite laissées au sommet. Ceci paraît être une légende, née, par confusion, du fait que les cartes de visite trouvées *au Vignemale* furent un jour descendues, mais *pour être conservées*.)

La Brèche de Roland offre l'ascension célèbre de la duchesse de Berry, 1828.

Au Néthou, étant donné l'immense prestige du pic, la femme arrive en rang très brillant pour la quatrième ascension 1848 (Miss Marshall), la cinquième 1849 (Mme Tavernier), la septième 1850 (Mme Alluaud).

Mme Tavernier se distingue en montant en 1849 la Tusse de Maupas.

Mme Alluaud accomplit en 1850, avec son mari et deux guides dont Laurent Passet, une ascension très remarquable pour l'époque et capitale : la troisième de la source de la cascade de Gavarnie par la brèche Passet, et de là, « traverser les glaciers du Gave, et retour à Gavarnie par la brèche de

Roland ». Donc première ascension du col de la cascade, si le dire de Frossard est exact.

On ne sait quelle femme est montée la première au Posets, — ni quelle aux principaux pics pyrénéens : pic d'Ossau, pic Long, Néouvielle, etc.

Pour le Balaïtous, la femme ne l'a abordé que fort tard. En juillet 1880 Mme Gross (avec son mari, de la Section Sud-Ouest, et Saint-Saud), par Darré-Spumous et la brèche Latour : sans difficulté sérieuse, dit Saint-Saud, la neige étant excellente. Puis en août 1881 Mme Bernard, (avec son fils, encore de la Section Sud-Ouest). — Puis le 20 septembre 1881, les trois filles du comte de Bouillé (avec leur père) par l'Ouest.

En 1897 une vaillante clubalpiniste, lors du congrès de Pau, est dans l'expédition du petit pic d'Ossau.

Tout ceci n'empêchera pas qu'au commencement du xxe siècle, de naïves petites feuilles thermales s'étonneront encore devant l'audace d'une jeune fille extraordinaire, qui a osé faire l'ascension... du Néthou. Et ce qui est plus fort, l'héroïne elle-même écrira *que pour un million, elle ne voudrait pas refaire le pont de Mahomet....*

LA VULGARISATION

(SUITE)

XXIV

LE *JOANNE* DE 1901.

Le début du pyrénéisme du xxᵉ siècle : un naufrage.

Comme un transatlantique frappé par une simple barque, l'ancien *Joanne*, le Joanne-Lequoutre, coulé par un nouveau Joanne, le « Joanne-Boland », sombre corps et biens. Et il avait à bord tout le pyrénéisme historique, Ramond et Chausenque et Russell, et la Pléiade !

Mais Paul Joanne — bien placé pour en juger — estime que, les histoires de sommets, cela n'intéresse pas le grand public : seuls furent populaires les livres antimontagnards. La clientèle des livres pour grimpeurs, infiniment restreinte. Même, les livres de sommets sont invendables et restent pour compte, et que ce que veut « le public », c'est du renseignement pratique.

Donc un *Joanne* totalement nouveau.

Deux cent trente pages d'annonces.

Et un texte très condensé, sur un plan original. Ce n'est plus du pain, c'est du biscuit. D'excellente fabrication, — mais se peut-on nourrir de biscuit ?

La montagne supprimée, pour faire place aux « rensei-ments de séjour ».

Le prix du veau, du poulet, du beurre. Comme on les soigne, les familles, maintenant! Quelles prévenances! Comme on les caline, comme on les affriole, comme on les enjôle! Ne sont-elles pas la vraie source de fortune pour les pyrénéens? — Et non pas les rares grimpeurs, les sauvages, sobres et économes, les gens de la grosse laine et du piolet, et des courses sans guides; ces grigous! quelle plaie!

Un jour ce sera un document bien curieux, ce *Joanne* de 1901 : il a son langage, une note très à part avec ses :

.... Biarritz, v. 11.869 h., la station de bains de mer la plus fashionable du golfe de Gascogne, rendez-vous cosmopolite de toutes les élégances, station d'hiver fréquentée par les Anglais, station de printemps et station thermale par ses thermes salins..., ses hôtels dont plusieurs ont des dimensions palatiales.... Cette ville-champignon, qui n'était en 1838 qu'un pauvre hameau de pêcheurs, est maintenant une ville étendue..., elle ne reçoit pas moins de 25.000 à 30.000 résidents et plus d'un million (?) de visiteurs.... Il est évident qu'une station à clientèle aussi aristocratique ne peut pas être rangée parmi les « petits trous pas chers.... » (Victor Hugo l'avait prévu : aujourd'hui Biarritz est en train d'outre-passer le succès; deux casinos. Biarritz-tripot. Est-il charmant? est-il odieux?)

.... On trouve à Pau des installations de toute espèce, hôtels-palais où se coudoient les grands noms des aristocraties française et étrangère, la haute finance cosmopolite, les milliardaires américains. L'approvisionnement est très complet....

.... Lourdes, le pèlerinage le plus célèbre de la catholicité et un des meilleurs centres d'excursions. Tramways électriques de la gare à la ville religieuse (en attendant le tramway jusqu'à Bagnères, de Bagnères à Gripp, et le funiculaire de Gripp au pic du Midi).

Lourdes a 700.000 visiteurs ; la viande bonne et les légumes excellents ; supérieurement ravitaillée, mais le baromètre des prix subit des fluctuations : il en est à l'époque du grand pèlerinage national un peu à Lourdes comme à Trouville dans la grande semaine et à Nice au moment du carnaval : il n'y a plus de prix...

.... Dire que Cauterets est un séjour folâtre serait exagéré.

.... Argelès a ce qu'il faut pour satisfaire les plus difficiles ; hôtels renommés par la truculence de leurs menus....

.... Barèges : station thermale très sérieuse....

.... Gavarnie, à la réputation non surfaite....

.... Bagnères, séjour charmant qui a ses fanatiques (suit le cours complet des denrées)...

.... Luchon enfin, *aux somptueux hôtels, aux villas princières, aux chalets coquets ; la ville est un jardin, la campagne un parc ; — station thermale résumé des eaux sulfureuses pyrénéennes ; — Luchon, villégiature très mondaine, Nice estivale, l'une des étapes cosmopolites de la grande vie itinérante, noblesse, finance, lettres, arts, monde, demi-monde, aristocratie de province et grandesse espagnole, clientèle select et panachée que l'on retrouvera quelques semaines plus tard aux arènes de Saint-Sébastien et sur les plages de Biarritz, ne peut être considéré comme un « petit trou pas cher.... »*

Il a le mouvement endiablé, ce guide !

— Et les pics ?

— Oh, laissez-nous tranquilles avec vos pics. On vous les nomme, c'est assez ! Tenez, voulez-vous le Néthou ? Jadis, des chapitres, du temps de Lambron ! Aujourd'hui le Néthou n'est plus qu'un en-cas, une incidence. *Du port de Vénasque on peut faire les courses suivantes.... 4° S.S.E. en Espagne (haches, cordes et bon guide nécess., prudent*

*d'être trois), pic de Néthou ou d'Anéto (3404, vue infinie
mais plutôt confuse, le plus haut sommet des Pyrénées)
par (2 h.), la cabane de la Rencluse (2115) où l'on peut
coucher....* Néthou c'est tout.

Ce n'est même plus du biscuit, c'est du liébig, du maggi.
(Notez que le panorama du Néthou, pour ceux qui savent
lui demander de ne pas être infini, n'est point confus. Il faut
lui demander ce qu'il doit donner, non pas Toulouse et
Saragosse, non pas le Balaïtous et le Vignemale, mais ce
qui est proche, la crête des Tempêtes, et sous les pieds,
comme un formidable plan en relief, le massif même des
Monts-Maudits ; et plus loin le Cotiella, le Turbon, Malibierne et les Sierras.)

La vallée d'Arras est *recommandée*, elle peut se faire
confortablement. Niscle est supprimé : il n'est pas confortable....

<h1 style="text-align:center">XXV</h1>

LE FIGARO ILLUSTRÉ.

Mais du grand *Joanne* naufragé (dont les exemplaires
épars, précieux, deviennent une curiosité de bibliophilie)
les montagnards prennent le deuil.

Et désormais, dans le pyrénéisme, une nécessité s'impose :
rétablir, sous une forme ou sous une autre, l'itinéraire historique et descriptif des hautes régions.

Henry Spont tente ce guide des hautes régions, sous la
forme d'une série de monographies, de tranches de Pyrénées
illustrées. Œuvre qu'il est très capable de mener à bien,
entreprise avec l'éditeur Flammarion. Ce sera Luchon et
ses environs, le Néthou, le cirque du Lys, le cirque d'Oo,

les Gourgs-Blancs et Clarabide, les montagnes d'Aure, Bagnères, Barèges, Troumouse, Gavarnie, le Mont-Perdu, Cauterets, le Vignemale..., etc., jusqu'à Biarritz. Les Pyrénées espagnoles ensuite. Projet énorme : vingt fascicules, deux ou trois mille pages et mille photographies. Une encyclopédie pyrénéiste....

Les trois premiers fascicules paraissent.

Henry Spont. Les Pyrénées illustrées. Luchon et ses environs. — Le Néthou. — Le Cirque du Lys. Paris, Flammarion, in-12. Ensemble 338 p. et 127 photos.

Voilà l'Henry Spont véritable : montagnard expérimenté, écrivain spécialiste, vulgarisateur, homme de pics, homme de stations thermales et de Quinconces aussi ; doublé de son frère photographe des sites rares.

Son *Luchon*, avec la vallée du Lys, le lac d'Oo, le tour de la vallée et toutes les courses faciles, est pour plaire à tous. (Signe caractéristique de la génération ascensionniste actuelle : Henry Spont connaît moins bien les belles courses faciles — Bacanère par exemple — que les difficiles !)

Deuxième fascicule. *Le Néthou*, complet, y compris la partie rétrospective désormais indispensable.... Mais combien y a-t-il de gens pour s'intéresser au Néthou présent et passé? Surtout au Néthou par la complication, par Gregonio ou par Malibierne ; au Néthou par la difficulté, par les Barrancs: itinéraire jusqu'ici fait une seule fois, par Russell, — mais qui bientôt va être fait pour la seconde fois, par les frères Spont, — puis, de façon autre, par les frères Cadier.

[Et à propos de Barrancs, on pourrait ici réhabiliter un pic toujours omis : le pic des Barrancs. Une de ces courses que savait Lézat et dont son guide Bernard Lafont avait conservé la tradition. Regardez le pic des Barrancs sur la carte — ou en nature, du port de Vénasque — il est le centre du cirque colossal qui termine la vallée de l'Essera : Néthou-Tempêtes-Russell-Salenques-Moulières-Fourcanade.

Donc vous devinez le panorama qu'il donnera. Du Trou du
Toro il faut venir le prendre par le Nord. Ascension
ennuyeuse, sans vue, le nez sur la pierre, dans un perpétuel
chaos de granit; chaos en gros blocs moins perfide pour les
jambes que le chaos en petits morceaux du bas de la vallée
de Gregonio. Mais au sommet, subitement la vue au Sud :
la crête des Tempêtes splendide, les glaciers du Néthou à
hauteur de l'œil et littéralement sur la figure, la vue plongeant dans les crevasses et les arches de glaces ; avec une
bonne lunette elles sont à cent mètres....]

Troisième fascicule. *Le Cirque du Lys* : curieux, parfait
et rare. Cette belle couronne de grands pics : Boum, Maupas,
Crabioules, Passage, Quairat....

Eh bien, ici, plus personne. Aucune clientèle pour le
cirque des Graouès et pour les pics du Lys. Cela se faisait
du temps de Boubée et de Lézat....

Et voici que la publication *Les Pyrénées illustrées* doit
être interrompue !

Paul Joanne a raison : le livre de sommets n'a pas de
public. La preuve est faite une fois de plus.

Nous venons d'y perdre un livre extraordinaire, le vrai
livre à faire....

Mais il est dit qu'Henry Spont aura l'heur de dégager —
sous une autre forme — la publication typique, caractéristique d'un nouveau siècle.

*Le Figaro illustré, n° 137, août 1901. — Henry
Spont : les Pyrénées.*

Le voilà le document essentiel, de forme nouvelle, le
document vulgarisateur. Pyrénées-programme : l'équivalent
exact de ce que sont pour le théâtre nos « programmes
illustrés ». Une livraison : texte extra-rapide, pas de place,
les mots comptés. Demandez le compte-rendu de la pièce.
Avec les décors, tous les tableaux. **Pyrénées-réclame** : c'est

le *Allons aux Pyrénées* du premier guide Richard,
(introduction faite au hasard) repris à la note moderne par
des gens qui savent.

Venez! dit le texte. — *Ne venez pas!* disent les photos.
Ce n'est plus la peine. Ce que les Pyrénées ont de plus rare
et de plus caché, ce qu'il a fallu un siècle pour découvrir,
ce qu'il faut des jours de marche et de fatigue pour voir,
tenez, le voici. En tas, à foison. Le Balaïtous pris de Cambalès, ce qu'il y a de plus puissant! La brèche Latour, cette
« facilité » du Balaïtous. Les fonds mystérieux du Cristail.
Le pic d'Enfer. Le Vignemale, son plateau de névé, ses pènes
(singulière erreur photographique : sur une vue, un raccord
fautif de deux clichés a mis deux fois le petit Vignemale),
et le comte Russell — une grande sommité du Vignemale
lui aussi (Henry Spont a sur lui un mot singulier : il lui
donne « un joli talent de plume »; il ajoute, toutefois :
« *quand il s'applique*, il écrit comme Chateaubriand ») — le
glacier d'Ossoue. Le Gabiétou, la fausse Brèche, la Brèche, le
Cirque pris du Marboré, le Cylindre pris du Mont-Perdu, le
Mont-Perdu pris du Cylindre, le Soum de Ramond. La Munia
et l'arête de Troumouse — quoi, même la difficulté! — les
sommets du Néouvielle et du Pic Long, le lac d'Orédon. Le
Perdighère et le lac du Portillon d'Oo: superbe; — le pic du
port d'Oo avec les Hermittans: extraordinaire; — le Posets;
le Néthou, ses glaciers — fort beaux, — ses caravanes
d'ascensionnistes, son sommet; Malibierne, même la fameuse
taillante ; — le revers méridional des Monts-Maudits, lac
d'Albe, lac Gregonio, le Néthou vu du pic Russell; — le
Bécibéri avec le Comolo-Forno.... Un dessus de panier des
Pyrénées! Choix admirable de photos. Et tout cela, les
beautés, les raretés, les difficultés, trois francs! Ce que
vous ne verrez pas aux Pyrénées si vous faites la dépense
du voyage, car ces rudes courses, ces difficultés, vous ne les
ferez vraisemblablement point. On ne vous rencontrera

pas à califourchon sur l'arête du Malibierne... Ne venez pas...

Choix admirable — et cependant uniforme. C'est toujours la même chose. Le pic. Et puis : à ces pics même, en photo, il manque quelque chose... presque rien.

Il ne manque que le soleil, la lumière, la vibration, la couleur, la chaleur, les variations diurnes de l'éclairage, les imprévus, les accidents ou les drames de l'atmosphère, la saveur pyrénéenne... la vie.

Il manque cela seulement. Que manque-t-il aux plus merveilleuses figures de cire ?

Un petit détail piquant. Comme d'usage la livraison du *Figaro illustré* a réservé pour titre une page de réclame. Cauterets l'a prise, a sauté dessus.

Mystification de Luchon, d'avoir manqué le coup !

Importance croissante de la réclame, surtout de la réclame déguisée et insidieuse dans les publications illustrées. Concurrence et lutte effroyable, typique, entre les stations innombrables de la mer et de la montagne....

Tout à l'heure ce ne sera même plus trois francs, mais cinquante centimes : *La Vie illustrée* du 20 juillet 1902. *A travers les Pyrénées, le Centenaire du Mont-Perdu.* Cinquante centimes, le pont de Mahomet lui-même ! le lac de Bécibéri, le Marboré (le dessus de la cascade de Gavarnie : cinquante centimes, la région de la difficulté, de la brèche Passet, de la brèche des Druides, du tour du Cirque par le premier étage, du Marboré par le Cirque). Pour cinquante centimes faire le Balaïtous, et par la crête de la Frondella — par le chemin de Casse-Latour, trouvé en 1874 — le Balaïtous « sans toucher la glace »! Comme dans tout bon programme, les portraits des auteurs et acteurs, des frères Spont et de Sansuc. Le texte, en effet, est d'Henry Spont. Il établit nettement le **véritable attrait** des Pyrénées : c'est de ne pas être organisées comme la Suisse. *Il faut savoir y sacrifier ses aises.* Le gîte: cabane de berger pouilleuse, obscure et enfumée ; obligation de tout faire soi-même, allumer le feu, aller à l'eau, faire la soupe ; dormir deux ou trois heures, réveillé à minuit par le froid, grelotter devant le foyer en mâchant des cigarettes, attendant l'apparition du jour comme une délivrance. Le lendemain, quinze ou dix-huit heures de marche dans des forêts sinistres, des déserts d'éboulis. Sous le soleil, la grêle ou le brouillard, les cheminées gravies avec la chemise collée à la poitrine par un vent furieux, les pas taillés d'une main raidie par l'onglée... (l'ascension, un vrai travail de « père peinard » dira-t-il un jour). Pour respirer cet air trop généreux et trop riche, pour vivre ce domaine de la mort, il faut être bien portant, entraîné, posséder *l'amour de la fatigue* (et c'est cette vie de fatigue et surtout de sauvagerie, cette joie de vivre, qui rend passionné pour les Pyrénées), être robuste et rompu à la pratique régulière des sports....

Ces théories : sujets tout trouvés de propos et discussions passionnées aux Quinconces. — L'*amour* de la fatigue, toujours de l'amour ! — Mais combien plus délicieux encore, tout simplement le pouvoir de marcher sans se fatiguer ! — On l'acquiert très vite, facilement, et sans être l'homme de tous les sports : sauf les difficultés ultimes et facultatives, les Pyrénées n'ont pas été conquises par des hommes de sport, mais par des marcheurs ; or en huit jours tout le monde devient entraîné à la marche en montagne : les cérébraux anti-sportifs, Tonnellé ; les soldats de d'Arpajon ; les géodésiens ; les vigoureux ; les chétifs ; les malades, Lequeutre ; les femmes, les enfants... les chevaux.

XXVI

LES CARTES POSTALES. — PYRÉNÉES-PROSPECTUS.

La montagne vient à vous : sous la forme la plus
diminuée et la plus écœurante. La carte postale illustrée !
qui, typographiquement négligée, trahit la photographie,
laquelle trahit la nature. La carte postale ! Il faut voir
cela à l'hôtel de Gavarnie, à l'heure de « l'invasion des
barbares ». A présent le Gavarnie-Montmorency, le marché
aux ânes, a déblayé la place et a été reporté plus loin. Les
omnibus arrivent, les barbares descendent, ils ne pensent
plus à demander des consommations (on dirait que c'est la
ligue anti-alcoolique qui a monté l'affaire), ils se ruent sur
les cartes postales, chacun en prend sa douzaine ; aussitôt
après ils se ruent au bureau de poste encombré, et voici
mille ou douze cents Gavarnies partis pour tous pays.
Horrible ressassage d'une grande chose ! C'est le sort des
chefs-d'œuvre. Les opéras sur orgue de Barbarie et tabatière
à musique.... La montagne vient à vous. (La terre entière
vient à vous, dans ce pullulement microbien ! L'on n'y peut
rien. Il faut prendre son temps comme il est.) Ne vous
dérangez pas ! Les plus grandes raretés de la nature
Pyrénéenne, de vrais montagnards vont les cueillir pour
vous et vous les apporter : dix centimes !

Venez aux Pyrénées ! au fond c'était jadis le cri de
Picqué, de Ramond, de Dusaulx, le cri de Joudou, d'Arnaud
Abadie, de La Boulinière, et quelquefois ceux-ci risquaient
à l'appui quelques timides et ridicules images.... — *Venez
aux Pyrénées !* c'est le cri de toute la littérature pyrénéiste.
Et pour la nouvelle génération, la génération du XXe siècle,

la littérature pyrénéiste va se recommencer. A partir du
guide de vallées et de notions générales :

*E. Labroue, professeur au lycée de Périgueux : A
Travers les Pyrénées.* Paris Tallandier, gd. in-8 de 255 p.
*Ouvrage conçu sur un plan nouveau et illustré dans un
esprit nouveau,* dit l'éditeur. L'esprit nouveau, c'est une
quarantaine de similis. Or, pour un livre de bibliophile,
pour un livre durable, le papier couché n'est pas admissible.
L'éditeur Tallandier a donc été conduit à adopter un papier
présentable. Mais alors les similis, au tirage, ne sont pas
venues. Des plaques de boue.... Elles font hésiter. —
Faut-il aller aux Pyrénées ?

Venez aux Pyrénées. A présent c'est le racolage pur et
simple. Ce n'est même plus Pyrénées-programme, ce n'est
plus trois francs, ce n'est plus cinquante centimes. C'est
gratis, c'est Pyrénées-prospectus, les compagnies de chemins
de fer vous glissent cela dans la main... *Excursions aux
Pyrénées, de l'Océan au Gave d'Ossau,* compagnie d'Orléans : prospectus avec photos. — Allons aux Pyrénées.

Inutile : les Pyrénées sont venues à nous. Dans la gare
du quai d'Orsay, qui est un musée, les vues par centaines,
tableaux, photos, un tiers de la France : les châteaux de la
Loire, la Bretagne, les côtes de l'Océan, le Midi, les
Pyrénées.... Le Balaïtous lui-même.... Avant d'être parti
on est saturé. Ne partons plus.

Venez, reprend la compagnie du Midi, et elle vous offre :
Les Pyrénées (en quatre parties : Océan au Gave d'Ossau,
à la Garonne, à l'Ariége, à la Méditerranée), quatre petits
albums oblongs à cinquante centimes l'un, 1903; *photos de
M*[lle] *M. Prévotat* (même des vues panoramiques). Document
typique déflorant. Ce n'est plus la peine de faire les
courses....

Photo, photo, photo : défloration des Pyrénées, gâchage, saturation.... (Vous n'êtes pas au bout. Cela ne fait que commencer.)

Cinquante centimes? c'est trop cher! reprennent mille voix en un concert formidable. Pour rien! Venez, venez, venez aux Pyrénées! Venez dans les Hautes-Pyrénées. Tenez! gratis *Les Hautes-Pyrénées*, (ou autres, Ariège, etc.), livret, couverture en chromo, 120 pages, tous les rectos descriptifs, en face tous les versos réservés à la publicité (comme c'est compris, la mixture de pittoresque et d'annonces!) et soixante-six photos, bien venues. Réclame bien machinée — mieux que le *Figaro illustré* même, en ce sens qu'on ne s'est pas borné à la région des pics, qui n'intéresse que les spécialistes. Pourquoi, chez les grimpeurs modernes, cet oubli de la région basse et moyenne? C'est le mot de Ramond renversé : on veut connaître les Pyrénées et l'on se traîne exclusivement sur les pics devenus une monomanie.... Mais vous commencez à nous agacer, les hommes de pics. Est-ce vous qui faites vivre les Pyrénées? est-ce vous qui, dans les Pyrénées, laissez de l'argent? (voici le grand mot lâché.) Laissez-nous faire. Tenez, voici le Balaïtous, pour ceux qui aiment ça. Mais voici la bénédiction des malades devant le Rosaire à Lourdes : en voilà du monde! Car c'est du monde qu'il nous faut. Venez, venez, venez...

Mais qui fait donc ce vigoureux et remarquable boniment?

Eh bien, ce petit guide — qui intriguerait si fort Picqué ou La Boulinière — porte : *publié par le syndicat d'initiative de Tarbes et des Hautes-Pyrénées.*

Syndicat d'initiative. Qu'est-ce que peut bien être encore ceci?...

XXVII

LES PROJECTIONS. — DE TRUTAT A MEYS.

La montagne vient à vous.

Le jour — 11 décembre 1775 — où d'Arcet, inaugurant sa chaire de chimie au Collège de France, commençait : *Monsieur le Doyen, Messieurs, nous allons nous transporter sur les hautes montagnes des Pyrénées. Nous parcourrons les bouleversements qu'elles nous présentent, et après avoir vu l'état où elles se trouvent, nous en chercherons les débris, nous les suivrons dans les plaines et même jusqu'aux rivages de la mer. Mon sujet est grand ; puissé-je, Messieurs, le traiter de manière à ne pas dégrader sa dignité ; puissent au moins mes efforts et l'aveu de ma faiblesse mériter votre indulgence et votre attention,* ce jour-là la conférence pyrénéiste était créée.

Un siècle après elle était généralisée. La photographie lui avait apporté son concours indispensable.

Que de pyrénéistes ont fait des conférences ou fourni des photographies pour leurs projections ! Les Schrader, les Wallon, les Belloc, les Briet.

Mais deux noms sont à citer à part.

Trutat, naturaliste — un véritable successeur de d'Arcet — étudiant et pratiquant la photographie en physicien et en chimiste, — et faisant autorité ; — la photographie aux Pyrénées, il la personnifie quarante ans : depuis le primitif collodion humide, au Néthou, jusqu'au cinématographe de la bataille des fleurs à l'allée d'Etigny. — Trutat a été l'apôtre, le vulgarisateur de la conférence pyrénéiste ;

conférencier sobre et élégant, comme un professeur qui a
la longue expérience d'un cours devant un auditoire
empressé (au Museum de Toulouse), c'est lui cependant qui
a tenu pour le vrai principe de la conférence à projections :
peu de paroles, et surtout pas de considérations préliminaires, le public en piaffe d'impatience : *la lanterne magique
tout de suite!* Et voilà ce qu'est la conférence à projections,
c'est la projection avec le moins de conférence possible.
C'est un divertissement entré dans les mœurs.

Si lanterne magique il y a, il faut voir celle de Meys.
Parisien, fixé par ses affaires à Boulogne-sur-Mer, il tombe
un jour aux Pyrénées pour sa santé ; il se passionne, le
voici pyrénéiste, il est photographe. Le 6 1/2 × 9 fonctionne
à répétition. Meys revient aux Pyrénées. Il commence à
faire des conférences, il se surpassionne ; il fait l'ascension
du Vignemale en 1898, il est l'hôte de Russell (dont il a
publié le portrait avec le fameux sac dans *l'Illustration* du
1ᵉʳ octobre 1898), il fait le Taillon, le Mont-Perdu, Tuquerouye, Ordéça, Cauterets, Panticosa; il vient à Luchon,
il fait le tour des Monts-Maudits par le port d'Oo,
Malibierne, la région sauvage et si peu connue du lac
Liouset, et le magnifique pays du port de Viella. En 1902
il a une conférence toute trouvée : Ramond suivi pas à pas
dans ses courses pyrénéennes (y compris une vue des à
pics, où en 1787 il fut engagé par un guide prodigieusement
maladroit au débouché du port d'Oo sur l'Espagne : ce
guide avait appuyé à gauche trop tôt; toute l'affaire de
Ramond ici saute aux yeux ; — et y compris l'escalade de
l'échelle de glace de Tuquerouye)....

Laissons de côté sa dextérité professionnelle de conférencier s'adressant à de considérables publics dans de
grandes salles — au palmarium du Jardin d'Acclimatation
par exemple ; — il les tient en haleine, sous pression, — le

don d'animer, — il leur fait passer dans le dos le petit frisson du danger, il les fait frémir, il les exalte d'un couplet vibrant amené au moment opportun..., il les enchaîne. Jusqu'à des quatre heures d'affilée ! Et ils en voudraient encore, si le conférencier aphone ne demandait grâce.

Mais ce spectacle — extraordinaire — pourrait continuer sans paroles : les projections de Meys disent tout.

Il a quatre mille photographies sur les Pyrénées ! — Laissons encore de côté la qualité constante des épreuves ; ses 6 1/2 × 9 supportent toujours, sans altération, l'agrandissement de dix mille fois en surface (huit mètres sur neuf au Jardin d'Acclimatation). — Et arrêtons-nous aux deux points qui caractérisent les séries de Meys : le pittoresque et la prodigalité.

Le pittoresque. Meys ne fusille jamais le paysage au hasard. Il ne donne rien à l'imprévu. Il a la volonté constante de la composition du sujet, de son arrangement, de l'éclairage ; la préoccupation capitale des premiers plans, du parti à tirer des accessoires. Il force en quelque sorte la nature à se travailler elle-même, et à se présenter en tableau tout fait, en paysage composé, presque en paysage historique. (— Quoi ! au rebours de la conception simpliste des peintres de montagne, le paysage composé et arrangé serait dans la nature ? — Même le paysage historique : ainsi, par un éclairage convenable, la vallée d'Aspe est une série de Joseph Vernet. Il y a des gens qui du col de la Perche, ont vu la Cerdagne avec d'invraisemblables gloires de soleil entremêlées d'orage : la folie pure, et un pur Turner... — Laissons cela ; remarquons seulement, par les exclamations de surprise et de plaisir, que pour toutes projections, les applaudissements du public sont en raison directe de la composition et de la qualité d'art de la scène.)

La prodigalité, la continuité. C'est la marque de Meys.

A coups redoublés il vous entre le sujet dans les yeux. Pas
d'espace vide. Une vue tous les deux cents mètres. Plusieurs
vues pour tout point décisif. Deux cents pour le Vignemale.
Autant pour le tour du Mont-Perdu. Trois cents pour le
tour des Monts-Maudits. C'est un cinématographe, a-t-on
dit. Et quand il a fini, le sujet est épuisé. La vallée d'Astos
de Vénasque, par exemple? Voilà qui vraiment nous la révèle
à fond, nous la voyons mieux que ceux qui l'ont descendue
fourbus. Et c'est une merveille. L'hospice de Viella? quel
commentaire du texte de Russell! L'échelle de Tuquerouye?
vous croyez être Ramond ! La fameuse conférence sur
le Vignemale? Plus rien à apprendre après: nous avons
réellement « fait » le Vignemale, et avec l'illusion du
grandeur nature. Ne vous dérangez plus : la montagne est
venue à vous.

Et maintenant, que désirer encore? Quel progrès faire?
— La sensation de panorama, d'être au milieu du paysage.
— Eh bien, on a déjà la projection en panorama circulaire
de Lumière. — La couleur. — Il est en couleur. — Les
bruits, les cascades, les troupeaux. — Facile. — Les sen-
teurs pyrénéennes. — Cela se trouvera, avec des vapori-
sateurs convenablement chargés d'arome de foin de goudron
de houille. — La chaleur. — Rien de plus facile à obtenir.
— L'insolation. — Avec un coup de rayons X... — La
courbature, la volupté de la marche. — Cela s'imitera. —
Le simili-accident, la sensation de la chute. — On l'a déjà
au *looping the loop* en wagonnet....

Le XX⁰ siècle vous amènera la montagne au complet. Ne
vous dérangez plus.

LA VULGARISATION

(SUITE)

XXVIII

L'ENLAIDISSEMENT DE LA MONTAGNE.

— *Voyez-vous,* — disait en 1788 à Dusaulx son ami pyrénéen Dupont de Luz — *tout est changé aux Pyrénées, tout est gâté chez nous, fini ! Depuis quarante-deux ans, depuis le jour où on a ouvert une route....*

Dusaulx approuvait du geste.

— *.... Les routes ont amené les baigneurs, les baigneurs le cortège de toutes les voluptés, la corruption introduite par les maîtres et surtout par les valets.... Quelques sages rustiques en ont frémi et se sont enfoncés dans les montagnes écartées où l'on conserve le feu sacré qui soutient et ranime les mœurs....*

> — *Quam bene Saturno vivebant rege, priusquam*
> *Tellus in longas est patefacta vias !*

interrompait Dusaulx approbateur.

— *.... Ils avaient prévu que le corrupteur ne tarderait pas à tenter par des présents la simplicité de leurs femmes, à marchander leurs filles ; que si l'on résistait, le viol et les enlèvements allaient souiller et désoler* *impunément cette contrée. Que vont devenir sur nos montagnes — qui étaient les trônes de la pudeur — et la probité des hommes et la chasteté des femmes? Nous étions sobres et modestes : on voudra boire, vivre plus délicatement, se mieux vêtir....*

Dusaulx prenait des notes.

— ... Poursuivons. Il n'entrait dans la vallée que trois voitures chargées de vin, il en arrive plus de trois cents. On n'y connaissait il y a soixante ans, excepté chez les ecclésiastiques, que trois chapeaux et deux paires de souliers; le moindre pâtre aujourd'hui veut en avoir. Chez la plupart de nos montagnards vous trouverez une broche, une casserole et d'autres ustensiles, ce qui dénote et leurs désirs et leurs nouveaux besoins, dont la misère est déjà pour quelques-uns la suite nécessaire....

Dusaulx frémissait.

(Et elle est à faire frémir, cette mentalité de 1788, cette niaiserie de Dupont, d'un homme qui va être député et toucher à tout.)

Picqué (l'auteur, à quarante ans de distance, du *Voyage dans les Pyrénées françaises* et du *Voyage dans les Pyrénées françaises et espagnoles*, Picqué qui dit avoir vu du port de Vénasque la Méditerranée, le docteur Picqué — ou Picquet, futur maire de Lourdes, qui abomine les Luchonnais qu'il trouve « intéressés, sales et stupides comme les Valaisans) est d'opinion plus complexe. Il a quelque instinct « moderne »; la route de Pierrefitte à Luz serait pour lui aller, il l'admire : dépense de trois millions, magique nivellement, douze ponts de marbre, avantages que procure le passage de quinze mille (?) étrangers, augmentation de numéraire répandu en objets de consommation....

Picqué est dans le train. Oui ; mais il y a Jean-Jacques !

et Picqué, aussitôt : « *En 1746 spectacle nouveau, une voiture remonta jusqu'à Barèges ; depuis cette époque c'en est fait des vertus primitives : la grandeur généreuse, le courage héroïque chassés de leur dernier asyle ont fui devant l'exemple contagieux des dérèglements et des vices du luxe : vous voyez avec indignation cette classe qui s'est arrogé le nom de première, la dernière dans l'ordre de la nature, (!) chercher dans les vallées hospitalières des jouissances perdues dans la satiété des plaisirs de la ville, apporter ces maladies extraordinaires réservées aux nations voluptueuses du Midi* ». Enfin, on a vu « l'augmentation excessive des comestibles préparer des émigrations funestes », et « la prospérité passer des villages voisins des grandes routes aux extrémités des vallées ». (!) Incertitude de Picqué : une « tempête sous un crâne ».

Picqué également sera député. Bientôt Dusaulx. Dupont, Picqué, pourront reprendre la conversation à trois sur les vertus primitives, dans un lieu peu idyllique et lui aussi « terrible à contempler ». A la Convention. (Ils y furent modérés, et point parmi les « votants ».)

Après tout, si nous admettions que ces hommes, au lieu d'être niaisots, ont été des voyants ? Sentant prophétiquement l'avenir et sa progression : la route, les routes, les routes thermales, les chemins de fer, les crémaillères, les funiculaires, le poteau télégraphique, le trolley, le petit électrique (à Cauterets, à la Raillère, demain au lac de Gaube, au Vignemale ; — à Luz, demain à Gavarnie, au Cirque...; fini, ô Dusaulx, le drame du Gave ! bientôt la foule débarquée tout à trac devant le pont de neige : c'est le livre entamé par la dernière page....) les chemins carrossables, les bons sentiers, les refuges, les chalets gardés, les débits, les hôtels, la réclame, les annonces le long de la voie ferrée et des routes, et sur les rochers les chocolats, moutardes,

petits journaux, déjeuners à prix fixes, garages automobiles,
et sur les murs du cirque de Gavarnie « l'eau dentifrice
suivant la formule des Templiers...! »

XXIX

LA MONTAGNE UTILITAIRE. — LES PYRÉNÉES-ÉNERGIE.

Et encore les observatoires, les barrages et la décantation....

Et tout cela n'est rien, mais :

Le XIXe siècle ayant été le siècle de la vapeur, force
grossière et primitive, le XXe est destiné à être celui de
l'électricité, force raffinée..., force qui dort dans la montagne. Et alors l'évaluation de cette force : dans les Pyrénées
les chutes d'eau, deux millions de chevaux. Les glaciers ne
sont plus de tant d'hectares, mais de tant de volts.
Le potentiel de la cascade d'Enfer et de la cascade d'Oo.
Les ruisseaux-dynamos. Et un monsieur très fier d'avoir
trouvé pour désigner l'eau et le glacier le joli mot pratique :
la houille blanche. Et tout aussitôt : *son utilisation dans
les Pyrénées*. Conception nouvelle : les Pyrénées, une
source d'énergie. A exploiter : *Les Pyrénées, salut de
l'industrie française* (dans la *Revue des Pyrénées*). Tout
glacier, tout lac, toute chute, tout gave, tout filet d'eau est
une énergie. A capter, à utiliser. Déjà des bandes noires se
forment pour l'achat sournois des cours d'eau. Déjà on
réclame une LÉGISLATION DES CASCADES. Travaillez, fainéantes, bonnes à rien ! Et on fera turbiner la cascade de
Gavarnie....

XXX

L'IDÉE FORESTIÈRE.

A quelque chose malheur est bon.

Peut-être au xxᵉ siècle la nécessité de l'énergie fera-t-elle créer de main d'homme des lacs pyrénéens....

Et presque sûrement, ce xxᵉ siècle sera contraint de rétablir la forêt, et de faire prévaloir de gré ou de force l'idée forestière.

L'idée forestière : l'idée nette des services incommensurables que rend la forêt, — que rend aussi le simple brin d'herbe....

Or, les populations pyrénéennes, étant pastorales, avec « des routines si vieilles qu'elles ne datent plus », ont essentiellement l'idée anti-forestière.

Mais toute une littérature s'établit, vers le début du xxᵉ siècle, pour restaurer aux Pyrénées l'idée forestière. C'est un sujet à part et volumineux. Notons brièvement les points saillants.

Le passé des Pyrénées n'est qu'une immense déforestation : brouter, brûler, défricher.

On s'est beaucoup occupé depuis quelque temps du passé et de la variation des glaciers, de la tache blanche.

Et la variation de la tache verte?

Avec *L'Œuvre de M. de Froidour, par Paul de Castéran* (Toulouse, 1876, brochure), nous voyons ce que pouvait jadis la monarchie dite absolue. Au deuxième tiers du xviiᵉ siècle, dévastation complète : la licence des riverains et usagers sans bornes, des forêts entières mises en culture ou réduites en bruyères, d'autres incendiées ne produisant plus que des broussailles; les particuliers exploi-

tant pour leur propre compte les forêts du roi, le parlement
de Toulouse complice par rivalité avec la juridiction forestière, les capitouls complices laissant les marchands de
bois faire des coupes sans payer de redevances afin de
prélever des péages sur les radeaux, les Etats complices
de toutes les résistances aux officiers de la Grande-Maîtrise,
les capitaines-forestiers, gentilshommes de la plus haute
qualité, complices, n'ayant acheté leurs charges que pour
avoir leur chauffage, des dépaissances pour leurs troupeaux
et des corvées de paysans auxquels ils permettent l'usage
des forêts comme de leur propre bien ; le commerce du bois
enrichissant Toulouse, ruinant la forêt ; tous dépouillent
l'Etat : bientôt il n'y aura plus de bois pour la marine....

De Froidour, homme de premier ordre trouvé par
Colbert, rétablit la situation, malgré les colères soulevées,
à force de poigne et de ténacité. Sept ans il visite les forêts
pyrénéennes. A Luchon il arrive à temps pour sauver la
forêt de Superbagnères que les Luchonnais viennent de
vendre vingt mille livres à un marchand de bois toulousain
nommé Ravi (d'où le pont de Ravi, qui existe toujours,
près de Luchon) ; à elle seule cette forêt pouvait fournir des
mâts à toutes les flottes. Et à Luchon il manque d'être
assassiné. Les gentilshommes du Couserans lui interdisent
l'entrée des forêts et le menacent de mort. Il vient à bout de
tout.

Nous y avons gagné une relation pittoresque : *Les
Pyrénées centrales au XVIIe siècle. Lettres écrites par
M. de Froidour... publiées par Paul de Castéran.* Auch,
1899, in-8 de 214 p. La partie pittoresque consiste en un
voyage : Toulouse 17 août 1667, Saint-Girons — surprise
du grand-maître, qui est picard, en voyant pour la première
fois de sa vie des sapins, — Saint-Lizier, Seix, les quatre
vallées du Castillonnais, Aspet, Barbazan, Saint-Béat,
Luchon (en somme, ici une curieuse monographie du canton

de Luchon), Saint-Bertrand, la Barousse, Labarthe de
Neste, Capvern, l'Escaladieu, Bagnères-de-Bigorre le
21 septembre (ici saison d'eaux, qui ne réussit pas), puis la
hourquette d'Aure et Arreau (mauvais gîte). — A lire.

Au XVIIIe siècle, les idées redoutablement fausses. D'Arcet,
dans sa conférence sur les Pyrénées, en est à considérer
la forêt et la végétation comme destructrices des montagnes : les mousses, les plantes, les arbres sont une des
causes prochaines de leur ruine ; les premières pourrissent
sur les rochers et les pourrissent, c'est une véritable carie ;
les racines des arbres déchaussent, fendent, brisent la
pierre et y introduisent cette même carie (la forêt infec-
tieuse).

A fortiori, à des hommes comme Dupont et Dusaulx il
ne faut pas demander d'avoir l'idée forestière et de reconnaître que les populations pastorales sont essentiellement
encroûtées et dévastatrices. Il s'agit bien des forêts ! Il
s'agit des vertus primitives, des mœurs « patriarcales ».
(Routine, destruction, ô les patriarches !)

Tous les hommes du XVIIIe siècle ne sont pas aussi... naïfs.
Picqué lui-même juge ainsi le pasteur pyrénéen: «*il préfère
une botte de foin enlevée d'assaut à une récolte obtenue
par un travail régulier* ». Lomet, qui écrit en pleine
Terreur et veut sauver Ramond emprisonné, a soin de
sacrifier, nous l'avons vu, à la phraséologie civique et révolutionnaire (les ponts et les routes qui ne peuvent être faits
sous la république comme sous la monarchie... ; la noncha-
lance, la corruption de l'ancien gouvernement dont tout se
ressent à Barèges, bien que l'ancien gouvernement y ait plus
fait que partout ailleurs : « *Qu'il y ait à peine compté
avec les soldats, c'est tout simple. A l'air dont les nobles
se glorifiaient du sang qu'ils avaient versé dans les
combats, ils semblaient croire qu'il n'y avait qu'eux qui*

en eussent, et qu'on versait de l'eau quand on répandait celui des plébéiens. Mais que les rhumatismes des courtisans, les vapeurs des grandes dames, les indigestions des prélats n'aient pas suscité de somptueux établissements, provoqué une scrupuleuse recherche des sources, excité le zèle des gens de l'art à effectuer le meilleur aménagement des eaux, c'est assurément ce qui serait plus difficile à concevoir, si l'on ne savait que les lieux où les sources sont situées paraissaient tellement effroyables à des ministres de toilette et à d'anciens généraux de la plaine des Sablons qu'à peine on s'y croyait en sûreté pendant deux mois entre les lavanges du printemps et les neiges de l'automne et qu'on aurait ri du faiseur de projets qui aurait proposé des établissements d'éclat dans ce lieu de passage. Plus voisins de la nature, des républicains ont d'autres yeux pour la voir, d'autres lumières pour la deviner, d'autres forces pour la soumettre.... »),ceci n'est que langage de précaution. Mais le langage technique de tout le mémoire de Lomet et Ramond est remarquable de netteté, de « modernité », et d'une véritable éloquence pour ce qui est de l'idée forestière : « *il faut des bois, la nature y avait pourvu,... des hommes actuellement vivants en ont vu les restes et les ont achevés...; les habitants de Barèges n'ont pas attendu les avalanches, ils ont tout ravagé eux-mêmes,* » etc. Lomet et Ramond demandent que les coupes ne soient faites que par la méthode dite « en jardinant ».

Le XIXᵉ siècle engage la lutte contre les populations.

Les textes sont unanimes. La Boulinière dit des Hautes-Pyrénées : « coupes sans ordre et sans ménagement, audace et impunité des délinquants, licence des communes, introduction journalière des bestiaux... les plus sinistres effets ! On a défriché beaucoup. L'administration forestière a enrayé et déracine les abus, mais les bois sont dévastés.... »

Dralet en 1813: « la situation est très simple : en 240 ans les forêts ont perdu deux tiers, si cela continue il n'y aura plus de forêts aux Pyrénées en 1933 ». (Les cent pages de Dralet sur les forêts et la *tâche immense qui reste à l'administration forestière* : à lire.)

Palassou : « la destruction des forêts rend les inondations chaque jour plus désastreuses ». (Mais que Toulouse et la plaine soient enlevées par l'inondation, voilà qui le laisse froid, le pasteur pyrénéen ! Comment remonterait-il à la cause ? même quand il se fait emporter par l'avalanche, ou sa grange par le torrent, il ne comprend pas pourquoi !)

Et ainsi de suite. Melling, Chausenque, déplorent le déboisement, l'œuvre dévastatrice des forges à la catalane. C'est unanime.

Mais voici le code forestier : essai de répression. Alors c'est la révolte : l'insurrection des Demoiselles....

Et puis ce sont les touristes déplorant la dévastation de l'Andorre ; Schrader, Belloc, celle des forêts espagnoles....

Mais nous avons l'administration forestière ?

Les forestiers, certes, éminemment sympathiques : on les voit à Barèges, on les voit à Péguère, on les voit à Laou-d'Esbas près Luchon,... comme ils travaillent ! comme ils reboisent ! La forêt est sauvée, c'est une croyance générale.

Eh bien, non ! répond dans un article décisif (*Revue des Pyrénées*) un forestier qualifié : de Gorsse, — et il révèle la vérité. L'œuvre forestière : trompe-l'œil, mystification. Non de la faute des forestiers ; mais ils ne sont pas armés, et n'ont pu obtenir ce qu'il fallait. Le reboisement est resté facultatif, non obligatoire. Dès lors, dans le xixᵉ siècle la dévastation a continué : le Gers s'est vu diminué de cinq mille hectares de forêts défrichées....

Stupéfaction ! Mais oui, c'est ainsi.

Et alors — dans un article du *Bulletin Pyrénéen* (de
1901 : R. M. *Pour les Pyrénées*), autrement vif et éloquent
que tout ce qu'osent dire les forestiers — la vérité crue ,
l'idée pyrénéenne en matière forestière au début du
XXe siècle :

« L'habitant des Pyrénées n'aime pas ses montagnes, et
ne les aimant pas, n'en a point souci et les dégrade sans
remords.

« Les forêts sont exploitées à outrance, les habitants
dévastent les bois à leur portée, le pyrénéen a horreur de
l'arbre et le supprime par tous les moyens connus, le feu au
besoin. A une heure de Pau le flanc Ouest du Rey a été
incendié récemment, vis-à-vis le Rey les sapins d'Izeste ont
brûlé en grand nombre. Dans la vallée d'Aspe les hêtres qui
dominaient la gorge d'Escot ont disparu ; les rochers
affleurent maintenant, se désagrègent, roulent en projectiles
dangereux. Non loin de Cauterets le feu a été mis vers
Mièjebaigt, et de magnifiques sapins d'abord, des pins
ensuite, ont brûlé sur toute l'arête de Viscos et même jusque
sur le flanc Ouest de l'Ardiden. Les Espagnols ne nous sont
pas inférieurs en matière de destruction. Dans la vallée
d'Arrasas, au premier plan du Cotatuero on a sous les yeux,
hélas! un vaste bois de pins converti en une réunion de
poteaux carbonisés.

« Les plus humbles plantes ne sont pas mieux protégées.
Le rhododendron : on en brûle des hectares pour se
divertir. L'edelweiss s'épuise, l'arnica est devenu presque
introuvable. Les municipalités de Bigorre cèdent le droit
d'exploitation des gentianes : ce droit consiste à tout arracher ; on emporte tout, racine et terre végétale..., pour faire
des apéritifs....

» Le pyrénéen? — destructeur de plantes, destructeur de
bêtes. Le bouquetin a disparu, l'isard diminue et à bref
délai disparaîtra.... »

Et comme remède, pour habituer le pyrénéen à ne pas saccager sa montagne, appel à l'administration.

C'est le mot d'Young : « Et en tout il n'y a qu'une chose, c'est le Gouvernement ». Et dans les infiniments petits. Pas de Gouvernement, plus de gibier, plus de poisson ; pas de Gouvernement, plus de rhododendrons, plus d'arnica, plus d'herbe. — Pas de Gouvernement, le régime torrentiel, l'inondation, le désastre.

Mais — reprennent les forestiers — entre le Gouvernement et la forêt, l'obstacle : cinquante ans de parlementarisme. La population hostile comme au temps de Froidour. L'idée forestière aujourd'hui, dans un pays comme Massat, est à peu près la même que l'idée... de l'insurrection des Demoiselles. Hostilité des populations, sinon ouverte, du moins sourde. Dans les Pyrénées Orientales, en 1898, le jury d'expropriation, ayant à statuer sur des terrains sans valeur à prendre en montagne par l'administration forestière pour être reboisés, refuse même d'examiner et alloue sans voir *quatre mille francs l'hectare*. La décision peut être cassée, et le prix de l'hectare est alors ramené à la somme encore exagérée de *deux cent trente-six francs*. C'est à lasser le Gouvernement.... Entre le Gouvernement et la forêt, quelqu'un de plus fort que lui : l'électeur....

Un forestier pyrénéen, L. A. Fabre, s'est fait lui aussi l'apôtre ardent et tenace de *L'Idée forestière sur le versant Nord des Pyrénées* (*Bulletin Ramond*, article essentiel, et vingt brochures éparses). L'idée : le rôle protecteur joué par l'armature forestière du sol et par l'armature végétale ; l'action *régulatrice*. L'idée : la restauration des forêts, des pelouses, des taches sous-arbustives et buissonnantes. L'idée : le danger est né depuis le premier incendie pastoral. L'idée : la législation est impuissante, — notamment contre le ruissellement. L'idée : les Pyrénées se reboiseraient d'elles-mêmes dans cinquante ans si on les abritait du troupeau, — en fait, elles perdent par siècle la moitié de leur surface boisée. Dans quarante-cinq ans, plus de 60.000 hectares de forêts communales non soumises au régime forestier, ou particulières, auront succombé sous l'inlassable assaut pastoral ! pendant ce temps on espère avoir reboisé 25.000 hectares. « Un fils de famille qui géreraitainsi son patrimoine serait vite pourvu d'un conseil judiciaire ».

En somme, partie perdue. Parce que guerre mal faite, réduite à la défensive; il faut l'offensive, envahir et reprendre du territoire actuellement non boisé. On y viendra forcément.

Partie perdue sous un aspect, mais qui peut comme Marengo se regagner sous un autre.

Changez l'étiquette : la lutte forestière devient la lutte pour l'eau (*La lutte pour et contre l'eau, sa physionomie dans la Gascogne pyrénéenne*, par L. A. Fabre. Bordeaux, Gounouilhou, brochure).

L'idée forestière et ce qui s'ensuit, vains conseils.

Jusqu'au jour où l'eau, la houille blanche, deviendra matière de salut public, aussi essentielle que le télégraphe et le chemin de fer d'aujourd'hui. Or, on a beau être électeur, nul ne peut couper les poteaux de télégraphe pour se chauffer, enlever les rails pour avoir de l'acier, ni simplement pénétrer sur une voie ferrée. Un jour l'eau — donc la végétation — sera d'une nécessité si draconienne que des règlements draconiens protègeront jusqu'au brin d'herbe. Le rhododendron et la gentiane seront aussi officiels que le tabac, aussi intangibles que l'eau de mer. On ne pourra même pas entrer dans la forêt, pourvue elle aussi de gardes-barrières. Les pasteurs s'habitueront de gré ou de force à respecter les forêts, comme les citadins respectent les squares, et ils finiront par trouver très naturel de ne plus pénétrer dans le domaine de l'énergie nationale....

XXXI

PROTECTION DES PAYSAGES (L'AIR DE *GRÂCE*).

— *Voyez-vous,* — disent, cent quinze ans après Dupont
et Dusaulx, les pyrénéistes, — *elles sont finies, les Pyrénées
françaises, avec cette rage de les organiser, de les tri-
poter, avec cette idée fixe de l'exploitation à la Suisse!*

—*Les Suisses!* dit d'Astorg, *ils ont déjà réussi à rendre
les Alpes insupportables. Nos populations, encouragées
par le C. A. F., sont en train de gâter de même les
Pyrénées françaises, encore si jeunes, si fraîches, si
paisibles en bien des points. Quoi d'étonnant que certains
montagnards se sentent attirés vers l'autre versant....*

— *Les montagnards? laissez-moi rire. Ce qu'on s'en
soucie! Petits clients! Le client, c'est la bande, la caravane, les cook's, les scolaires, les yahous.*

— *Et voici le Club Alpin qui donne dans l'enfantillage
d'une devise : « Pour la Patrie, par la Montagne »....*

— *Ça devait arriver : il tournait autour depuis longtemps. Très Michel Strogoff. Et en même temps qu'une
devise c'est un laïus....*

— *Tout ceci, c'est Victor Hugo prévoyant Biarritz-
ville, avec des maisons à six étages....*

— *Russell avec le pressentiment d'une Sibérie ayant
perdu son caractère....*

— *Loti pleurant « sur son Tahiti gâté par ceux qui
traînent partout leur personnalité banale,... la civilisation
y est trop venue aussi »....*

— *Les critiques appelant la foule à Bayreuth : « eh!
c'est là qu'il faut aller, tas de bourgeois! » et, la foule
s'étant précipitée, les mêmes critiques gémissant : « Bay-*

reuth ! mais c'est odieux à présent que vous y allez, tas de snobs !... »

— Bayreuth, Wagner, leitmotiv. Aux Pyrénées le leitmotiv a été pour chaque site rare, sur chaque sommet : « En Suisse il y aurait là un bon hôtel !... »

— Qui a plus usé de ce leitmotiv que Russell, ennemi de la cohue, mais commandé par la faim et le sommeil ?...

— Et partout les articles : « Guides et hôtels, ou l'industrie des hôtels de montagne.... »...

— Hélas !

— Et rien à faire !....

— Une société ou une ligue pour la protection des paysages....

— Avec un certain nombre de « secrétaires généraux » à rubans violets ? Non, rien à faire que de regarder avec un impassible fatalisme. C'est l'inévitable. Quarante mille pages de littérature pyrénéiste depuis 1787 se résument en trois mots, « venez aux Pyrénées », qui se condensent en un: « vulgarisation ». Vulgarité. C'est fatal....

—L'inéluctable désagréable. « Frères, il faut mourir. »...

— Vouloir l'empêcher est d'une philosophie médiocre; le subir — oh, sans entrain ! — voilà le sage. Mais en avoir hâte ! Ces mouches de coche, ces appeleurs de foule, cette soif de vulgarité, et cette presse de voir la montagne enfin mangée aux foules, comme le cadavre aux vers ! La foule, horreur qu'on subit !... C'est fatal...

Et voici cependant que des passionnés de la montagne, désespérés, essaient de sauver du désastre quelques bribes. Faire leur part à Perrichon et à Tartarin et réserver celle du vrai montagnard et des poètes. Les pointes des sommets.

Vallot n'admet le futur chemin de fer du Mont-Blanc que si la montagne reste vierge à partir des Rochers-Rouges (évidemment, pour déboucher au sommet on lui demandera la permission) : « si peu que ce soit c'est toujours la préservation des hautes cimes ».

Et Schrader (dans sa conférence de 1878 sur la beauté des montagnes) essaie, lui aussi, de sauver ce qui en reste, de la montagne !

Encore une tempête sous un crâne.

Comme il est à la tête du Club Alpin, il est bien obligé de transiger d'abord et de commencer par quelques concessions, de vouloir la montagne accessible à tous, aux caravanes — qui après tout, dit-il, ne laissent pas de trace (une fois passées on en est débarrassé), — à la femme, au vieillard, à l'enfant. — Va donc à la rigueur pour les refuges.

Mais l'inquiétant, c'est ce qui demeure, c'est la construction. « *Le funiculaire, cela devient grave....* »

Et ici un poignant *Stabat Schrader dolorosus.*

Désespéré, lui qui a si merveilleusement senti la montagne, il se débat dans l'agonie, il cherche à gagner du temps, comme le condamné à mort qui cherche à se prolonger de quelques minutes....

« *Les hautes cimes, n'y laissons pas toucher !* (Vos moyens de coercition ?) *Qu'elles soient sacrées, elles appartiennent à l'humanité !* » (Mais l'humanité c'est tout le monde, les imbéciles, les culs-de-jatte, les caravanes ; chacun « a droit », eût dit Victor Hugo. A chacun sa part intégrale. C'est démocratique).

Et il poursuit avec la passion ardente de la montagne :

« *S'il s'agit de culte, qu'on y apporte le sentiment du culte, que tout y soit fait avec respect sans toucher à cette beauté sacrée... qui souvent ne sert que de prétexte. Que les hôtels reculent en contre-bas de la cime, que le sommet soit toujours respecté comme un lieu saint. — Notre collègue Gabet, au dernier banquet annuel, déplorait la construction lamentable d'un hôtel sur le Gornergrat. —*

*Ah comme il avait raison! gâter un lieu admirable
parce qu'il est admirable, prendre prétexte de la beauté
pour la détruire....* »

Puis accablé et vaincu, il retombe :

« *Je ne songe pas à protester, cela ne servirait à rien.
A quoi bon s'insurger contre l'inévitable?...* » Si ce n'est
pas le funiculaire, ce sera la navigation aérienne, trans-
portant les foules sur les hauts sommets. « *Alors, une fois
de plus, que signifiera tout ce que nous avons dit de
silence, de solitude, et d'émotion religieuse?...* »

Un dernier sursaut encore, effort convulsif du noyé, et ce
cri éloquent et désespéré :

« *Et pourtant, non, cela ne peut finir ainsi!... Au nom
de la montagne même, mettons le tabou sur les hautes
cimes. Que celles-là au moins soient réservées à la solitude, qu'elles restent des sources de vie supra-terrestre,
des lieux saints où l'on regardera l'infini et l'éternel face
à face, où l'on comptera dans le silence les battements de
son cœur, où l'on sentira le contact des astres à travers
le gouffre noir de l'espace. Je ne ferai même pas exception
pour les observatoires, bien qu'ils puissent arguer de leur
caractère de temples, eux aussi, et je leur demanderai
de se placer respectueusement à quelques pas de la cime,
laissant le point suprême intact, afin de n'en pas chasser
le frisson sacré qu'on ne trouve que là....* »

XXXII

PYRÉNÉES-BUSINESS.

... Une formidable clameur, partie des Pyrénées, interrompt.

Clameur de moquerie et de rage.

« *Tabou!* vous nous la donnez bonne ! Et qu'est-ce qu'il *veuttt,* celui-là, *avé* son *tabou ?* Que les hôtels reculent ? Par *edzemple !* Il veut donc nous empêcher *de nous gagner la vie ? Tabou !* Nous en mettrons *partouttt,* des hôtels ! Eh bé, *tabou ! Tabou :* biettase ! Té, té, tu vas voir, avé les *synnndicats d'initiative !....* »

Syndicat d'initiative. Tarte à la crème. Prétexte à dignitaires, à secrétaires visant les palmes — et agence de publicité, de réclame, et de vulgarisation quelquefois vigoureuse.

Syndicat d'initiative : partout ! partout !

Syndicat d'initiative ! un de ces mots magiques qui empaument une génération ; comme *solidarité* ou *arbitrage international.*

Syndicat d'initiative : on peut n'y pas croire, mais il faut en être. Tout le monde en est. Le préfet en est, le maire en est, le recteur en est, le général en est, l'évêque en est.

Malheur à qui n'en serait pas. Il passerait pour l'organisateur de la famine.

Car par les syndicats d'initiative, en effet, il est établi que la richesse va venir.

Au moment précis où il est démontré que les Pyrénées ne sont pas les Alpes, les syndicats d'initiative vont en faire la Suisse.

Et qu'est-ce que la Suisse ?

Un pays où il va des torrents de monde, qui font couler des torrents d'or !

Être la Suisse, c'est, après le *Righi français,* le *funiculaire de Superbagnères,* les *sanitaria,* la *cure d'air,* etc., la suprême turlutaine pyrénéenne.

Genre monologue de Charles Quint dans *Hernani :*

> *.... Être la Suisse.... O rage ! ne pas l'être...*
> *Si je l'étais !!!...*

Officiellement, le langage des syndicats d'initiative est

convenable. Nous avons vu le syndicat des Hautes-Pyrénées, le plus fortement constitué présentement, distribuer
des prospectus à photos fort bien faits. L'Ariège fait de
même, et Amélie-les-Bains, et Carcassonne, etc.

Mais c'est dans l'intimité des conversations qu'il faut
saisir la naïve rapacité du but et la crudité des termes.

Ne dites pas que tout vient à son heure, qui doit venir :
chemins de fer électriques, développement de Cauterets,
Luchon, Lourdes, Biarritz....

Il s'agit, avec les syndicats d'initiative, de faire «suisser»
tout, instantanément, et à la fois partout.

Les médecins déjà, rêveraient de discipliner et exploiter
le malade à l'allemande.

Les populations rêvent d'exploiter le touriste à la suisse.

« *Tenez* », répètent (causeries au café, en faisant la
manille) les méridionaux excités par des brochures incen-
diaires : « *tenez! vous y avez Trutattt, dans* le Tourisme
en montagne : *il a dittt : « draînons l'or ! » Et il raconnte
qu'en Suisse, vous y avez un cannton où il vient tann de
monnde, qu'ize* (ils) *ne peillent plus l'emmpôt!...* »

Propos perturbants et pour affoler.

Sur ce le Midi se lève. Le Midi bouge. Et même il se
synndique, et de plus il se fédère ! Nos méridionaux prennent
des airs de dévorants. Ils posent pour le propos cynique
(prenez le *Bulletin Pyrénéen*, passim, conversations). Ils
font à froid la théorie de l'écorchement: les Pyrénées exploitation de rapport, sur le client vache à lait. Qu'un or impur
abreuve nos sillons. Sillons? pas même : on n'aura plus
besoin de labourer....

Mais pour être cynique il faut avoir l'accent du Nord.
Avec l'accent du Midi, le cynisme lui-même prend une
teinte de bonenfantisme, et n'est que candide.

Avec l'accent lisez, plein la bouche :

« *N'arons-nous pas sous les yeux la Suisse?..*,

» *Les Suisses ont utilisé la valeur industrielle de la Yungfrau!!*

» *Ce que nous admirons dans la Suisse, c'est l'industrialisme de tout un peuple, sous toutes ses formes, y commpris le truquage, indispensable à la grannde masse.*

» *Une formidable clientèle vient payer à la nature sonn tribut d'admiration, et la note aux naturels... »*

(Coquinns de méridionaux, sont-ils forts !)

« *On ne résiste pas à un courant pareil. Il faut le prenndre avé ses défauts et ses qualités, et si l'on veut en profiter, le diriger.... »*

Oui, et comment le diriger ? Oh le pyrénéen serait naïvement coulant sur les moyens et l'odeur de l'argent. Il n'a pas de préférences. Quelle est la pierre philosophale ? Est-ce le phtisique ? On mettra toutes les Pyrénées en sanatoriums pour tuberculeux. Le joueur ? Partout des tables de bac. Les petites *fames* ? On les accueillera. Ou bien des pèlerins si on doit y avoir plus de *profitt*.

Ne pas laisser *déprofiter* les Pyrénées. Hypnotisme ! la Suisse toujours. De plus en plus les cervaux s'échauffent, et la brutalité des propos augmente. Cent ans après l'appel aux Pyrénées — de Ramond sur le Piméné — la littérature pyrénéiste en vient à une dernière forme, sarabande ou cake-walk final, à l'argot. Le touriste est un simple « pante » à qui il faut prendre sa « galette ». Mais encore une fois, l'accent méridional change cela en une musique :

« *Sann doute, ce n'est pas sann quelques regrets que nous jetons les yeux en arrière. Mais la Suisse gagne un demi-milliard par an avé son commerce d'alpinisme sportif, baladeur et médical... »*

(Oïe ! quelle lanngue !)

« *La France y contribue pour un bonn tiers.*

» *C'est une dérivation du Pactole national ».*

Ramenons-le aux Pyrénées, ce *Patole*. Oui, et comment?

La première idée, pour faire des Pyrénées la Suisse, serait d'entreprendre de gigantesques travaux de terrassement : rehausser les pics à quatre mille, creuser des lacs de Genève. C'est bien compliqué. Le méridional, qui a la foi, n'en demande pas tant. Il n'y a besoin de rien. « *Nous avons la route thermale, cela suffittt !* »

N'essayez pas de faire comprendre que le mérite des Pyrénées est précisément de ne pas être la Suisse! pas cohue, pas cosmopolites, mais françaises, exploitées modérément à la française, avec des habitudes françaises; que les petites tables de Sacaron ou le dîner chez Arnative sont d'une civilisation cent fois plus affinée que toutes les tables d'hôte des caravansérails suisses....

Ta, ta! Il ne s'agit pas des affinés, il s'agit de masse. « *Nous enverrons les gens à l'école d'Ouchy-Lausanne se former au métier d'hôtelier.* »

N'objectez pas que le vrai garçon de restaurant français est mille fois supérieur au petit baragouineur de quatre langues des hôtels suisses....

« *Voyez dans la salle à manger en Suisse : les pensionnaires dès l'entrée sont agréablement impressionnés par la vue de vingt-quatre femmes en costume bernois qui vont amener le service !* »

L'idéal aux Pyrénées : un bouillon Duval servi par des cascarotes?

Et le ton monte, monte, s'exalte, mégalomane :

Plus de rivalités entre stations. Que Luchon ne se croie pas supérieur à Carcanières. Ou du moins qu'il s'abstienne de le dire. Il ne faut pas se débiner les uns les otres. Tout se tient. Le bloc pyrénéen. Synndiquons-nous, fédérons- nous, formons la FÉDÉRATION DES SYNDICATS D'INITIATIVE !

Et alors, manifestation ultime du pyrénéisme, chœur

final, et cent quinze ans après la mentalité de Dupont et Dusaulx, l'aliénation mentale :

« *Nous avonns un grannd avanntage sur les Alpes : au lieu d'une série de massifs nous n'en avonns qu'un !*

» *A quoi bon se le dissimuler? le touriste est un client et l'exploitation du tourisme un commerce comme un autre. Soyons donc de notre temps et faisons aux Pyrénées* LE TRUST DU TOURISME... »

Quand *ils* sont dans cet état, disait Sarcey, il ne faut pas les contrarier.

VINGTIÈME SIÈCLE

I

TROISIÈME DÉCOUVERTE DES PYRÉNÉES. — SUITE.

Mais avant que les Pyrénées soient la Suisse il coulera de l'eau dans les gaves.

Fait remarquable : les Pyrénées sont moins usées que la Suisse. Parce que pas cosmopolites, encore une fois : françaises ; le Français y est chez lui, c'est le charme. Parce que pas outillées pour la cohue. Quelques points certes, gangrenés, d'autres semblant promis à la plus sordide vulgarisation. Gavarnie n'échappera pas au petit électrique et au grand hôtel. Et il suffira de prolonger la route de voitures pour que le lac de Gaube en août soit ce qu'est la vallée du Lys : le pont de Suresnes et ses restaurants à l'heure des noces.... La vallée du Lys, elle, vouée bientôt au tramway et à l'hôtel, et déjà livrée par les communes propriétaires à un tenancier d'auberge, grevé d'un fort fermage, nanti, pour se refaire, du « droit de gouffre » — ce droit féodal est exquis, ô nuit du 4 août ! — et ayant pris sur lui de décider que nul, même ayant acquitté le droit de gouffre, ne verrait plus l'eau se précipiter sous le pont Nadie, et apposant audit pont des

écrans de bois qui suppriment toute vue.... Opprobre : la
vallée du Lys en est là.

Mais — contrepartie — plus la foule augmente plus la
saison rétrécit : 25 juillet, personne encore ; 1ᵉʳ août, on
refuse du monde ; 16 août, premier départ ! 1ᵉʳ septembre,
le désert. Pour dix mois les Pyrénées — si vous en avez la
passion — vont être pour vous seul. Dix mois sans yahous.

Laissez le pont de Suresnes du samedi aux noces, laissez
les Pyrénées d'août aux baigneurs.

Août, le mois déneigé !

A vous, si vous le voulez, l'Himalaya des Pyrénées
d'hiver. A vous les splendides Pyrénées de mai, juin,
juillet !

Et que de points superbes, dans les Pyrénées, resteront
invulgarisés parce qu'ils ne rapporteraient jamais l'intérêt
d'une organisation. Une hourquette Badet peut-elle faire
vivre un hôtel comme en Suisse, à Hospenthal par exemple,
le passage du Gothard ?

Et comme les pics pyrénéens sont de plus en plus
infréquentés ! Trop durs ! Chose étrange, et qui désole ceux
des appeleurs de foules qui sont montagnards : plus il vient
de foule, et moins on va aux pics ou dans les régions un peu
éloignées et solitaires ; dans les fonds d'Aran, par exemple.
La moitié des courses jadis populaires à Luchon sont
abandonnées : des guides, qui n'ont aucun intérêt à varier ;
du public, qui aime les courses toutes mâchées, et surtout
« confortables », avec voitures, etc. Il ne va aux pics qu'à
peine un petit nombre « d'adorateurs zélés ». (Tant mieux !)

[Et puis quoi ? Le grand public n'aime pas le pic. Il parle
toujours d'aller à la montagne, d'aller à la mer ; l'un dit
préférer la mer, l'autre la montagne, et tout le monde ne
jure que par mer et montagne. — Pardon ! — leur fait
justement remarquer Schrader, — vous jouez sur les mots :

quand vous dites : *aller à la mer,* vous voulez dire *aller à la plage,* et c'est tout différent, car de naviguer vous auriez horreur et terreur ; et aller à la montagne, c'est aller au casino et sur les routes de voitures ;… ce n'est pas aller sur la montagne….

Le public a horreur du pic. Déjà bien avant Bertall, en 1828, Arbanère écrit : *l'homme sensible est quelquefois étonné de rencontrer dans un salon des détracteurs de ces grandes et nouvelles scènes des montagnes. Ainsi j'ai vu à Luchon un monsieur D*** professer fièrement l'indifférence et l'ennui pour les Pyrénées, et ne soupçonner que des impulsions frivoles de vanité chez les explorateurs qui s'élevaient dans les hautes régions.* Et, chez « ces zoïles de la nature », Arbanère aime encore mieux « la franchise cynique qu'un feint enthousiasme… »

La franchise, la voulez-vous, soixante-treize ans après Arbanère ? Prenez *Octave Mirbeau : Les Vingt-et-un jours d'un neurasthénique* (Charpentier 1901) : un roman qui se passe évidemment à Luchon. Lisez ceci, c'est humoristiquement franc :

« *L'été, la mode, ou le soin de sa santé, qui est aussi une mode, veut que l'on voyage. Il faut à une certaine époque de l'année quitter ses affaires, ses plaisirs, ses bonnes paresses, ses chères intimités, pour aller, sans trop savoir pourquoi, se plonger dans le grand tout…. Cela s'appelle un déplacement, terme moins poétique que voyage, et combien plus juste….*

» *Donc je voyage, ce qui m'ennuie prodigieusement, et je voyage dans les Pyrénées, ce qui en change en torture particulière l'ennui général que j'ai de voyager. Ce que je leur reproche le plus, aux Pyrénées, c'est d'être des montagnes…. Or les montagnes, dont je sens pourtant aussi bien qu'un autre la poésie énorme et farouche, symbolisent*

*pour moi tout ce que l'univers peut contenir d'incurable
tristesse, de noir découragement, d'atmosphère irrespirable
et mortelle. J'admire leurs formes grandioses et leur
changeante lumière.... Mais c'est l'âme de cela qui m'épouvante. Il me semble que les paysages de la mort, ça doit
être des montagnes et des montagnes, comme celles que
j'ai là sous les yeux.... »*

Alors, c'est une rage — très franche, certes ! — contre la
ville d'eau ; — une ville où il n'y a que des hôtels, semblables
à des asiles d'aliénés, surbondés de monde laid, de cette
laideur particulière aux villes d'eaux ; et au fond d'un trou,
l'établissement thermal qui date des Romains, avec une
ignoble odeur d'hyposulfite qui circule parmi les platanes ;
et la montagne en face, et la montagne derrière, et la
montagne à droite et à gauche, avec des lacs. Si la montagne
est sinistre, que dire de ces lacs ? — oh, ces lacs ! Et tout
cela, prétexte à réunir d'insupportables collections d'humains ! Et la conversation sur la terrasse de l'hôtel : le
monsieur bruyant qui cause : « *les ascensions?... eh bien
quoi, les ascensions?... je les ai toutes faites... et sans
guide! Ici c'est de la blague. Les Pyrénées, ça n'est rien
du tout...* », et la musique des tsiganes interrompt, car il y
a des tsiganes. Et la nuit, l'enlèvement clandestin et macabre
des malades décédés: on ne doit pas mourir, aux villes d'eaux !

Mais il faut marcher, a dit le docteur (la marche en
montagne). Mais où marcher, vers quoi? Et le neurasthénique marche, marche encore, la vallée devient couloir, le
couloir devient fente ; pendant des heures une muraille
suintante, glaciale ; un petit torrent ronchonne à gauche : il
est agaçant, le petit torrent. Ah ! un pont, enfin. Cela va peut-
être changer ! Et en effet, à présent la muraille suintante est
à gauche, et c'est à droite que ronchonne le petit torrent. Et
c'est la « rue d'Enfer », le « Trou du Diable », la « Porte de
la Mort », et ici périrent neuf chaudronniers....

— Mais les sommets... les sommets? Je veux atteindre les sommets !

— *Il n'y a pas de sommets,* répond le guide. Et il a raison. Il n'y a jamais de sommets. Quand on croit avoir atteint un sommet, on est encore dans une prison : devant soi les murs plus terribles, plus noirs, d'un autre sommet....

Et pris par la « phobie » de la montagne, le neurasthénique ne quitte plus le jardin de l'hôtel. Alors il est pris par « la mélancolie des villes d'eaux ». Alors il va au Casino, *hélas!* en criant :

— *Ah! ne plus voir de montagnes!... Des plaines, des plaines, des plaines!*]

Et puis il y a l'Espagne ! l'Aragon! Et durable ressource, l'Espagne, rebelle à la vulgarisation pour un siècle au moins. Il est bruit cependant d'un tramway Luchon-Vénasque — auquel cas Vénasque deviendrait un but aussi stupide que Bosost.... Mais il passera de l'eau dans les barrancos avant qu'il y ait le funiculaire des Batans, le tunnel héliçoïdal du Posets et l'électrique des Encantades.

Et au total, il y a place encore, au xxe siècle pour une nouvelle découverte des Pyrénées.

Découverte non de fait — mais renouvellement par la sensation.

C'est à la centième que Russell a pris le Néthou : rappelez-vous ce qu'il a su faire des Monts-Maudits !

S'il est possible de renouveler à une centième, quelles surprises de renouvellement réserve le pyrénéisme du xxe siècle !

De ce renouvellement nous allons continuer à saisir le début.... D'autres générations connaîtront la suite....

II.

ALBERT CADIER. — AU MONT-PERDU.

Tout est possible. La grande époque, l'époque de la Pléiade par exemple, a commencé par un « Seul au Mont-Perdu », morceau admirable du jeune Russell.

Si le pyrénéisme du xxe siècle allait ouvrir par un « Seul au Mont-Perdu », d'un jeune encore ? Et, bien entendu, absolument différent, forme et fond. Jadis par le Nord et par un temps de perdition. Aujourd'hui par le Sud et par la lumière radieuse ?

Dans le *Bulletin Pyrénéen 23* de 1901 :
De la vallée d'Aspe au Mont-Perdu. Signé : Albert Cadier.

Cadier : nom déjà connu en pyrénéisme.

Dans le catholique pays d'Aspe, les faits historiques ont amené la constitution d'un noyau protestant, au village d'Osse.

Le pasteur Albert Cadier y est aujourd'hui depuis un tiers de siècle. — Frère de Charles Cadier, sorti du Val de Grâce, et mort à trente ans, qui dans le *Bulletin Ramond* de 1877, écrit *D'Eaux-Bonnes à Pampelune par le pic d'Anie*, course faite avec André Lebon, vingt-sept heures sans trouver une goutte d'eau, descente du pic d'Anie sur Izaba. Frère aussi de Gustave Cadier, pasteur dans le Tarn, qui dix ans plus tard, donne au *Bulletin Sud-Ouest* de 1887 *Des Eaux-Bonnes à Pampelune par Estaens*, etc. — Lui même en 1878, avec Lourde-Rocheblave, de la seconde ascension du Bisouri.

Ses cinq fils, en 1900 échelonnés entre vingt-six et dix-huit ans, ont été physiquement élevés comme jadis Russell, à « bondir comme des chamois dans les belles Pyrénées », dans le triangle de belles Pyrénées compris entre pic d'Ossau, Collarada et pic d'Anie, c'est leur domaine. (L'aîné, George, en prépare même une carte et un plan en relief.) Les frères Cadier sont là chez eux, jeunes montagnards agiles, hardis, — et tout imprégnés de la lecture de Russell.

C'est le troisième frère, Albert, vingt et un ans, étudiant en théologie, dont nous allons suivre le récit. Sept pages, pas plus : extra-rapides, originales.

Et formant deux parties contrastantes.

La première, dans l'allure ultra moderne, de toute vivacité, en livret de pantomime.

13 août 1900, Osse, une heure du matin, beau clair de lune : dans une nuit douce, le jeune montagnard se met en marche, le cœur content, plein d'espérance. 5 h. 30, il franchit le col d'Izeye et descend à toute allure ; les sources chantent dans la nature qui s'éveille. 9 h. 30, il quitte Gabas. Il passe le col de Peyrelue, il entre en Espagne, midi : la lumière est intense, tout est désert, brûlé ; de grands pins au loin, et de grands rochers, Anayette, Collarada, Tendénère ; plus près, l'enveloppant, d'immenses pâturages desséchés par endroits, des ravines, des crevasses, un atroce rayonnement de chaleur. Il gagne la grande route poussiéreuse. Les carabineros le fouillent : gestes. Il est pressé : il repart. Prairies. Sallent, joli village, confluent du Gallego et de l'Agua Limpia, accueil avenant, 2 h. 20. Il achète des alpargates, et plus rapide laisse derrière lui les kilomètres de la route poudreuse. Chaleur de plus en plus accablante. Lanuza. Tunnel. Escarilla est à trente-cinq minutes : il a l'idée de raccourcir en se mettant à l'ombre et au frais : il entre dans la forêt. Mais les pins surchauffés

sont autant de réchauds sur sa tête et autour de lui, et le
sentier s'efface. Il se perd, se surmène, s'angoisse. L'atmosphère lourde, pleine d'électricité et de flammes, le fatigue
plus que tout. Deux heures d'efforts. Il se dégage de la forêt ;
le Gallego forme un bassin limpide, il s'y plonge avec
délices : détente de toutes les énergies tendues et des muscles
irrités. Escarilla : aires où les mulets écrasent le seigle, rues
antiques et montueuses, jolis minois de femmes aux yeux de
rêves. 6 heures, il pénètre dans Panticosa : la fonda indiquée
par Wallon est en ruines ; à une maison bourgeoise apparaissent deux vieilles femmes édentées, elles lui ferment la
porte au nez ; il a l'idée de monter aux bains de Panticosa et
au moment précis où il arrive sur la route, passe devant lui,
rapide comme l'éclair, le courrier des Bains, emportant
dans un tourbillon de poussière son dernier espoir. Cependant la Providence veille sur lui : voici d'excellentes gens
qui le logeront et le nourriront. Mais quel gîte ! Dès le réveil
il règle et s'enfuit à toutes jambes.

A cinq heures du matin il quitte Panticosa, la journée
s'annonce magnifique. 8 h. 30, il est en présence du cirque
de Tendénère, la vue est grandiose. La montée longue,
pénible. Il saigne du nez ; il fait très chaud. Col de Tendénère, 10 h. 30 : il aperçoit dans l'azur du ciel la cime souple
et merveilleusement pure du Mont-Perdu ; son cœur bat
plus vite dans sa poitrine ; le Tendénère a perdu le prestige
qu'il avait, vu d'en bas. Sans s'attarder il descend dans le
val d'Otal : flore variée, sources abondantes et glacées. Il
arrive au bord du rio Ara ; baignade exquise, il se débarrasse
des derniers vestiges de son séjour à Panticosa. A midi 30 à
Bujaruelo ; il voit un pont ravissant sur le rio Ara. Il déjeune
et ne se méfie pas assez du gros vin espagnol qu'on lui sert
à profusion. 2 heures, il repart, sous le soleil qui tombe
comme du plomb fondu il marche à la dérive bien que
rapidement : la gorge est splendide. Il est au pont des

Navarrais. Il entre dans Arrazas. Il se trompe de chemin, et prend trop à gauche. Chaleur équatoriale. Marche éreintante sous des pins. Il a la tête en feu. Il comprend qu'il est temps de s'arrêter. Il a dépassé la casa d'Ordéça. Il avise dans un champ de seigle une cahute sans porte : il est 6 heures. Aux derniers feux du soleil il sèche ses vêtements trempés de sueur. Ramassant force gerbes de seigle, il s'en compose un matelas de sybarite ; 7 h. 30, il s'endort profondément. 1 h. 30 du matin, bruit ; il se glisse à l'entrée de sa cahute, chuchotement de voix : les propriétaires du champ viennent ramasser leurs gerbes.... En tapinois il rassemble ses affaires, et avec promptitude, comme l'apparition d'un diable, sort de sa cachette et disparaît. Péniblement, engourdi par le sommeil et la nuit, il s'élève par le chemin qui serpente entre les sapins et les hêtres. Il bute sur les souches dissimulées dans l'ombre. Il contourne des troncs démesurés. Au bout d'une demi-heure le chemin se perd et lui aussi : à droite le torrent mugit, derrière, la forêt silencieuse sommeille. Il descend vers le torrent : en un vacarme effroyable tombe une nappe d'eau écumante. Avec prudence il se penche vers le gouffre et étanche sa soif. A la fraîcheur, à la saveur voluptueuse de l'eau, un éclair lui traverse l'esprit : il s'est trompé de route, il s'est perdu, il s'est engagé dans le Cotatuero, le sphynx que l'on franchit ou qui vous tue.... Impossible de se risquer dans la nuit. Il avale une bouchée et redescend. Il retrouve la forêt, le sentier ; la lune vieillotte a cessé d'éclairer, il avance difficilement. Frémissement de la forêt, bouffées d'air qui brisent les rameaux et s'évanouissent, faisant plus pesante la solitude.... Il monte, la vallée se resserre, le torrent d'Ordéça mugit au pied d'une muraille en surplomb : c'est la Cueva. Tout à coup, l'abîme : le chemin emporté s'est écroulé dans le vide. Où passer ? A gauche, une paroi d'apparence inaccessible, à pic de quinze mètres semé de

maigres buissons et de racines d'arbres. Contorsions
clownesques, pierres croulantes, renversement sur les reins,
mains crispées autour de quelque vieux bois, sac bien
encombrant. Il est au sommet de la muraille, il regagne le
torrent qui borde le sentier, et bientôt s'arrête pour refaire
ses forces. Il fait jour.

Il fait jour et le Mont-Perdu a surgi....

Le Mont-Perdu a surgi : coup de théâtre. Coup de
cymbales. Le récit évolue : deuxième partie, au vif mono-
mime succède l'émotion intense.

« Les trois sœurs se teintent de rose ; leurs glaciers, dans
l'ombre, d'un gris pâle, font ressortir encore davantage la
magnificence de cette clarté aurorale dont les ondes
magiques provoquent des tressaillements d'âme. Il est des
visions qui étonnent, qui stupéfient, secouant le spectateur
d'une commotion telle que son ravissement se répand en
larmes de joie. Je suis ébranlé de la sorte. Et mon émotion
monte dans le ciel bleu en chants d'allégresse et en cris de
triomphe : je suis heureux de vivre.... »

(Le voici encore, le cri des pyrénéistes : *heureux de
vivre !* Ivresse. Magie des Pyrénées. Attraction du Mont-
Perdu. Quand il vous a saisi *il n'y a plus que lui dans
tout ce qui mène à lui,* s'écriait Ramond. Et un siècle après
Ramond rien n'est amorti.)

Le jeune homme s'arrache à cette contemplation. Il gagne
la roche à droite, il s'élève par une marche « ingrate »; il
se tord un pied, peu importe. Bref, il escalade le fond
d'Ordéça. Le voici sur le plateau de Gaulis. « Plus rien ne
me sépare du Mont-Perdu. »

Il y a cinq heures qu'il est parti de son abri. Il mériterait
de souffler un peu. Non, c'est sur les cimes qu'il faut se
reposer. Et pris de la rage guerrière innée en l'homme, du
besoin de vaincre, comme Sigurd lancé à la conquête de

Brunehilde il attaque le pic, droit devant lui. Rude est
l'escalade à travers les rocs calcaires ; la pente est très
forte, la chaleur aussi. Mais la montagne est belle et le but
proche (à trois heures de montée, seulement!) et l'ardeur va
croissant malgré la douleur cruelle de la foulure. A un
moment, huit isards viennent le distraire et s'enfuient vers
l'Est dans un écroulement prodigieux de pierres. A 10 h. 30
voici le petit lac glacé, et en face le col du Mont-Perdu,
région déchirée, hirsute, aride, qui tire sa beauté de son
horreur même. D'un côté le Cylindre écrasant et sévère, de
l'autre le Mont-Perdu dont la croupe svelte et élancée
semble vouloir unir la terre au ciel. Son attrait est irrésistible, et sans perdre de temps le jeune montagnard
s'élance vers la cime que l'azur du ciel semble absorber....
Marche pénible, éboulis ténus et roulants, voici la crête, il
tourne à droite, 11 h. 30, la cime !

Le peu de temps qu'il y passe ne lui permet pas un souvenir détaillé. Seulement une impression, une émotion, un
mouvement de l'âme : le respect craintif de celui qui pénètre
dans un sanctuaire nouveau pour lui. En haut, écrasante par
son immensité, la vastitude infinie du ciel dont les confins
imprécis se noient dans le bleu de la plaine. En bas un stu-
péfiant concours de cimes variées et de parois abruptes.
Pâturages, forêts, torrents, murailles, glaciers tout semble
jaloux de la suprématie du Mont-Perdu et monte à l'assaut
du géant, que l'inaltérable solitude et le silence religieux
des sommets de premier ordre garantissent de tout
sacrilège.

*« Cette quiétude, cette sérénité du Mont se communique
à mon âme. Mes passions se taisent, mon ambition est
satisfaite, j'ai atteint le but. Pour cela j'ai combattu, j'ai
vaincu maints obstacles. — Et je pensais que telle devait
être la joie de l'âme victorieuse lorsque, au déclin de la
vie, elle contemple le chemin parcouru et se voit parvenue*

au faîte de son ascension spirituelle. Et je comprenais que cette joie est divine, que ce sentiment est sacré ; que dans toute beauté Dieu se révèle, et que les hommes qui ne le trouvent pas ne l'ont pas cherché avec la volonté persévérante devant laquelle toute les montagnes s'abaissent. Toute chose vraiment digne se conquiert ici bas de haute lutte. »

(Curieux renouvellement de forme ! Russell, le mysticisme tendre. Et ici mysticisme déterminé et combatif, besoin humain de tenir l'adversaire sous le pied, conception robuste et guerrière de la vie.)

Il va falloir combattre encore : l'Espagne où l'orage gronde envoie, conseillers de la retraite, des nuages floconneux qui s'agrippent autour du pic : malgré le désir intense de demeurer, la prudence ordonne la descente. Par où prendre ? L'Astazou ? avec un pied foulé ? impossible. Donc par la Brèche. Alors à toute allure il dégringole au petit lac ; sans descendre, cherchant la route au jugé, il longe le Cylindre. Soudain, un abîme. Il revient sur ses pas et le contourne. Un autre encore. Même jeu. Des montagnes russes. Il avance lentement et sûrement, passe sous le Marboré, la Tour, le Casque, et après trois heures d'efforts continus, franchit la Brèche. Il fait bon se reposer un instant à son ombre fantasmagorique....

Mais voici qu'un souffle nouveau le ranime : de l'entonnoir prodigieux que des glaciers couronnent et où des eaux ruissellent monte le vent qui apporte des musiques pastorales. Un bien-être l'envahit. Joie de percevoir, après tant d'heures de solitude, l'approche des régions habitées : Gavarnie est là-bas ! En route : 3 h. 15. Hésitation sur la direction. Puis, l'épouvante glaciale qui monte de la droite lui indiquant clairement une région interdite aux humains, il oblique à gauche. Il aborde la première bande de glace de sa vie. Ce glacier est peu sûr pour un montagnard désarmé :

la glace est à vif. N'ayant ni le temps ni l'envie de mûrir des combinaisons, il se risque debout sur le bâton ferré, se laisse emporter, lancé à une allure folle. Promptement il est aux Sarradets. Il ne peut admirer à l'aise la majesté de la cascade et du cirque, il souffre cruellement du pied, et est trop absorbé par la gymnastique exaspérante qui lui reste à faire : « que ceux qui ne sont jamais allés aux Sarradets y aillent, les abordant par le haut. Et que sans aide et sans conseils ils essaient d'arriver au cirque, ils me diront leurs déceptions, leurs efforts pour descendre, — et surtout pour remonter après chaque fausse manœuvre ». Il oblique à gauche, et plus il se fatigue, plus il s'empêtre. De guerre lasse il se décide à passer « n'importe où », ou à « y rester ». Il passe....

Et tombant à pic sur l'hôtel du Cirque qui lui ouvre ses portes hospitalières, il se tait, pour ne pas troubler la mélodie grave des cascades aériennes que lancent les glaciers éternels où meurt le crépuscule.

III.

LE PETIT PIC D'OSSAU.

Je veux un trésor qui les contient tous, dit Faust, *je veux la jeunesse.*

Cette montée au Mont-Perdu a la jeunesse.

Et puis, il y a des montagnes qui même vulgarisées portent le récit.

D'autres ne soutiennent qu'une seule relation, la première : le compte-rendu de l'effort musculaire.

[La Meije, exemple saisissant.

La librairie Plon, continuant ses publications monta-

gnardes, donne comme suite au livre d'Henry Spont :
Louis d'Orléans ; Dans les Alpes, 1901 : Mont-Blanc,
Mont-Rose, Cervin, les Ecrins, la Méridionale d'Arve, la
Meije. Ce qu'il y a de plus grand ; un bibliophile dirait :
l'Illustre Théâtre. — Et les photos, tout ce qu'il y a de plus
rapetissant ! Une partition d'opéra pour tabatière à musique.
Oh le pullulement photographique, la plaie ! Tous les livres
pareils, et dans un même livre, tout pareil. Pas d'esprit,
pas de lumière, pas de couleur, pas de distance, pas
d'étendue, pas de hauteur.... Pas de vie.

Nouveau revirement de situation. Rappelez-vous il y a un
quart de siècle ; le Mont-Blanc n'est plus rien, le Mont-Rose
n'est plus rien, le Cervin même n'est plus rien, le Meije est
tout. Et aujourd'hui ? Le Mont-Blanc a repris, le Mont-
Rose a repris, le Cervin, malgré la vulgarisation, malgré
la « gymnastique sans danger », malgré les câbles, malgré
tout, est redevenu « la montagne par excellence ».... Et la
Meije, restée gymnastique formidable, est tombée à une
littérature au-dessous du médiocre. Après en avoir eu une
affolante ! Mais l'affolement ne venait pas du style, il était
de situation ; il venait de la curiosité et du point d'inter-
rogation : la Meije serait-elle montée ? par où ? Un jour elle
le fut. Le moment de stupeur passé, que resta-t-il ? Une
trajectoire si délicate qu'elle ne pouvait supporter nulle
variation, nul écart. Le récit non plus : énumération d'une
série d'actes — de gestes — gymnastiques toujours iden-
tiques ; une *théorie* militaire, un maniement d'armes
décomposé, la charge en douze temps : un, le promontoire ;
deux, la pyramide Duhamel ; trois, le campement Castelnau ;
quatre, la dalle des Autrichiens ; cinq, le pas du Chat, et
ainsi de suite, le glacier Carré, le Cheval rouge, le Chapeau
du capucin, la cime (généralement, brouillard ou vent), la
brèche Szigmondy, les arêtes, la première dent, la seconde
dent, la troisième dent, le doigt de Dieu. Si nous passons à

une autre relation c'est : un, le promontoire ; deux, la pyramide Duhamel ; le campement, la dalle, le pas du Chat.... Et à une autre encore : un, le promontoire ; deux, la pyramide Duhamel, etc.

Littérairement : monotone, antipittoresque, abêtissant.

Maintenant si à la Meije venait un Tonnellé, un Russell, un Javelle ? On ne sait pas....]

Le petit pic d'Ossau ne comporte qu'une page. Encore faut-il qu'il l'ait, et il ne l'a pas. — Moins bien traité que le pic de la Pique !

Il va l'avoir. *Bulletin Pyrénéen 31* : *Jeux de brouillards*.

Albert Cadier et son frère Charles sont en campagne dans leur domaine, poursuivis par le brouillard ; campant au fond de Bious, montant à la fin du jour sur la crête, à la frontière, et saluant d'acclamations une vue peu banale encore : Astu sous les pieds, plus loin la région d'Izas et sa neigeuse Pala de Yp, plus loin les austères pics d'Aspe, plus loin le Castillo de Achert, et derrière, dans un incendie indescriptible, le disque saignant du soleil ; au fond, l'Espagne — l'Afrique ! — et en se retournant les massifs de Sallent et d'Arrémoulit, gris, le petit pic d'Ossau, *noir, âpre, courroucé, méchant, sauvage, atrocement beau.* — Ils ascensionnent Peyreget, d'où le pic d'Ossau par ses allures *déroute même l'imagination.*

Mais les brouillards surviennent, et font manquer l'Anayet. Il faut rentrer penauds à Osse....

Soudain le quatrième jour, six heures du matin, une éclaircie : la journée sera belle, le petit pic est là. — *Tu en es ? — J'en suis.* Et les voici à l'assaut.

Plus dur que le Balaïtous par l'Ouest et le Pallas réunis.

« C'est la troisième fois que j'y vais. Jamais encore je ne me suis rendu un compte si exact des difficultés de

*l'ascension, de ses dangers, de son allure vertigineuse, de
sa sublimité. »*

Dès l'abord, un paysage terrifiant. L'abîme. De noirs
précipices enracinés dans des raillères prodigieuses et
montant farouches vers les cieux, des arêtes furieusement
dentelées éparpillant le vent du Sud qui siffle avec une
rage impuissante, des murailles décrépites ; cette vision,
embrassée d'un seul regard circulaire, accélère les battements du cœur : l'émotion est grande. Les brouillards se
déchirent, un second plan se forme : Balaïtous, Enfer,
Vignemale dans un incendie de lumière. Mais le vent glace,
c'est le pic qui nargue.

« *D'un bond nous voici sur le granit. D'échelon en
échelon, de bloc en bloc nous nous élevons. Parfois le
point d'appui nous faisant défaut pour le pied on monte
à la force des poignets. Sans secousses, prudemment,
nous évoluons vers l'abîme. C'est à bras le corps qu'il
faut saisir la roche... elle est bonne, elle résiste.... Un
instant, échevelés, nous demeurons sur la crête, puis
dans un délire croissant, nous gagnons la paroi abrupte.
Il n'est pas question pour moi de retrouver la voie suivie
précédemment : tout n'est que confusion, désordre, fantastique branle-bas. Malheur à celui que le brouillard
surprendrait dans ce chaos inextricable. Pour l'instant,
que nous importe la voie d'ascension, pourvu que l'on
s'élève ! »*

Le voilà, le délire de l'escalade. Ce n'est plus seulement
Sigurd, ces jeunes gens échevelés et respirant la guerre,
— c'est la Valkyrie : hoïotoho, heïahâ !

Et la scène est belle : ces deux petits de la montagne
cramponnés à leur mère dans une sûreté confiante.

« *Les points d'appui deviennent rares. Je ne saurais
dire comment nous montons à présent. Charles me suit.
La pente est telle que pour le voir je dois regarder sous*

*moi : si je tombais à la renverse, je passerais sans le
toucher ! »*

Ils se hâtent de gagner un lieu plus sûr. C'est la cheminée.
Jeu d'enfant! Sur la crête le vent essaie encore de les
bousculer. Quelques minutes après, la cime.

Nulle part dans les Pyrénées impressions aussi originales. Quelques pierres croulantes qui n'inspirent guère
confiance : on n'aime pas à rester debout. De tous les côtés
l'haleine attirante des gouffres se rue vers la cime, provo-
quant le frisson chez les plus audacieux. La montagne
entière paraît osciller sous le choc saccadé des vents.

Si l'on parvient à dompter l'émotion, un rare spectacle.
*« Tout près, le squelette décharné du grand pic, hérissé
d'aiguilles, se précipite dans la mer de nuages. Quelques
îlots, ça et là, Pallas, Balaïtous, Vignemale. Les vapeurs
roulent en silence, balayées en tous sens par les souffles
de l'air. Parfois, une seconde durant, elles s'entr'ouvrent :
alors l'œil éperdu plonge dans plus de mille mètres de
profondeur. Puis la vision s'évanouit, faisant place au
halo circulaire que le soleil dessine sur les brumes hale-
tantes, autour de l'ombre du pic. »*

IV

BRULLE : *A PYRENEAN CENTRE.*
L'INQUIÉTUDE ALPINISTE.

On peut donc grimper, aux Pyrénées ?...

Salle à manger de l'hôtel de Gavarnie ; au dîner, spectacle
fréquent : à une table écartée, des inconnus, dédaigneux du
réconfort que donne la rentrée dans les vêtements de ville
et le linge frais, vêtus du cou aux pieds de la grosse laine
qu'ils ne quittent point, marinés dans leur ancienne

transpiration, mangeant distraits, plongés dans Bædeker et la carte, et, détachés de tout, conciliabulant entre eux....

Et aux autres tables, à leur sujet, des interrogations à voix basse. Qui sont-ils?

Quels ils sont? Des alpinistes des Alpes, venus pour connaître les Pyrénées. Pour les connaître, non : pour les tâter. Ces gens sont une espèce terrible : ils sont « ceux qui ont fait la Meije ». Et ce qu'ils viennent vérifier : si les Pyrénées sont aussi « difficiles ».

Conception monstrueuse, mentalité de gymnasiarque ou de torero.

L'inquiétude alpiniste : peut-on grimper désormais? et que grimper?

Les Pyrénées alors, c'est cela : arriver, s'enquérir d'une « difficulté », l'essayer, la juger, repartir?

La difficulté aux Pyrénées? voulez-vous la réponse de suite, ce qui même vous épargnera de vous déshonorer en vous risquant à une difficulté subalterne. Faites cinq cents pas, frappez à la porte de Célestin, posez-lui la question, et voici la réponse, calme et froide : *La difficulté? si l'on ne la cherche pas, dans les Pyrénées, il n'y en a pas. Les pics, on les fait les mains aux poches. Maintenant, si on veut la chercher, la difficulté, on la trouve.* Et s'allumant, lui si calme, l'œil malicieux, toisant les Meijistes, il ajoute avec quelque fierté : « Je sais des courses que personne ne refera, que je ne referai pas ; elles sont *bouclées* et j'ai emporté la clef.... Le couloir de Gaube? Eh bien si quelqu'un en fait la seconde, je m'inscris pour la troisième.... »

On peut donc grimper, aux Pyrénées !

Il y a longtemps que la démonstration pratique en est faite.

Et pourtant, dans le monde de la grimpade, il est encore des « climbers » qui en doutent.

Il faudrait les convaincre.

Dans l'*Alpine Journal* un article de Brulle, traduit en anglais par Russell : *A Pyrenean Centre;* c'est une suite à Harold Spender.

Les Pyrénées sont-elles climbables ?

Les sportmen disent : *Pourquoi risquer ses os dans les Pyrénées ? on n'en parle pas !*

Mais Spender ayant eu le courage de combattre ce préjugé et de signaler l'importance des Pyrénées pour le sport, voici maintenant l'avis de quelqu'un qui les a « travaillées » au point de vue de « l'école moderne ». Pourquoi pas ? Dans l'*Alpine Journal* même n'est-il pas dit que leurs parois « abound in problems of rock climbing » ? Brulle va donc « oser risquer un nouveau plaidoyer en faveur d'une chaîne oubliée avant d'avoir été connue ». (Comme il est intimidé, ce terrible Brulle, a l'idée qu'il parle à des gens de l'Alpine Club ! Et il le dit ! C'est la première et seule fois qu'il aura eu peur. Et ce sont les Pyrénées qui vont payer. Comme il les fait petites, humbles ! il a l'air de les excuser. — Russell, qui est de l'Alpine Club lui aussi, n'y avait eu aucune gêne : aussi, quelle grandeur !) Il rappelle donc, avec la désinvolture obligée, ses meilleures performances, agrémentées parfois de dangers folâtres : — le Vignemale passé en col, seul, par la tempête de grêle, « souvenir de prédilection » ; — les duretés finales du pic d'Allanz : Brulle collé à la paroi, Célestin lui montant sur la tête, puis sur la main exhaussée à bout de bras et appuyée au roc, et après quelques tentatives de laminage entre un bloc et le mur du couloir, Brulle, trop large d'épaules, obligé de se faire hisser comme un vil paquet par le « way outside » ; — la chute dans la crevasse du glacier d'Ossoue : Brulle s'en tire dans le grand style anglais, par un « back and feat » (ainsi Stendhal, dans un roman, faisant guillotiner son personnage, décrit : *tout se passa très convenablement*) ; — les « anxiétés » du couloir de Gaube: ici même le sourire acrobatique est maintenu : « *il n'y a rien de parfait en ce monde, même un mur de glace* ». Et voilà pourquoi Célestin a pu passer, et les grimpeurs « tirer leurs os intacts de ce sport »....

Donc le « centre » pyrénéen parfait, c'est Gavarnie. Jadis on réduisait déjà les Pyrénées avouables : des Monts-Maudits au pic d'Ossau. Aujourd'hui on les passe à l'alambic : les Pyrénées sportives sont du pic de Pinède au Gabiétou ; trois lieues de chaîne, voilà le définitif, l'extrait sec des Pyrénées. — Gavarnie : une arène athlétique, un gymnase aux murs duquel sont apposés des appareils pour exercices difficiles, étiquetés *Pène de Sucugnac, Tour du Cirque par le premier étage, Dent de la Fausse-Brèche, Montée par le fond du Cirque, Pic Rouge de Pailla, Couloir de Gaube*, etc.

Conception d'ailleurs à contre-courant, la tendance générale étant maintenant de faire, des Pyrénées, non plus des Alpes en petit, mais des Pyrénées en grand.

Qui du reste va y venir, et prochainement, à la conception plus large et plus noble des Pyrénées ? Brulle lui-même....

Mais en attendant, il répond à l'inquiétude alpiniste, à la navrance des grimpeurs ayant atteint le suprême de la force postérieurement à la conquête des sommets, et désespérant de savoir à quoi l'employer.

L'inquiétude alpiniste est partout.

Aux Alpes, naguère, une scène typique. Près de Chamounix, un soir de bivouac, quatre alpinistes transcendants, quatre Anglais qui le lendemain vont conquérir la Dent du Requin — difficulté formidable, — boivent le thé, fument la pipe, et causent de la situation générale de l'escalade de difficulté au temps présent : l'inquiétude alpiniste. Parmi ces quatre, Mummery....

Mummery le célèbre ! Le jeune anglais grand et mince,

type de l'*élu*, du prédestiné aux escalades grandissimes
et sensationnelles. Mummery l'homme fort, qui a reculé les
limites de la force. Fort sur le rocher, sur le rocher vertical, la dalle et le gendarme à la moderne ; fort sur le mur
de glace perpendiculaire resté le criterium du courage à
froid et le dernier terme de la joie ; comme on dit en argot
d'alpinisme : à la fois *glaciairiste* et *rochassier*. Et post-
meijiste : venu avec tant de force quand les grands pics sont
faits et qu'il ne reste plus à faire, dit-il, que des « courses
nouvelles », c'est-à-dire « les pics les plus difficiles par le
côté le plus difficile ». Et représentant la substitution, à
l'ancienne école du couloir, de « l'école des arêtes ». Formé
par un guide grandiose, Burgener ; avec lui ayant fait le
Cervin par la formidable arête de Zmutt ; et le terrible passage
du col du Lion ; et le Cervin par la majeure partie de l'arête
de Furggen — passer sous la tête surplombante du monstre,
achever l'ascension, et redescendre par la voie ordinaire du
Hornli, celle de la catastrophe, aujourd'hui drapée de câbles
et constellée de boîtes de sardines ; — et tant d'autres courses
illustres... ; enfin la prouesse archi-suprême, l'aiguille de
Charmoz et le Grépon. Le Grépon, qui marque un nouveau
style, après la Meije, comme le Louis XV après le
Louis XIV. Et étant allé au Caucase faire le cinq mille, avec
cet original guide emmené de Suisse, le géant Zurfluh, qui
avait la propriété d'adhérer à la glace du pied droit, de
sorte qu'il ne « taillait » que pour son pied gauche, des
marches espacées de 1^m,80. Et devenu lui-même un
Burgener ; marchant désormais sans guide, et pris pour
guide-chef par les plus forts. Et entres autres escalades
ayant refait sans guide le Grépon, et cette fois, par la
fameuse « fissure Mummery », et cette fissure est le grand
jour de sa vie. Et la fierté peu amène du grimpeur très fort,
et — comme Saint-Simon ne considérant sur la terre qu'une
douzaine de « ducs et pairs » — ramenant l'humanité au

petit noyau des grimpeurs très forts, « lequel va d'ailleurs
en diminuant de jour en jour » ; et, sardonique derrière ses
lunettes, abominant à la montagne les savants, quels qu'ils
soient, « Monsieur Janssen en tête » : ils sont bons pour les
éboulis ; n'estimant que l'escalade pour l'escalade « sans
mélange », mais méprisant les batteurs de record, méprisant l'imbécile qui a hâte de faire un dernier sommet pour
« finir l'Oberland », et méprisant les poseurs himalayistes qui
parlent avec mépris de ceux de leurs confrères « qui ne font
que le pic de six mille » ; dédaignant la majorité des
membres de l'Alpine-Club — en ce temps où Whymper
n'est plus considéré que comme un habile arrangeur ; —
criblant de sarcasmes les manuels d'alpinisme, les « encyclopédies », les « pédagogues alpins » ; n'estimant encore que
le seul alpiniste assez fort pour valoir un guide et faire
cordée avec un seul guide (la « cordée de deux ») ; quant aux
grimpeurs pas transcendants, ceux qui font cordée de trois
et se risquent au danger entre deux guides, il les appelle
« colis », « paquet de chair apporté à Zermatt par le chemin
de fer ». Et l'on n'ose même pas entrevoir la profondeur de
son dégoût pour le philistin, le touriste, le fretin alpiniste,
la canaille. Et encore esprit fort, sceptique, incroyant et
de façon agressive — méprisant la Providence, qui n'est que
le dieu Hasard, et raillant — jusqu'au mauvais goût — les
« superstitions » de ses guides...

Et que dit-on donc, à ce soir de bivouac, sous la Dent du
Requin ? C'est l'inquiétude alpiniste, toujours : que grimper ?
on arrive à démontrer « *qu'au point de vue de l'escalade
pure, les Alpes sont inférieures à l'île de Skye et autres
difficultés d'Écosse* »....

Voilà ce que l'on dit aux Alpes, voilà l'aboutissant de tant
de force !

Inquiétude, inquiétude !

(Et en effet, sur le rocher, la difficulté est partout. Rien de plus difficile que de rentrer dans son appartement du cinquième par l'extérieur de la maison, aussi cela ne se fait jamais.)

Inquiétude, et au fond, mécontentement — et désespoir de n'avoir plus de grands pics vierges à conquérir.

Et voici que, donnant un démenti à la théorie des « courses nouvelles » et des arêtes, Mummery va tout simplement prendre la suite des Balmat et des Rondo, se lancer à la conquête du grand pic vierge, à présent du pic de huit mille. Un jour il partit pour l'Asie....

Et pour ce sarcastique — ce libertin, aurait-on dit jadis — ce don Juan-Mummery persiflant les croyances de Burgener-Sganarelle — cela finit terriblement, et précisément comme le *Festin de Pierre* : la blanche statue du commandeur lui mit la main sur l'épaule et l'abîma. L'avalanche de l'Himalaya qui, au-dessus de six mille mètres, le 24 août 1895, le prit....

Le curieux, c'est qu'au fond cet escaladeur qui s'était composé une physionomie si peu commode sentait fortement la très grande nature des hauteurs.

Il a laissé le récit de ses escalades (traduit en français par Maurice Paillon), à la fois sensationnel et manqué. Manqué en ce sens, qu'il n'a pas fait « la scène à faire ». Quelle était-elle ? La donnée fondamentale de Mummery, c'est de venger le pur gymnaste des attaques dont il est de toutes parts l'objet : non seulement de ce qu'on est un grimpeur très fort il ne s'ensuit pas qu'on soit inesthétique et insensible, mais seul le grimpeur très fort connaîtra la nature à fond, et seul il jouira de paysages d'un grand et d'un effroyable inconnus de tous autres (la véritable « sublime horreur »)...
Ces paysages, voilà ce qu'il nous devait (Javelle, en avait donné un dans son *Tour Noir*, le chef-d'œuvre de la littérature vertigineuse), il ne nous les a pas donnés. Il s'est appliqué, avec un humour un peu agaçant, à la description

des gestes de l'ascension difficile. Et encore, son Grépon
même est peu clair ! (le Grépon, c'est dans les français
qu'il faut le lire.) Il n'est pas écrivain. Mais il est avocat
spirituel, acéré, et de première vigueur : son dernier
chapitre, *Plaisirs et pénalités de l'Alpinisme*, plaidoyer
célèbre, est plein d'arguments en coups droits. Il a un
tempérament de légiste, surtout ; il formule des sentences
rigides ; celle-ci par exemple, fameuse : que tout pic passe
par trois phases, 1° infaisable, 2° le plus difficile, 3° pic
pour dames. C'est une des « lois de Mummery ».

Mais que vient-il faire ici, ce Mummery des Alpes ? Et
bien, c'est à propos de « l'inquiétude alpiniste », qu'il a
fallu le citer. Il en est le summum.

Et l'inquiétude alpiniste est de plus en plus partout, et les
pyrénéistes l'ont depuis longtemps. Que grimper ?

Or, si la difficulté vraie peut se trouver en Écosse,
pourquoi ne se trouverait-elle pas aux Pyrénées ? Et aux
Pyrénées, dans l'Ariège ?

V

D'USSEL. — *CIMES ARIÉGEOISES.*

Autre publication de la librairie Plon :
*Vte Jean d'Ussel. Excursions et Sensations pyrénéennes.
Cimes ariégeoises* (1901), in-8 de 187 p. ; 31 photos.

C'est le livre nécessaire, attendu, sur les pics et les
régions rares de l'Ariège.

Homme du Nord — fils de l'ingénieur qu'en août 1889
accompagnait dans une course pyrénéenne Michelier, Peslin
et Nansouty — le jeune Jean d'Ussel se trouve en ser-

vice aux Pyrénées : garde général des forêts à Tarascon
d'Ariège. A pied d'œuvre. Aussitôt, pyrénéiste passionné.

Son premier centre obligé, Vicdessos. Admirable : entre
Dendron et Bassiès, et au pied du géant, du roi de l'Est, du
Montcalm-Estats ; clef des vals de Saleix, Lartigue, Soulcen,
Albelle, de vingt-cinq kilomètres de chaîne-frontière et
de nombreux ports....

Vicdessos : Chausenque en avait excellemment parlé.
Avec reconnaissance : car dans ces temps primitifs, Vic-
dessos-Auzat, c'était, au milieu de la dure montagne, le gîte
confortable. Aujourd'hui, dans nos temps confortables, c'est
le gîte primitif.... Heureusement ! pas de caravanes et de
banquets, mais la pure nature, et, au commencement du
vingtième siècle, toujours le Vicdessos de Corabœuf et de
Chausenque.

D'Ussel aussi va en parler excellemment.

Vicdessos : charme particulier de ce trait d'union entre la
vie civilisée de la plaine et la vie solitaire et sauvage de la
montagne. L'hôtel Arsène, les promenades du soir jusqu'à
Auzat, en regardant les blanches neiges scintiller sous les
rayons pâles de la lune nouvelle ; la flânerie aux étangs
d'Izourt pour voir encore une fois ces eaux sombres enca-
drées dans un cirque de pâturages très verts dominés par
des rochers très rouges, et la masse trapue du pic de l'Aspre,
et les aiguilles abruptes qui enserrent le couloir du port de
l'Albelle, et les ressauts qui conduisent aux étangs Fourcat ;
on est si bien dans ces coins si sauvages et si hauts, sans nul
souci, libre de toute pensée profane, absorbé par la contemplation de la grande nature, malgré soi recueilli et pensant
aux causes de tant de bouleversements, au grand problème
de la création, et aussi de la destruction.... Le soir, retour à
Vicdessos : c'est une soirée d'août délicieuse, « une soirée
comme l'on n'en trouve nulle part ailleurs que dans les

Pyrénées ; une soirée où les plantes sentent plus fort que
dans les autres pays et vous enivrent, où les rivières mur-
murent plus doucement ; où le rire sonne comme un cristal
plus pur et où les yeux brillent avec plus d'éclat ». Et c'est
aussi la fête locale. Les montagnards sont venus de toutes
parts reprendre contact avec le monde extérieur ; les hommes
ont le béret, sur l'épaule *la capète,* les femmes le mouchoir
blanc ou noir plié en triangle et noué autour du cou ; les
jeunes filles se promènent toutes par bandes, étroitement
serrées l'une contre l'autre : on dirait dans leurs robes claires
de jolies brochettes d'oiseaux rares ; elles attendent la première
mesure de la danse. (Cette race ariégeoise est folle de bal :
pensez à ce qu'est la fête de Foix !) L'orchestre attaque, de
toutes parts les garçons et les filles accourent, les voici qui
tournent, sans jamais se lasser : les polkas rapides et joyeuses,
les valses silencieuses et recueillies. Puis ce sont des promenades bras dessus bras dessous.... Que de jolies choses
doivent se dire ! Que d'éclats de rire montent au ciel, faisant
résonner la joie de vivre ! Et l'usage est que, dans le cours
d'un bal, une danseuse ne change jamais de cavalier.... Le
jeune garde général, cependant, entraîné, conquis, risque
une invitation à une jolie pyrénéenne, blonde aux yeux très
doux et très bleus, qui se tourne vers son cavalier et en
obtient la permission d'accepter l'invitation de cet étranger
si peu au courant des mœurs du pays....

La scène est charmante, jeune et fraîche, et dite à
ravir.

Vicdessos : la première joie des grands sommets, « la
fièvre des veilles d'ascension, et la griserie des retours »....

Le début obligé : le Montcalm-Estats, en 1878, par la voie
ordinaire... qui est bien ordinaire.

Puis la *Pique rouge de Bassiès, 2677*. Région peu vulga-
risée, sauvage, granit déchiqueté, — « bizarre » en juin sous

la neige qui rend les Pyrénées immenses, — vue merveilleuse sur le Mont-Valier et Aulus, sous les pieds l'étang Garbet magnifiquement encadré dans des rochers abrupts, immédiatement à l'Ouest le grand massif granitique du pic près de Pontussan et des Trois-Comtes, à l'Est la pique de Bersil. La pluie et la neige qui cinglent empêchent d'admirer les étangs de Bassiès. Plus bas, un rocher appelé « le Saut du Parisien », parce qu'un touriste (nommé Pugens) ayant voulu aller sans guide aux étangs y a glissé et s'est tué. *Mais,* ajoute d'Ussel, *ceci ne prouve rien pour la difficulté des Pyrénées ariégeoises : il y a des endroits mauvais évidemment, mais il faut les chercher.*

Les chercher ? C'est immédiatement la passion, la frénésie de d'Ussel, saisi par le démon de la difficulté, acharné au casse-cou (même inutile), au casse-cou de rocher (aisé à trouver partout) et de style moderne : l'arête, la dalle, les prises réduites, le rétablissement. Bref il est *meijiste,* de cette nouvelle école toujours occupée de faire la Meije partout (le *meijisme* : quelle perturbation cette Meije et ce récit de Castelnau ont jetée dans les têtes !) Il est même plus que meijiste, il est de la plus récente école, de l'école des « gendarmes ». — Oh ! le gendarme (terme de fortification, mais dans le public évoquant l'idée du pandore qui vous arrête), le gendarme ! quel rôle il joue dans ces dernières années ! le gendarme, souvent piment des pics faciles ! trouver des gendarmes, faire un gendarme ! Passion de cette génération valeureuse qui ne sait à quoi employer son extraordinaire technique d'alpinisme et ne se console pas d'être venue trop tard. La suprême déception : trouver sur un pic une tourelle ; et le suprême opprobre : renoncer sur une difficulté, « faire demi-tour »....

Et tout de suite :

Une belle exploration, peu commode, de l'extrême fond

de Soulcen (la pointe en fer de lance que la France projette
en Espagne). La méthode pacifique? visiter les deux ports de
Rat et de Bouet; c'est le récit de Lequeutre en 1877. La
méthode de haute lutte et par le beau travail? suivre *la
crête frontière depuis le pic des Lavans 2897 jusqu'au
port de las Bareytes.*

Avec Pierre Rauzy, de Marc. Nuit au Pla de Soulcen,
lune magique; départ à la lanterne — *quelle dévastation
que cette région!* — au jour, au Pla de la Cruz; montée au
port de Médocourbe: *quelle désolation que ce versant espagnol! c'est excessivement triste!* — commencement d'une
gymnastique effrénée, couloirs, rétablissements, un pic,
dépit! tourelle, *pic des Lavans 2897 ;* redescente au port,
mouvement tournant, succession de couloirs à franchir, les
prises sont réduites, la paroi du rocher est verticale, flanc
du Médocourbe, déjeuner en Espagne sur une tablette de
deux mètres carrés — un *campement Castelnau* (la Meije!)
— puis au moment d'aboutir cri de déception du guide,
spectacle « effroyable » : des schistes glissant à l'abîme, et
des gendarmes; *demi-tour!* mais pour un détour seulement;
sommet du Médocourbe, il porte la tourelle de Gourdon de
1883. Du pic, vers l'Est, se détache la longue étendue des
crêtes de Recofred, aspect mauvais; idée de suivre cette
voie originale. Passage au point de contact de trois pays,
France, Espagne, Andorre : il ne porte aucun signe! Puis
un pic absolument pourri, ruine gigantesque détachant en
avalanche des blocs qui arrivent en bas en poussière : pour
y grimper, des difficultés extrêmes, inquiétantes, « casse-
cou numéro un » et même un passage « à sueur froide ». Le
voici enfin, ce *2850,* plate-forme sur des à pics « impres-
sionnants ». *Biettasé, ce n'était pas beau,* dit Rauzy. Mais
pas trace de tourelle, joie d'en construire une. De là au
piton 2780, méprisable, facile, portant tourelle, et au port
de las Bareytes. Six heures du soir, un dernier adieu à ces

hautes régions. Descente avec la satisfaction de gens qui ont bien rempli leur journée, joyeux, grisés par le séjour prolongé en altitude et plusieurs heures dans le danger. La nuit tombe, il faut se retourner encore pour voir ces rochers étranges et cette neige blanche. Coucher à Soulcen.

Ainsi peut être l'Ariège, en le cherchant.

La Pique d'Estats. Comment raffiner sur cette triple cime dominatrice mais *sans l'ombre de difficulté ou de danger, et aucune satisfaction pour l'amour-propre,* disait Russell ?

En juillet 1883, Gourdon raffina sans le chercher. Arrivant par l'Espagne, il monta naturellement par l'Espagne. Couronnement de ses deux belles campagnes de découverte du Haut-Paillas (bien curieux aujourd'hui d'en relire le compte-rendu). Parti d'Areo, il vint coucher dans le val de Sullo à la cabane de Socalma. Vu le peu de solidité des neiges, il ne voulut point aborder directement les pentes de la cime centrale : avec son guide local, par les lacs de Bédet il se plaça sur le col à l'Est de la triple cime, de là grimpa à la cime orientale, dite aujourd'hui « le drapeau espagnol » et déjà pourvue alors d'une tourelle par un ingénieur espagnol, et de là, en un quart d'heure d'arête scabreuse et en grand danger d'être enlevé par un vent de tempête, au sommet central de 3141, « première ascension de l'Estats par le versant espagnol »; retour à la cime orientale, et, par les petits « lacs en cratère » et le lac supérieur de Sullo, à l'abri de Socalma. Course dans une région rare, farouche, superbe, dont le récit (*Bulletin Ramond*) est essentiel en matière d'Estats.

D'Ussel, lui, venu par la France, avec Rauzy, s'offre le passage du sommet central à la cime orientale : et voici qu'au rebours des usages la difficulté au lieu de diminuer sur Gourdon, s'est compliquée — il faut la lire dans la

première rédaction du *Bulletin Sud-Ouest*, — gendarmes !
nécessaire de les tourner, prises réduites à l'extrémité des
phalanges, dalle mauvaise et vigoureux rétablissement de
Rauzy, passage à cheval, etc.; c'est une Meije. « *M. Gourdon
ne semble pas avoir eu les mêmes difficultés que nous.* »
(L'augmentation de la difficulté tient souvent à la façon dont
l'école moderne la décrit, la détaille, la dissèque, la distille.)
Descente vertigineuse sur l'Espagne par un couloir neigeux
« à pente excessive », passer de la Souille (Sullo) en France,
étang de Canalbonne, lac de Rioufred. « *Très belle course,
pas difficile..... pour les marcheurs entraînés qui ont
l'habitude du rocher....* »

A la descente, à l'entrée de la vallée de Rioufred, apparition d'un pic — pas même, un rocher — tentant ! un pain
de sucre ; d'Ussel est pris de l'envie de l'avoir.

Il l'eut. Le *pic Madérou ;* pas haut, 2100, mais fou. Un
côté seul relativement maniable : mais tout le grand jeu, le
couloir à pente formidable, Rauzy se déchaussant, la dalle
lisse — la dalle de cinq mètres en surplomb, où la corde est une
aide purement morale, — un autre couloir extravagant. La
cime : elle est double. Le passage de l'une à l'autre, sur une
lame de couteau et par vent de tempête, est insensé : à
cheval, mécaniquement les deux poignets travaillent pour se
placer à vingt centimètres du corps, et le corps pour les
rejoindre : sans pencher, ou tout est fini ! pas moyen même,
pour le retour, de se retourner en faisant « les ciseaux »
comme au manège, il faut le faire à reculons. Et ce retour
fait, sensation que ceci a été une bonne folie, et même, maintenant que c'est fini, le sentiment du vide, la peur, « presque
le vertige. » D'ailleurs la vue est absolument nulle. *C'est
une course pour l'amour-propre.* Riposte à Russell après
quarante ans.

VI

LES CIRQUES DE L'ALBE ET DU RULLE.

Changement de décor. Autre région.

D'Ussel nous transporte comme centre à l'Hospitalet. Triste fond s'il en fut, et ennuyeux ! Eh bien, c'est la gaieté qui règne, dans la « grande salle » de l'hôtel Soulé : plaisir de retrouver son guide — le pâtre Pierre Marfaing, un rude guide ! — et, seul avec lui, de causer grande montagne, de discuter les itinéraires de courses prochaines.

Par le facile *Sabarthès, 2549* (très bel observatoire), passage à Porté, dans le primitif et célèbre hôtel Michette. Adjonction d'un second guide, pêcheur du Lanoux.

Et nous voici revenus dans la région décrite par Lequeutre (dont le récit était presque définitif). Le triste val de Campcardos, Peyrefourque, la vallée de la Porteille de Maranges, l'extrême chaos, la désolation, tout ceci reparaît ; et voici les deux pics *Pedros* et *Campcardos*, tous deux portant tourelles : *quelle déception pour nous qui complions sur une course émouvante !* et l'admirable panorama du Campcardos, dans l'éclairage trop intense d'un soleil de midi (de la Sierra de Cadi à la Maladetta et au Perdighère !) et son granit ruiné « en feuille de joubarbe » (le même mot que Lequeutre), et la descente dans le cirque de Peyrefourque « dont rien ne peut donner l'impression », le chaos des chaos, sous un soleil qui tombe étouffant. — Et une autre fois, *Peyrefourque*, recommandé par Lequeutre aux grimpeurs avec le mot consacré, « il est amusant » (le peu utile Peyrefourque) : naturellement d'Ussel ne le trouve pas si difficile que cela ; « la vue est très limitée ». Un coup d'œil sur le précipice Sud, que Lequeutre a qualifié un des plus effrayants de toute la chaîne, et d'Ussel rectifie, par un mot adorable d'alpiniste : *ce précipice est effrayant en effet, mais ne nous semble pas inaccessible.... !*

De l'inaccessible, en voici peut-être ! Et d'Ussel en est complètement perturbé.

En montant au Campcardos il s'est trouvé passer, au revers du cirque de Peyrefourque, sous le pic 2661 de l'Etat-Major. Et comme les ascensionnistes sont à 2300 passés, le pic net est de trois cents mètres, comme la tour Eiffel. Mais quels trois cents mètres ! Formidable rocher vertical sans une saillie, sans une corniche, lugubre. *C'est le plus bel à pic que je connaisse !* crie d'Ussel sidéré. Le guide de Porté ne dit que deux mots : *Quel château !* et Marfaing, un seul : *Biettasé !*

Et du Campcardos les yeux de d'Ussel reviennent constamment sur l'immense rocher, que déjà il appelle « son rocher ». Le versant Nord présente quelques corniches herbeuses... « peut-être pourra-t-on par là violer cette terre vierge. »

L'obsession commence.

Et de l'Hospitalet encore, avec Marfaing, par la gorge qui s'ouvre à l'Ouest — et qui se dédouble ensuite (le Sisca à gauche, les Baldarques à droite, laissant le choix de la montée) — il va d'abord, par le lac de Pédourès et le cirque de l'Albe, ascensionner sur des granits saisissants le *pic de Rulle ;* il porte tourelle ! et deux autres tourelles sur le prolongement de sa crête ? Étranges, toutes ces tourelles on ne sait de qui ! De là, au *Signal de Siscarou,* qui porte un cairn ! « Régions désolées, solitudes, rien que des déserts entassés ; excessivement triste ; les nombreux lacs dorment immobiles sans une ride ; le soleil ne rosit que les cimes, tout le reste est noir gris ou rouge, les lacs sont d'un vert opaque et sans profondeur ; c'est la mort, la mort magique, et grande comme seule la montagne peut en donner l'impression. » Du sommet du Rulle l'aspect change, s'égaie : revoici les gracieuses Pyrénées....

Et comme dans cette région les noms sonnent bien, remarque d'Ussel, quelle saveur ! *Néressole*, *l'Albe*, *Pédourés, Clote-Flouride, Cazalassis, Rulle, Fontargente*. (Oh oui, la sonorité des noms pyrénéens, c'est mille mètres de plus, et la joie de l'exploration pyrénéenne, c'est de dire ces noms !)

Pour parachever cette région rare, si curieuse, si solitaire, il monte avec Marfaing l'*Ascobs* de 2775 — où il a la joie de construire une tourelle — et *l'Albe*, de 2764, par une espèce de pont de Mahomet — mais qui aboutit à une tourelle ! Et toujours l'impression, sur ces hautes régions, est intense ; neige, granits, pâturages, point encore brûlés (en juillet) ; un monde nouveau : — le Néthou, d'ici, très lointain, c'est comme un étranger, — plus proches, resplendissant sous le soleil, les géants de l'Ariège, et de l'autre côté le Carlitte et les monts d'Orlu, — immédiats, tous les grands pics granitiques des ports d'Andorre, des lacs des environs d'Ax.... « Pic de l'Albe, profonds souvenirs ! »

Y revenir encore ! Il y a là, d'ailleurs, au-dessus des étangs de Régalécio, un beau rocher vierge, de 2590, à prendre avec Marfaing. Dur à souhait, la vue est des plus limitées, descente tout le temps à la corde. Mais de quel gracieux nom vont le baptiser ses vainqueurs : *pic de Régalécio*. Notez qu'en français c'est pic de la Réglisse ; « mais Régalécio est si joli, et sonne si bien avec l'accent tonique de la haute montagne »....

Ce qui n'est pas joli, c'est, au retour de cette « première » pyrénéenne, l'unique rue de l'Hospitalet, horriblement triste, étroite et sale,...

Ces grandes montagnes d'Albe et Rulle, cette ruine atroce

du granit, beau chapitre de Pyrénées nouvelles. Régions sauvages et solitaires. Surtout, noms qui n'ont pas encore traîné partout.

Solitaires? « Un jour », soupirait Gourdon au Sud de l'Estats, « un jour le chemin de fer traversera ces sauvages beautés ! » Celles de l'Ariège aussi, avec les transpyrénéens et autres. On travaille déjà à les vulgariser. C'est à d'Ussel même que pour les opuscules de propagande le comité d'initiative demandera les indications sur les cirques de l'Albe et du Rulle.

<h1 style="text-align:center">VII</h1>

PIQUE DU MONTCALM. — PIC DE L'ÉTANG-FOURCAT.
PIC « MARFAING ».

Changement de décor. De nouveau Vicdessos.

Le grimpeur moderne a l'esprit contrariant. Les choses trouvées difficiles par ses prédécesseurs, il les trouve « pas si difficiles que ça ». Mais les choses notoirement faciles, il doit les rendre difficiles.

Comment rénover, pimenter le Montcalm, le pauvre Montcalm tombé à la « course facile » du *Joanne*, puis au néant, à la suppression, à n'être plus que le marchepied de l'Estats?

Comment joue-t-on par la difficulté un pic facile? On le joue par la bande : on monte son voisin, et de là on revient par la crête sur le pic à obtenir. Sur une crête, toute chance de trouver du très mauvais, une dalle, un gendarme.

Et en effet, en 1900, avec Rauzy — un rude guide encore ! — d'Ussel prend le contrefort, la *Pique du Montcalm, 2935* (pointue, qui a fort grand air vue de Vicdessos): il l'atteint par une arête à pentes « impressionnantes », et de là entame le passage au vrai sommet, la *Plaine du Mont-calm*, par l'arête. Très facile pour commencer, puis moins ; on se met à couper des couloirs ; puis tout cela devient aussi mauvais qu'on le peut désirer : il faut tâtonner, monter dans les couloirs, redescendre, d'Ussel se recevant sur le piolet tendu par Rauzy. (Très Meije ; avec Chausenque le Montcalm était très Mont-Blanc.) Et subitement voici d'Ussel contre les parois d'une cheminée, le pied gauche et le bout des doigts de la main gauche sur des saillies de quelques centimètres, le côté droit fixé à la roche par le genou ramené à la hauteur de la poitrine ; et impossible à la main droite de trouver un point d'appui. *Oh ! je ne l'oublierai jamais, cette minute,* d'efforts surhumains, les doigts se fatiguant, les ongles et la peau arrachés. Cri au guide : « donne le piolet ». Un léger mouvement pour l'atteindre, le poids de l'instrument déplaçant le centre de gravité, et d'Ussel commence à glisser pour aller s'écraser sur la neige toute blanche qu'il aperçoit à quatre cents mètres sous lui... Un effort désespéré pour se cramponner ; du piolet soulever une légère écaille, placer son genou, sauvé ! la main droite trouve une prise excellente. Il se fixe suffisamment pour reprendre solidité et il passe....

Ce bref récit de la perdition — sensation pyrénéenne — est remarquable. Aucune littérature, mais l'effrayante simplicité du vrai.

Au sommet du Montcalm, un amoncellement de pierres. Une, gisant dans le chaos, porte l'inscription *825* (reste de *1825*) et une croix de Saint-André. C'est le repère des officiers géodésiens....

Un beau sommet. *Pic de l'Étang Fourcat 2862.* Au Pla de Soulcen, au lieu de tourner à l'Ouest dans Rioufred vers le Montcalm, prendre à l'Est, aux orrys (*orry,* cabane, *couila, courtaou, jasse*) de Pauseplane ; ensuite ascension

monotone et sans attraction ; puis une crête plus honorable
à passages émouvants, le côté Ouest notamment est tout en
couloirs, cheminées, aiguilles. Chaos de granits énormes.
Du sommet (ou des sommets, il y en a deux) on plonge au
Nord sur l'étang Fourcat, idéalement vert ; une échappée sur
le très haut pic de Malcaras ; puis circulairement viennent
le pic de Tristanya ou Tri-Stagnes, la crête frontière
d'Andorre jusqu'au Rialp, à pentes excessives même aux
deux ports de la région (le port vieux et celui de l'Albelle),
le haut de la vallée d'Ordino et sa forêt de pins, le triste
plateau de Caraoussans jaune et brûlé ; à l'Ouest la vallée
de Soulcen, et, superbes, Médocourbe, Recofred, la Soucaranne, l'Estats-Montcalm, élégants, très élevés, donnant
l'impression de très hautes altitudes ; derrière, bien loin, se
confondant avec le bleu du ciel, la blanche Maladetta....
Immédiatement au Sud une série de précipices, et une
longue suite de crêtes rocheuses d'aspect sévère et peu
commode, quelques tourelles sur quelques pics, des gendarmes et des obélisques nombreux, noirs ou roses ; très
peu de traînées d'herbes, des rochers et toujours des rochers.
— Descente au grand étang Fourcat sous le pic de Tri-
Stagnes ; très beau cirque pyrénéen, silencieux, perdu dans
la haute solitude....

Dix jours après. Changement de décor. De nouveau
l'Hospitalet.

D'Ussel n'y tient plus : il lui faut son rocher, le 2661, le
grand rocher vierge près du Campcardos. Le sort en est
jeté.

Avec Marfaing ils va se faire les jambes sur le Pédrous.
Par les cheminées du Nord, bien entendu, et en ayant soin
de choisir la plus mauvaise. Là tous les exercices de technique alpine, c'est une parfaite répétition générale. Le
sommet est d'ailleurs misérable : facile, au Sud le Pédrous

est une *tose*, une croupe arrondie. Mais la vue, splendide ; voici le fameux Lanoux, et le célèbre Carlitte : *quelle tristesse ! quelle solitude et quelle désolation !* Et il ne lui dit rien, le célèbre Carlitte : trapu, sans rochers bizarres. A la femme il faut une taille bien prise ; à la montagne il faut des aiguilles, ou une parure de neige ou de glace. « Quel charme peut offrir le Carlitte au pyrénéiste ? »

Et s'échauffant, d'Ussel se résume en cette déclaration de principe : « *Ce n'est pas l'altitude qui fait le charme d'un pic, c'est sa forme et la difficulté qu'il présente à l'ascension. Et la vue que l'on a d'un sommet paraît cent fois plus belle quand on y arrive plein des émotions de l'obstacle.* » Curieuse psychologie du grimpeur en 1900 !

Ils descendent pour la veillée des armes, à Porté, salués des coups de casquette des hommes et du sourire des femmes mettant à nu les dents incomparables des belles Cerdanes, cambrées sur la hanche, et délicieuses ce jour-là.

A trois heures du matin — 14 septembre — ils sont déjà derrière les vitres à épier le temps. A quatre heures ils sont partis.

De nouveau le chemin de la Porteille-Blanche…. Le voici, le rocher, tout droit, tout noir ; — un rayon de soleil, il est rose ; — plus de soleil, il redevient noir ; — brouillard, il se cache. Marfaing parle de faire demi-tour. Soleil, brouillard. « Cette vierge veut flirter », pense d'Ussel, « flirtons ! » Et l'on continue. La formidable paroi Nord n'est même pas à essayer, l'Ouest est pareil, l'Est est douteux. Allons voir au Sud, dit Marfaing, et les deux grimpeurs montent à un col anonyme qui limite le pic : les voici à 2500 : ils n'ont plus à travailler que pour cent soixante mètres….

Ce fut l'idéal. Quelle Meije !

Essai de Marfaing sur une corniche, par des rétablissements sérieux ; échec, demi-tour. — Deuxième essai : un escalier de granit à peu près sans prises ; Marfaing devient

un géant : il est transformé, empoigné par la montagne,
prêt à risquer l'impossible ; il fait la première marche par
un rétablissement talons joints, pointes des pieds basses,
devant d'Ussel étonné, admirant et respectueux ; et puis,
une deuxième marche ; et puis, une troisième ; et puis,
impossible : demi-tour, le deuxième ! Il faut redescendre,
alors c'est effrayant. Marfaing, un moment, passe ses deux
mains sous lui, s'assied dessus, élève lentement tout son
corps sur ce point d'appui, résolument se jette dans le vide,
se retourne du côté de la montagne et se raccroche avec ses
deux mains à la saillie qu'il vient de quitter. Manœuvre de
trapèze au cirque : mais ici nous ne sommes pas au cirque,
et deux cents mètres de vide au-dessous. Un bravo sort de
la poitrine de d'Ussel.... — Ils trouvent un couloir, se
cramponnent à des herbes, coordonnant leurs mouvements
pour profiter des moindres prises. — Ils défilent sur une
mauvaise corniche. — Puis tout à coup une dalle de cinq
mètres ! Marfaing se hisse ; — alors, avec d'Ussel resté à
l'étage inférieur, les brefs dialogues caractéristiques (Castelnau et Gaspard au Chapeau du Capucin) : — *Je vais
monter plus haut, ici je ne suis pas assez solide pour vous
tenir. — Bon. — J'y suis. — Laissez moi de la corde et
surtout ne me hissez que si je vous le demande. —
Compris. — Donnez-moi de la corde : y en a-t-il assez ?
— Encore un mètre* (la corde se déroule, on entend son
frottement sur le rocher). — *Vous y êtes ? je pars. —
Allez.* (D'Ussel parti, haletant, la corde monte lentement.)
— *Surtout ne tirez pas, suivez mon mouvement.* — Et au
bout ? Une nouvelle muraille, et un passage plus effroyable
que les précédents : Marfaing a un visage d'une angoisse
indicible, il se déchausse, il se hisse : *le sommet est là !*
D'Ussel électrisé par ce mot, se hisse. — Hourra : la cime...
Oubli de toutes les souffrances, joie de la réussite. *Se sentir
sur une terre que n'a encore foulée aucun pied humain,*

sur un point neuf dans un monde si vieux! Il est anonyme. Eh bien, le 2661 s'appellera le *pic Marfaing* (comme aux Alpes il y a le pic Gaspard). « La vue est médiocre. »

Et la descente, le revers de la médaille. Elle effraie les deux braves! D'Ussel est à la corde : — *Donnez de la corde et laissez-moi faire, surtout ne me retenez qu'en cas de malheur. — Bon. — Deux mètres... encore un mètre... j'y suis.* Bruit des clous qui grincent, des doigts qui se cramponnent, de la corde qui frotte, des pierres qui descendent. A la corniche d'Ussel veut se décorder, Marfaing s'y oppose, — heureusement, car un peu plus bas voici d'Ussel précipité la figure contre le rocher, et commençant à tournoyer sur lui-même autour de la corde : une de ses mains a cédé....

Ils mirent trois heures pour monter et descendre cent soixante mètres de différence de niveau. A onze heures et demie au col. — *Vous recommenceriez?* demanda d'Ussel à Marfaing. — *Non, Monsieur.*

(Mais c'est dans l'*in extenso* du livre qu'il faut lire la description minutieuse des manœuvres de cette escalade. Morceau typique de littérature alpiniste.)

Et huit heures de marche par le port de Font-Nègre (région brûlée et triste, vue sur les beaux escarpements Nord du pic d'Encorbs et de la Tosetta de Esquella), le territoire Andorran des sources de l'Ariège, et le chemin du port de Saldeu, les ramenèrent le soir, fatigués et énervés, à l'Hospitalet.

Et un mois après, d'Ussel faisait demi-tour! Sur le Brasseil! le Brasseil de 2220 près d'Ax. Encore une obsession. Il avait appris que par Ascou il est facile. Alors il le voulait par Orlu. Avec Rauzy ils essayèrent: ils se mirent sur un couloir dont ils ne purent venir à bout. Quelques jours après, d'Ussel avait la mince consolation de faire le

Brasseil avec Vincent Cénac, mais par Ascou, et dans le brouillard.

(Une mésaventure de Marfaing; le *Bulletin Sud-Ouest* lui estropie son nom qu'il écrit *Mayanig : pic Mayanig.*

L'écriture de d'Ussell est difficile à déchiffrer. Ce qui fait que le compositeur du *Bulletin*, après avoir conduit d'Ussel avec Mayanig à *Peyrefauque* (Peyrefourque) et au *Fort de Font-Nègre* (port), le mène *avec les guides Rauzy et Marc* (Rauzy, de Marc) sur les crêtes de *Recoped* (Recofred) ou, par le fond de la vallée de *Soulum* (Soulcen) faire le Montcalm par *Rionfud* (Rioufred.)

VIII

LES PICS *A* ET *B*.

Les *Cimes Ariégeoises :* livre sévère, et un peu uniforme — comme la région décrite. Voyez les photographies du volume, rochers étranges, sinistres. Sont-ce bien là des Pyrénées ? On dirait une hallucination, des Pyrénées d'Edgar Poe.

Livre ardu au premier abord, invraisemblablement ardu, « écrit pour les coureurs de sommets », d'ailleurs, et devant lequel le lecteur peu montagnard, épris de Taine, est tenté de faire « demi-tour ». Eh bien, persévérez, et ce livre devient sympathique et pénétrant. La « difficulté » est racontée de façon insistante et photographique — la gravité dans le fanatisme — mais par un alpiniste qui ne fait pas de sport (il fait de la montagne, c'est bien différent), et qui, surtout! ne fait pas d'humour. Quand il est en difficulté, ou en danger, il dit ses sensations ou ses transes; naturel, sincère, et sans aucune pose.

Et puis cet alpiniste est pyrénéiste, donc épris. Il a
l'amour des Pyrénées — de ses Pyrénées de l'Est. Et dans
les interstices des récits de difficulté il a glissé maints épisodes du détail de la vie pyrénéiste, effets de matin, effets de
plein soleil, effets de soir, nuits dans les orrys, etc., vus par
un délicat et un distingué, avec le sentiment de la poésie et
de la couleur.

Au total livre essentiel.

D'Ussel paraît avoir l'étoffe d'un très remarquable écrivain
de montagne. S'il ne tombe pas du côté où il penche, dans
l'excès et l'obsession du casse-cou. S'il se rend compte que
le meilleur chapitre de son livre n'est point le pic Marfaing,
mais simplement les pages sur Vicdessos....

Mais saura-t-il se retenir ?

Sa campagne de 1901 comporte :

Du côté Vicdessos: le pic *de Malcaras*, 2904 fait en col,
et la *Pique d'Estats* en col par les trois cimes : partant du
port d'Estats, et successivement l'occidentale, la centrale,
et l'orientale : *c'est la vraie course de l'Estats*, décrète-t-il,
mais à l'usage exclusif des grimpeurs éprouvés.

Du côté l'Hospitalet les pics *d'Embalire* et *de Font-
Nègre*, la *Coma-Pedrosa*, et — avec le fameux Marfaing —
une *course dans le massif de l'Estanyo.*

Le Puyg d'Estanyo 2911, fut pris en 1878 par Gourdon
et de Monts avec Courrège, (venant du Casamanya, par la
crête) : pic facile, à la vue immense et splendide. Il ne s'agit
pas de lui ici, mais de deux annexes, inférieures en hauteur,
n'ayant même point de nom — d'Ussel les nomme *Pics A*
et *B* — mais paraissant « terriblement difficiles »…. Or,
voici que de près, cela menace de s'arranger: voici que
l'ascension se ferait facilement par un couloir en pente douce
jusqu'au col, et de là au sommet. Pas de ça ! si d'Ussel est
venu dans ces hautes régions, et avec Marfaing, ce n'est pas

pour une promenade, mais pour une escalade. « *Quel est le
charme d'un pic sur lequel on monte sans autre effort
que la fatigue d'une pente excessive? je ne l'ai pour ma
part jamais compris. Il faut un certain frémissement de
tout l'être pour que l'ascension soit intéressante, il faut
avoir fait un travail énergique et presque surhumain
pour avoir mérité les jouissances d'un beau coup d'œil,
il faut avoir senti un souffle de vertige pour avoir le droit
de fouler un sommet.... Puisque la montagne est une
chose sainte, il faut que l'homme se rende digne de sa
conquête par une préparation en rapport avec le sujet ; il
faut qu'il se recueille, et quel recueillement plus sublime
que celui du danger? C'est une folie, dira-t-on ; mais c'est
une folie nécessaire pour comprendre la montagne.... »*

Sur ces théories, il se met en devoir de chercher la difficulté, et il trouve mieux qu'une cheminée : une *rainure....*

Une rainure ! Nous évoluons vers le plus dur que le meijisme, vers le *gréponisme....*

Il eut les pics *A* et *B*. Ce fut horriblement dur.

Et nous avons, par surérogation, quelques jolies incidences
sur l'Andorre ; son vieux chemin : « *Depuis combien de temps
existe-t-il, ce chemin caillouteux, identique à lui-même ?
Combien de générations l'ont foulé? Qui saura même si
depuis sa construction il a été réparé une fois ? Mais il a
vécu ; les hommes d'aujourd'hui, plus difficiles et moins
rudes que leurs grands-pères, ne s'en contentent plus, il
leur faut un chemin neuf, et la France fait construire
une « route » pour se rendre de France en Andorre »*
(une route ! *finis Andorræ*) ; ses indigènes méfiants, arro-
gants ; sa légion de pics encore peu soumis — occasion de
remuer de nouveau tous ces noms de pics orientaux. — Et à
la sortie le Rialp, impressionnant : Russell et Packe l'ont eu
facile par le Sud, mais à l'Est il paraît « terriblement difficile » : c'est bien tentant, il faudra y repenser ; — et la vallée

de Siguer et ses crêtes bizarrement découpées, et l'étang
Blanc, très bleu, et les granits affreusement lisses des pics
de Thoumas et de Thoumasset, et encore des crêtes fantastiques, des rochers verticaux, pic de l'Étang-Blanc, pic du
Bouc ; et pour finir l'ascension facile du pic *Vieil du Cercle
2712*, belle vue ; et de là encore un regard sur le Rialp qui
a aussi l'air difficile par le Nord....

Cette *Course dans le massif de l'Estanyo* a paru dans
l'*Annuaire* du C. A. F. de 1901.

VINGTIÈME SIÈCLE

(SUITE)

IX

LACS DE CADEROLLES ET PIC DES QUATRE-TERMES.

Car voici que les Pyrénées reprennent dans l'*Annuaire du Club Alpin*. Est-ce un autre recommencement total de l'exploration de la chaîne qui se prépare?

Et recommencement par le commencement. Par le Néouvielle, le vieux Néouvielle, l'ossature des Pyrénées primitives, l'embryon du pyrénéisme.

Aujourd'hui c'est par un côté jusqu'ici négligé qu'on va le reprendre. Le côté des lacs de Caderolles. Côté non pas inconnu, mais délaissé, parce que primé par bien d'autres ; et puis, pas gai.

« Comme Luchon, Bagnères a aussi ses *quinze lacs*, mais c'est une course peu intéressante », disait Russell dans les *Grandes Ascensions*. Et pour bien être compris, sur le bassin de Caderolles, il mettait en gros caractères : C'EST L'ABOMINATION DE LA DÉSOLATION. Il ajoutait: *mais une région très étrange.* (Et si pour revenir à Gripp par le désert et le lac de Montarrouy on pousse, par le col de Montarrouy, au col d'Aulon, « *la vue est de toute magnificence.*)

Encore un texte primitif: il date de 1872 (*Bulletin Ramond*), la dernière course d'Émilien Frossard fils : *Une excursion parmi les lacs*. Il voulait passer de Gripp à Orédon , alors c'était l'inconnu. Il prit avec lui un pêcheur, soi-disant chasseur d'isards, soi-disant ferré sur la contrée. Les deux hommes montèrent par la région des soi-disant « lacs » de Caderolles. Déception ! le plus grand, *une mare à têtards ;* les autres, *des flaques* ; les ruisseaux couraient sous les pierres, on les entendait. Le pays devenait de plus en plus bouleversé, horrible ruine granitique, une sorte d'Estom-Soubiran ; le plus expert (y fût-il berger depuis quarante ans) ne s'y retrouverait pas dans le brouillard. Mais un beau rocher fermait la vue à l'Ouest: c'est, dit Frossard , *le pic des Quatre-Termes* (c'est-à-dire, qui sépare quatre régions de dépaissances ; la carte de l'État-Major dit : *Soum de Port-Bieil*). Au fond, un cirque : *crêtes de Montarrouy, Portarras, pic de Port-Bieil, Pène-Blanque, Barrassé*. Entre Portarras (Arroque) et pic de Port-Bieil (Bastan) la *hourquette de Bastan*. On y monta : belle vue. Au Sud, sous les pieds, de charmants petits lacs (lacs Bastan ou Bastanet). N'ayant pas le temps de les explorer, Frossard inclina vers l'Ouest, guidant son guide absolument démoralisé ; il se trouva presque à l'origine du *vallon de Loule* (de l'oule de Vielle) : à droite s'apercevaient, dans des criques de granit, plusieurs autres lacs, les *lacs de Port-Bieil* (dont le grand Bastanet). La vallée était « une des plus jolies que l'on puisse imaginer : montagnes escarpées, forêts de sapins, riantes pelouses, rivière promenant ses eaux en courbes gracieuses ». Le guide totalement perdu. Frossard descendit, traversa la rivière, restaura son guide, remonta toujours Sud-Ouest ; — au « col entre Monpelat et Estoudou » Orédon parut au bas : *Ah te voilà, coquinn de lac !* s'écria le guide ; et il redevint très gaillard. Le panorama était « féerique »....

Un article sec : *Région des lacs,* par Despiau. (*Bulletin Ramond,* 1875.)

Un quart de siècle. Labrouche, 1897, séjourne et navigue au grand Bastanet (lac de Bastan ou de Port-Bieil). Le gîte, de nom caractéristique : cabane de *Porto-t'en-y* (de Porte-z'y-t'en ; sous-entendu : des vivres, si tu veux manger). La société : des contrebandiers « sans scrupules », qui rançonnent le voyageur. Labrouche y a des aventures telles qu'il décampe, et que même il reste muet sur ce séjour au grand Bastanet, « par respect humain et pour l'honneur des Pyrénées » (? ? ?)

Août 1900. Le docteur Verdun, professeur à la faculté de médecine de Lille, et de la section de Bagnères du C. A. F., dans une belle course (intéressant récit : *Mont-Perdu et vallée d'Arrasas,* dans le *Bulletin Pyrénéen* 20), part de Bagnères par Caderolles, les crêtes de Port-Vieil, le vallon de Loule et Orédon. (La suite fut belle : remonter par l'*Estaragne,* voir le beau glacier oriental du pic Long, omis sur la carte de l'État-Major ; puis avec Henri Soulé, de Gèdre, une montée sensationnelle à Tuquerouye : dans la nuit noire, sous la grêle et la foudre, et par les câbles ; horriblement dangereux.)

Maintenant c'en est fini, de faire les dégoûtés sur la région de Caderolles. On va l'inventer. Des Pyrénées épuisées on se contente fort bien désormais de gratter les fonds. Puis, les régions désolées et abandonnées sont à la hausse ; elles conviennent aux sauvages qui fuient la cohue pour chercher la nature.

Le docteur Lafforgue, de Bagnères, donne (*Bulletin Pyrénéen 21* et *Bulletin Ramond*) la *Région des lacs de Caderolles.* Et vivement il dégage la formule de cette région :

des gros blocs granitiques, et des petits, dans chaque dépression l'eau accumulée (des lacs!), déversoirs souterrains et bruyants donnant l'impression d'un abîme croulant ; quelques pins rabougris, des touffes de genévriers nains, çà et là un peu d'herbe rare, pour les isards, et sur le tout un soleil brûlant invitant à boire l'eau glacée ; extrême sauvagerie. *Est-ce à dire que cette région soit dénuée d'intérêt? Au contraire.* Elle vaut par elle-même. Ce coin des Pyrénées a un « cachet spécial » : *tous les éléments sauvages et tristes se trouvent condensés pour le repos de l'esprit et la détente du système nerveux surmené par les préoccupations et les tracas de la vie de tous les jours.* (Caractéristique de notre temps, cette croyance d'une foule de vigoureux gaillards, qu'ils sont des « névrosés », des « surmenés », — et cette préoccupation de le « détendre », leur petit système nerveux !)

L'*Annuaire* du Club Alpin prend l'affaire. En 1900 il se rouvre pour les Pyrénées précisément avec *Exploration de la région des lacs du pic du Midi, massif du Néouvielle,* et en 1901 *Exploration de la région des lacs du pic des Quatre-Termes et de celle des lacs du Néouvielle, par A. Lacoste, professeur au collège de Bagnères, et le docteur Verdun.*

Les auteurs de ces monographies groupent les lacs en une triade, trois constellations autour de trois pics : — pic du Midi (Niclade, Aygue-Rouge, Arize, Oncet, Izabit, Ourrec, lac Bleu, Peyralade), — pic des Quatre-Termes (Caderolles, Port-Bieil, Aygues-Cluses), — Néouvielle (lacs des vallées d'Escoubous, de la Glaire et du Bolou, du Brada, de la gorge de Couplan). La donnée est superbe — innombrables, dans des régions incroyablement contrastantes, ces lacs constituent un des plus beaux programmes de courses — et elle a été traitée ici avec chaleur dans des pages brillantes

qui exaltent Izabit, « radieuse excursion », — le lac Bleu,
« roi de la vallée de Lesponne », — le lac Vert, dans cette
gorge d'Ardalos à la vue si belle : « spectacle à mouiller les
yeux les plus inertes » (et le bois de Pouzac, « toujours
splendide malgré les coupes sombres : *ah ! que de deuils ont
coûté aux bois séculaires les écoles des petits villages
dont les coupes forestières sont l'unique ressource..., le
montagnard, oubliant trop le devoir de solidarité, massacre les forêts* »), — et l'horrible ruine de la région des
Quatre-Termes — et la splendeur étincelante de la région de
Couplan, sous le Néouvielle, souverain d'un tel royaume....

L'abomination de la désolation, résumait Russell pour
Caderolles. Aujourd'hui Lacoste et Verdun, paraphrasant,
disent de façon saisissante la grande carie granitique :

« *Rien de plus désolant, de plus triste et de plus impressionnant à la fois que ces régions granitiques où seuls les
isards et les vautours peuvent trouver un asile. Les monts
et les crêtes déchirés, brisés, pulvérisés, s'écroulent et
tombent en miettes. Ce ne sont de tous côtés qu'amoncellement de blocs, chaos, ruines gigantesques couvrant de
leurs débris les bas-fonds et les flancs des montagnes. Aux
bords seuls des lacs la vie fait tous ses efforts pour se
montrer. Une herbe maigre et courte pousse dans les
interstices des rochers, des touffes de rhododendrons
croissent çà et là, enfonçant profondément leurs racines
pour trouver leur nourriture. De loin en loin de rares
pins, échappés par miracle à la tempête et aux avalanches,
dressent vers le ciel leurs troncs noueux et difformes : leur
sombre feuillage accentue encore la note de tristesse de
toute cette contrée chaotique. Lorsque, l'été, la neige
disparaît complètement, que rien ne cache la navrante
nudité de ces montagnes, le spectacle qu'elles nous offrent
est d'une superbe sauvagerie.* » Le pic des Quatre-Termes
marque le centre et le point culminant de cette désolation.

Mais si la région des lacs des Quatre-Termes est belle, celle des lacs de Couplan est *admirable.*

Ici un curieux incident. Une protestation de Labrouche, (*Bulletin Pyrénéen 36*) très courtoise de forme, d'une extrême vivacité de fond. Il bondit, à ce classement empirique des lacs autour des trois pics pour centres, qui pour lui ne répond à rien, pas plus au point de vue orographique qu'au point de vue foncier, ou historique, ou pittoresque.

Le vrai classement, fondamental, c'est en trois zones pittoresques, suivant que les lacs appartiennent aux versants de Campan, de Barèges, ou d'Aure. Dans la zone campanoise, tout est forêt et verdure, les lacs sont d'un charme agreste, sauf Bizourtère, fort triste malgré son nom de lac Bleu ; — dans la zone barégeoise, tout est rocher et désolation ; — dans la zone auroise, tout est splendeur.... Voilà ce qu'il faut dire.

Et, en passant, une réhabilitation « énergique » du grand Bastanet (Bastan, Port-Bieil, Pas de la Crabe), que Lacoste et Verdun n'ont pas traité avec assez d'égards. Braconniers sans scrupules mis à part, c'est un des plus beaux lacs de la Suisse pyrénéenne, et quinze jours Labrouche s'y est « rassasié de ses magnificences ». Qui plus est, « c'est une des grandes routes de l'avenir », au centre de douze passages....

Naturellement, riposte de Lacoste et Verdun (*Bulletin Pyrénéen* 37); on devinera qu'il s'y trouve quelques pointes sur la « vivacité ordinaire » de Labrouche, « marin éprouvé » par un « voyage de circumnavigation autour du lac d'Aumar »; sur les foudres de l'Ecole des Chartes, etc., etc.

En somme, duel bénin. Deux articles « échangés sans résultat ».

Voir encore: Verdun : *Les Laquettes* (*Bulletin Pyrénéen* 22) ; *Le Pic des Quatre-Termes, ascension par le Nord-*

Ouest (Id. 36). — Capitaine R.... : *Au lac d'Izabit par le Davantaïgue (Id. 27 ; avec une intéressante photo : le capitaine R... conduisant à la montagne ses artilleurs).* Et autres articles du *Bulletin Pyrénéen.*

X

BRULLE ET D'ASTORG :
LA POINTE DU PIC DU MILIEU.

Suite des « courses nouvelles ». Brulle est arrivé à réussir *l'Astazou par l'arête du Pailla* (c'est-à-dire par cette grande arête qui y monte directement de Gavarnie). A un moment il s'est trouvé coincé dans une cassure de l'arête, ne pouvant ni avancer ni se retourner. Célestin lançant la corde, a dû l'enlever au *lazo....*

Dans ses courses Brulle se rappelle Swan : un hardi et vigoureux garçon, chassant pendant des semaines campé, dans les veillées racontant à ses guides de belles parties de boxe faites avec son valet de chambre : maintenant il élève des moutons dans le Sud de l'Angleterre et court en steeple....

Et à ce propos, Brulle va refaire encore l'Astazou par le Nord, et cette fois il serre évidemment de plus près la trajectoire de Swan et Henri Passet, car il la trouve extrêmement dure et reconnaît que, tout vérifié, *le récit de Swan répond à la réalité.*

Solution d'un piquant problème pyrénéiste.

La question du *pic du Milieu* de la Maladetta. Le vrai point culminant a-t-il été fait ?

Ce pic est une longue arête, les guides vous y conduisent à un lieu d'élection : vous objectez que plus loin une pointe

de rocher semble dominer un peu. — *Là on n'y va pas !* —
En alpinisme ce n'est pas une réponse.

Le 7 juillet 1901, d'Astorg et Brulle, ayant joint à Luchon
Célestin et Salles, attaquent le pic du Milieu par son milieu.
La bergschrund est facile, mais au-dessus les rochers verglassés exigent de très grandes précautions. Sommet — le
vrai — un monument mégalithique : un gros bloc sur-
plombant, et, posé dessus, un obélisque. — Seul le pic du
Portillon d'Oo est d'une extrémité plus sensationnelle. —
Les ascensionnistes se placent sur l'obélisque, c'est l'ascension complète. Descente par le même chemin, « avec
d'infinies précautions : c'est vraiment dangereux. Sans le
mauvais temps on aurait essayé de suivre la crête jusqu'au
col Coroné. Gros obstacles probables. »

XI

L'ARÊTE PEYTIER-HOSSARD.

Le mois suivant, attaque d'un autre problème, passionnant,
qui hante les pyrénéistes depuis 1898. Concernant un tel pic,
le Balaïtous, et de tels hommes, les géodésiens....

La recherche de la « brèche Peytier-Hossard ».

Brulle et d'Astorg vont essayer de la trouver.

Leur solution sera très originale.

Et d'abord, c'est une brèche hypothétique, cette brèche
par laquelle les officiers seraient passés du Plan d'Arribit
sur la face Est pour aller finir par le glacier de Las Néous
et la cheminée : car rien n'assure que l'ascension finale ait
eu lieu par l'Est. Mais alors, ce qui est à retrouver, c'est une
route entièrement nouvelle.

Les rapports de Peytier sont vagues, même nuls, comme

indication ; aucun mot technique, corniche, cheminée, glacier, crevasses. Toujours : « les passages ».

Cependant il semble que la cheminée, la corniche du glacier de las Néous et ses crevasses lui eussent arraché malgré lui une indication caractéristique.

Les probabilités sont pour un itinéraire autre, qui devra répondre à ces données du rapport : du Plan au sommet en cinq heures, — les difficultés praticables à des hommes chargés — et ne prenant dans des conditions ordinaires que « vingt minutes » pour la plus mauvaise partie, voisine du sommet.

Sur ces déductions, Brulle et d'Astorg, avec Célestin, ayant couché à la cabane de la Ribette, ou de Larrivet (par corruption, l'Arribit), examinent le 3 août 1901 vers quel itinéraire doivent être naturellement sollicités du Plan d'Arribit des gens qui ne connaissent pas le chemin du pic.

Examen qui va les mener à une course qu'on peut appeler dans sa première partie : *les trois brèches du petit Balaïtous.*

En face, le petit pic (Balétous des bergers) et derrière lui « le front du monstre », la pointe du grand Balaïtous (Marmuré des bergers). A gauche et à droite du petit pic, deux arêtes, chacune avec une dépression ou brèche.

La brèche de droite, Ouest, côté Batcrabère, est de beaucoup la plus tentante, surtout pour des hommes placés au Plan.

Néanmoins Brulle, d'Astorg et Célestin montent d'abord inspecter celle de gauche, côté Fachon : presque un col. Mais de là, il faut renoncer à monter au petit Balaïtous : — impossible. — Et aussi à descendre en oblique vers le petit lac de Fachon pour aller prendre le glacier de las Néous : — trop difficile pour une caravane chargée. Puis la seconde ascension des officiers fut fin d'août, à cette époque le glacier est à nu, fort repoussant, et une telle glace est peu dans la manière des hommes de 1825 ; d'ailleurs, pour monter par las Néous, pourquoi coucher au Plan quand on a naturellement Labassa ? Donc, élimination de la brèche Est et de l'idée que l'ascension s'est achevée par la cheminée.

Alors, longeant le petit pic par le Nord, traversant le glacier, Brulle, d'Astorg et Célestin vont donner dans la brèche Ouest, profondément entaillée (déjà pratiquée par Célestin à la chasse).

Formidable, de l'autre côté du profond vallon de Batcrabère, apparaît le Marmuré.

« La vue n'était pas engageante et nous faillîmes renoncer. »

Mais à y regarder de près, des sentiers de moutons côtoient le revers Sud de la brèche, montant vers le petit pic. On les suit. Les moutons se montrent bientôt. En trois quarts d'heure d'une montée rude mais sans difficulté on est sur la *dépression, brèche ou col qui sépare le petit Balaïtous du grand* (troisième brèche : Sud du petit Balaïtous. Pour dire précis : arête incurvée, et *incidentée*, qui joint le petit Balaïtous à la base de la précipitueuse arête Nord du grand).

Le petit pic est à quelques minutes au Nord, presque de plain pied. Ce petit Balaïtous qui vu de las Néous a l'air, dit Russell, d'une flèche de cathédrale, et qui du Nord est un pic caractérisé, par le Sud est inexistant.

« *Et de l'autre côté le grand Balaïtous, dont nous séparent des dents de scie, des gendarmes, des abîmes, des murs...* » (les incidents du col, de l'arête incurvée).

Sur cette brèche, ou sur cette arête, il y a des textes !

Quelqu'un a peut-être fait la course des trois brèches du petit Balaïtous. Rappelez-vous Russell dans son « exploration » de 1870 ; avec Gaspard Basile et le vieux chasseur Poulou Sallettes montant de Labassa le long des crêtes de Fachon, visant le petit pic, arrivant « à une brèche au delà de laquelle rien d'humain ne peut monter » (brèche Est), passant par cette brèche, longeant le Nord du petit Balaïtous, allant ressortir par une autre brèche (peut-être la brèche Ouest), mais, lui, descendant dans Batcrabère..., et après péripéties et ayant fait le tour complet du Balaïtous par la Pierre-Saint-Martin, revenant à Labassa, remontant par le glacier de las Néous, et — comme Sallettes ne trouve pas la cheminée appétissante à première vue — allant « voir comment vont les choses *au Nord du grand pic, en passant la tête dans la brèche facile, haute de 3000, qui sépare les deux Balaïtous* », le petit pic se trouve tout près. Il croit « que l'on pourrait facilement passer de l'un à l'autre en quarante-cinq minutes ». Mais il ne dit pas comment. Il dit aussi : « on ne voit que des abîmes où le vent du Nord a réussi à faire coller la neige, qui ne tiendrait pas sans cela ». Et sur cette vue, on opte pour la « gouttière », la cheminée. Retour par l'arête Ouest et couper de biais sur Fachon et Labassa.

L'année suivante, le grand voyage de Lequeutre à Rodeillar, etc., qui se termine par le fameux « Balaïtous en un jour, des Eaux-Bonnes », a commencé par un Balaïtous manqué. Accompagné d'Henri Passet, mais avec un guide local (Trélain) inexpérimenté, Lequeutre, parti de Labassa malade, à la diète, les jambes tremblant sous lui, couche sous les rochers de Fachon, et le lendemain 6 juillet 1871, galvanisé par la fraîcheur du glacier et de la neige, atteint *le col qui réunit le petit Balaïtous au grand*. Là, il se trouve en face d'un abîme couvert de glace et de neige, à pente verticale, et qu'au dire du guide il faut traverser pour atteindre la base du grand pic. Devant ce dire d'un guide local, comment douter? Henri Passet déclare donc avec Lequeutre que ce serait folie. Il faut abandonner; c'est triste, mais qu'y faire? Et on redescend à Labassa. La contrariété avait secoué Lequeutre et achevé sa cure! — Et Lequeutre ajoute : « *Un mois après je pus m'assurer* (du sommet du Balaïtous) *qu'il eût été possible de passer en s'élevant seulement de quelques mètres, et Orteig m'affirma que le passage existait.* »

Si le passage existe, c'est maintenant que nous allons le savoir.

Les apparences sont telles, que pour la troisième fois de cette journée, Brulle et d'Astorg croient la partie perdue!

Cependant Célestin se hasarde sur la crête, il paraît, disparaît, reparaît, il appelle.

Brulle et d'Astorg partent, — et ce jour-là, avec du verglas, — sans corde, — d'abord *un pas sensationnel*, enjambée à plomb sur le glacier, — des pointes de roc, des fentes entre les blocs, et des corniches étroites....

Eh bien, les voilà, dans l'imprécision du rapport, et dans leur variété, les *passages fort mauvais, très périlleux*, dont, l'*un* a nécessité *l'emploi de la corde pour les effets et quelques hommes*, et qui comportent *vingt minutes*....

Les difficultés franchies, puis le V dans lequel Russell mit la tête dépassé, pied de la pyramide finale et de la redoutable arête Nord. Cette arête, étant donné qu'on cherche la voie la plus pratique, s'évite facilement: à droite est un grand couloir; en haut une crête avec une petite brèche; cette brèche franchie, passer au Nord-Ouest et atteindre la cime (par la fin de la route Ouest ordinaire).

Solution infiniment vraisemblable, et élégante. Le Balaïtous infaisable par le Nord, c'est par le Nord que les officiers avec leurs hommes l'ont fait trois fois....

Brulle, d'Astorg et Célestin descendent par la même voie jusqu'à la dépression entre les deux Balaïtous.

Cette dépression, c'est la brèche Peytier-Hossard la plus certaine. Mais les géodésiens ne l'ont pas franchie en col. Ils l'ont longée. C'est donc l'arète Peytier-Hossard (en trois temps : 1° le col, peu marqué, près du petit Balaïtous ; 2° les difficultés ; 3° la brèche en V).

Quant à la brèche du bas, Ouest du petit Balaïtous : elle est possible, mais non certaine : on peut l'éviter en contournant la crête plus à l'Ouest et en la tournant plus bas, au niveau du lac inférieur de Batcrabère.

C'est ce que firent Brulle, d'Astorg et Célestin, au retour de cette belle expédition de dix-sept heures qui est aussi une page d'histoire : restitution du « Balaïtous par le Nord » (à faire tressauter l'ombre de Wallon) et création de l'arête Peytier-Hossard.

Et maintenant, qui instituera les brèches Célestin, Brulle, Bazillac, de Monts, d'Astorg, etc. ? Il reste, en mémoire de la conquête des Pyrénées, une série d'actes de justice à accomplir.

XII

FONTAN ET ROMEU. — LES ENCANTADOS.

Ludovic Fontan, né à Négrin (Tarn) en 1872. Nom pyrénéen : petit-neveu du docteur Fontan, célébrité médicale de Luchon sous le second empire. Habitant l'été le château de Chaum, au confluent de la Pique et de la Garonne : si délicieux fragment des Pyrénées ! — car enfin les Pyrénées ne consistent pas exclusivement en pointes de pics. Ayant donc deux entrées, deux sollicitations égales : Luchon et le val d'Aran. *(Courses dans la vallée d'Aran et autour des Monts-Maudits, 1903,* Luchon, Sarthe, 1903, brochure.)

En 1900, voulant observer le Comolo-Forno, avec Angusto et le chasseur Castex, par la gorge des Salenques, l'hospice de Viella, le lac de Bécibéri — bref par ce pays classique depuis les pages de Russell — il se lance, « par erreur, à l'aveuglette, dans le brouillard, et à la boussole », sur un piton du Bécibéri, croit avoir fait la première du vrai Bécibéri de 3004, et l'écrit dans le *Bulletin Pyrénéen* (*Le Bécibéri 3004*).

Mais Russell aussi, en 1869, avait fait un piton dans le brouillard, qu'il appelait d'abord « le plus occidental », puis « le Bécibéri, 3004, première ascension. »

Comme on dit au théâtre : il y a « double emploi ». Triple emploi. En 1866 Packe, du lac de Bécibéri, avait monté deux pitons, et conclu sagement que le plus haut, le vrai Bécibéri, ce devait être un troisième situé plus au Nord.

Quadruple emploi. Ce vrai Bécibéri de 3004, le septentrional, les frères Spont et Sansuc l'ont enfin monté en 1899. Sans le dire, d'ailleurs.

Fontan reconnaît vite son erreur, dans l'*Annuaire* du C. A. F. où il rectifie : *première* (??) *ascension d'un pic sans nom, ou des Abellanès* (??).

L'année suivante, 1901, Fontan fait ce qui est à faire. Il songe à prendre les Encantados..

Les Encantados, eux, ont fait le maximum du possible : ne pas être pris durant le XIXe siècle, le siècle de la capture des pics. Il est vrai qu'ils n'ont jamais été attaqués. Pourquoi? leur apparence rébarbative? Non, la difficulté, au contraire, dans notre temps, provoque et attire. Tout simplement, ils ne sont pas sur le chemin. (Tel fut quarante ans le Balaïtous.) Il faut aller de Luchon passer le port de la Ratère, d'ailleurs facile dans un pays superbe. Eh bien, on ne va pas de Luchon au port de la Ratère. On va de Luchon aux ports d'Oo, de Bielsa, même de Cambieil, on va aux Alpes, au Caucase, à l'Himalaya, on ne va pas au port de la Ratère. Gourdon cependant, il y a un quart de siècle, y est allé : il en a été récompensé par la découverte d'un nouveau monde; Schrader y est allé : à cela il a dû d'écrire un des merveilleux chapitres du pyrénéisme. Saint-Saud traversa la Ratère, mais en venant sur Luchon. Mais quand au retour du Grand Péguère, Gourdon découvrant les Encantados se propose de les prendre l'année suivante, vaine parole. Et Brulle, lui, va rêver Encantados vingt ans et rester à Gavarnie.... Et en 1901 lorsque Fontan propose à Gourdon de foncer en commun sur cette riche proie, Gourdon refuse, il est retenu par ses occupations, « pas cette fois-ci », etc., — l'*engluement luchonnais*....

Mais dès la première année du XXe siècle, les Encantados devront céder. Nom sonore, région merveilleuse, réputation mystérieuse du pic, tout est pour tenter.

Nous rentrons dans l'histoire et le pyrénéisme de conquête.

Fontan, avec Raphaël Angusto (qui d'ailleurs, ayant vu les Encantados de loin, les juge imprenables) et un autre guide luchonnais, Bernard Sales, part de Luchon le 27 août, et à Viella prend au passage un ami, Don Isidoro Romeu, ascensionniste passionné, avec son guide excellent Bartholomé Ciffré.

Le lendemain, traversant le cirque de Sabourédo, émerveillés de ses lacs, de ses aiguilles (la centrale, invaincue), et commençant à réveiller tant de beaux noms endormis

depuis un quart de siècle, ils débouchent à la Ratère ;
apparition subite des Encantados, superbes, fascinants,
permettant à peine d'admirer ce qui les entoure, saisissants :
il n'est pas certain du tout que ces fières aiguilles se lais-
seront emporter le lendemain, elles ont bien l'aspect du pic
« moderne », du pic non dominant mais à tablature. Ils
viennent gîter à une cabane abandonnée entre les lacs
Liosas et San-Moricio.

Devant eux au Sud-Est s'ouvre la vallée du rio Escrita
descendant à Espot ; plus loin le lac de San-Moricio ; à
droite, plus loin, l'ouverture de la vallée secondaire de
Monestero, puis le promontoire colossal des Encantados,
puis l'ouverture de la petite vallée secondaire d'Entranseroll,
puis au fond les crêtes de Llynia et Fonguéra que monta
Saint-Saud croyant aller au grand Péguère....

La nuit vient, la lune rend les Encantados plus redoutables encore. Nuit à la Tonnellé devant cette nouvelle
Fourcanade.

Le lendemain 29 août, les ascensionnistes partent, s'émer-
veillant de ce pays sous le ciel éclatant. *Malgré les peines
que l'on éprouve à atteindre ces régions fantastiques,
quand on y est allé une fois, on est fatalement porté à y
revenir.* C'est l'attraction du Marboré, appliquée à un pays de
granit. A six heures du matin on entre dans Monestéro. Le
point d'attaque est si difficile à trouver qu'on pense renoncer.
Enfin voici un couloir pierreux ; à midi on atteint la crête,
la « brèche de Monestero », dont le revers donne sur le
vallon pierreux d'Entranseroll, où au pied des précipices de
Llynia et Fonguéra dort un petit lac ignoré : *par là, on
pourrait peut-être arriver à la brèche des Encantats
et attaquer l'aiguille orientale d'apparence inaccessible.*
L'aiguille occidentale est à gauche, on en est séparé par une
série de gendarmes, le dernier masque le pic et constitue un
surplomb.

Laissant sacs et piolets on attaque une gouttière. Un gros bloc lisse doit être passé à la corde. On est au pied du surplomb, toute prise devient impossible. Il faut passer suspendus dans le vide, sur d'étroites corniches — *corniches* est un mot beaucoup trop confortable, c'est sur d'étroites *vires* — qui offrent à peine place aux doigts : un faux mouvement et on va directement à trois cents mètres plus bas dans Entranseroll. Angusto, merveilleux, passe sans corde. *Voilà le pic !* crie-t-il. Puis attachés, collés au rocher, Fontan, Ciffré, Romeu, Sales. Et ce qui est bien de notre temps : Fontan sitôt passé fait une photo des autres qui passent. Et ce qui est non moins de notre temps : Fontan, qui connait la psychologie des grimpeurs, réfléchit : *ceux qui viendront après nous diront probablement que ceci n'est qu'un jeu d'enfant ;* mais lui, il avoue son émotion.

Et voici le sommet, 2747. Une heure et demie du col pour monter de cent cinquante mètres. Les guides fous de joie. (*Ad augusta per Angusto.*) Fontan et Romeu se serrent la main, heureux que le pic soit de conquête franco-espagnole. Panorama fort étendu : sierras catalanes, — Comolos Pales — Colomès, Sabourédo, Basiéro — tout ceci resté lettre morte pour le pyrénéisme depuis Gourdon 1880, — Subenulls, Péguéra, Lynia, Fonguéra, — immensités dénudées d'Esterri et de la Pallaresa. A l'Est, un peu plus basse, de l'autre côté de la brèche des Encantats, la seconde aiguille. « *Elle promet, je crois, de rudes émotions à ceux qui la tenteront.* »

Après un quart d'heure de repos et la tourelle d'usage, en une heure et demie, presque tout le temps à la corde, retour au col de Monestéro, où l'on arrive sans encombre « mais un peu nerveux »....

XIII

LE MASSIF D'ASPE.

La vallée d'Aspe est une vallée française qui se termine par un cirque espagnol.

La frontière pyrénéenne est coutumière de ces caprices.

Imaginez la vallée du Lys avec la frontière à la rue d'Enfer.

Ici, la rue d'Enfer, c'est le fameux *Pas d'Aspe*. Au delà, cirque espagnol, avec quatre pics espagnols.

Cirque et pics ne sont donc pas sur la carte d'État-Major.

Ils forment un chapitre de la grande chaîne calcaire parallèle à la frontière, du Mont-Perdu à l'Alano.

Mais si les pics d'Aspe sont espagnols, comment les nomme-t-on en espagnol ?

Les ingénieurs-géographes de 1785-90, Junker et autres, l'ont su....

En 1810, Chausenque, venant au Somport avec l'ingénieur Lefranc, découvre du col d'Aas de Bielle deux pics « portant encore avec fierté leurs têtes chauves », Aspe et Bernère. L'idée d'y monter lui vient. De Peyrenère, admirant le cirque, il voudrait le pic d'Aspe, d'où, lui dit-on, se voient Jaca et une grande étendue de monts. Mais aucun guide n'y veut aller : par ce temps de guerre d'Espagne la région est peu sûre ; un cadavre a même été vu au *col de la Gargante* (port d'Aisa ? notez ce mot de *garganta* intervenant dans le massif d'Aspe). Et le lendemain, au lac d'Estaens ses guides s'arrangent pour ne pas le conduire au Bernère (et réflexion faite ce Bernère ici est le Bisouri).

Ceci peint la situation de l'empire en 1810.... Chausenque s'en va. Mais il a devant lui cinquante ans de carrière pyrénéiste pour revenir sur ces beaux pics désirés....

Il ne revint jamais.

[En voilà pour soixante-six ans.

Dans le *Joanne* de 1858, au panorama du pic de Ger, Victor Petit inscrit avec doute *pic de Bernère?* sur le pic d'Aspe, et *pic d'Aspe* sur le Bisouri.

Russell en 1866, admire, de Peyrenère, « le superbe pic d'Aspe ». Mais il le néglige pour aller, suivant sa manière, au point dominant : en 1875 il prend « le fameux Bisouri », et résume d'un trait : vue des plus immenses, pays très singulier, montagnes étranges, contrastes des pâturages du vert le plus exquis alternant avec des terres écarlates. (C'est dire tout.) L'année suivante, dans sa descente du cirque d'Yp, il note encore « les masses bizarres et théâtrales des montagnes de Bernère ».

Pour du théâtral, précisément en voici : ce qu'on appelle au théâtre une « scène à transformation ». Les pics d'Aspe brusquement, changent. Ils étaient à la française, ils se transforment à l'espagnole.

Prudent a retrouvé les papiers de Junker. Le Pas d'Aspe y est entre *la Table* à l'Est, et à l'Ouest *Lia Lavata* et la *Rueba del Boso* derrière laquelle est le cirque d'Olibon ; le plus occidental des pics d'Aspe est la *Llena del Boso*, le plus oriental le *Licerin*.

Noms vibrants. Et en pyrénéisme la vibrance des noms est un élément dominant.

Wallon n'a qu'à partir de là et à compléter. En juillet 1878 — nous l'avons dit — il est à Aisa ; de là, vu par le Sud, le massif d'Aspe est le massif *del Boso* ou *de la Garganta* (il inscrit aussi sur sa carte, au Sud du massif, *crêtes*

de Tortiellas: mais Tortiellas — *Tortielhe* de Cassini — est
autre chose) et ses quatre pics sont de l'Ouest à l'Est:

Llena del Boso,

Llena de la Garganta,

Punta de la Garganta (pic d'Aspe),

Licerin.

Et il fait l'ascension de la Llena del Boso, au panorama
« incommensurable et indescriptible ».

Le mois suivant, seconde du Bisouri par Lourde-Rocheblave, Cadier père, John Bost, ils remarquent la Table,
montagne crétacée quadrangulaire. Retour par le port de
Gabedaille.

Puis c'est en 1881 Saint-Saud qui, revenu du Bisouri sur
Canfranc par le Sud du massif, note ensuite du col des
Moines: « belle vue sur les montagnes de Licerin et del
Boso à assises calcaires avec bandes de neige, se présentant
au regard étonné et toujours charmé de la régularité des
roches crétacées ».

Le beau *Joanne* de 1886 ne connaît encore, d'après
Wallon, que la seule Llena del Boso.

Un tel massif calcaire, aussi haut que le Ger et les Pics
d'Europe, demande décidément à être étudié, inventé, à
entrer enfin dans le pyrénéisme vieux de plus d'un siècle.

Voici.

XIV

SUITE. — GEORGE CADIER :
GARGANTA, LICERIN, CIRQUE DE TORTIELLAS.

En septembre 1891, l'aîné des fils Cadier, George, venu
avec son père au lac d'Estains, monte avec un berger d'Osse
à la Rueba del Boso 2419. En face, à portée de la main,

les quatre pointes d'Aspe. Une révélation ! Mais c'est un vrai diminutif du « massif calcaire » ! Au loin la Collarada. Sous les pieds, le lac d'Estains, les pâturages d'un vert intense, et le terrain, par endroits, rouge comme des blessures saignantes....

Trois ans se passent. Le 1ᵉʳ août 1894, George et Henri Cadier, revenant de l'Anayet et de la Collarada, écornent le massif par une ligne tangente à l'Est. Du *barranco d'Aguaro* ils passent une brèche sous les précipices du Licerin, et une dégringolade les met dans un fond de cirque remarquable, sur des pelouses que des fils d'argent de cascades rattachent aux parois du Licerin. C'est le CIRQUE DE TORTIELLAS, cirque de second étage. Montant ses faciles pentes septentrionales et laissant à droite comme un gouffre, le cirque inférieur, *cirque de Rio-Seto* qui débouche sur la route du Somport (Abdérame a pu jadis remarquer les cirques et le Licerin ! Voir dans le *Raid en Aragon* d'Alphonse Meillon, la photographie intitulée, par lapsus, *Pétragène*), ils passent le *col de Tortiellas* et, par les pâturages de Candanchu sous la *peña del Tobaso*, rentrent à Urdos, où George, au fort, achève « de façon fort plaisante » son année de service.

De cette course, les deux jeunes pyrénéistes emportent *un souvenir prestigieux de falaises dentelées et de cirques superposés.*

Le 13 septembre 1895 le jour du pic d'Aspe est enfin venu. George et Henri Cadier, Gore Booth (mort depuis au Transvaal), Louis Palaissy, R. de Turner et Paul Sery, partis de Peillou, franchissent le pas d'Aspe. Le cirque d'Aspe semble une réduction d'Yp : crêtes calcaires déchirées, parois précipitueuses, les cimes dominent de mille mètres. Pelouses et fleurs sous la muraille imprenable du pic d'Aspe. — Le point faible est la brèche qui sépare le pic d'Aspe de la Llena de la Garganta. Six cents mètres de névé incliné à monter. — *Brèche d'Aspe* 2350; passage du monde boréal aux régions des tropiques : l'Espagne ardente ; au loin, derrière l'Èbre, la sierra de Moncayo, à deux cents kilomètres ; près, la vallée et le village d'Aisa. — Contour par le Sud, facile. Et le pic, 2645 mètres (trois de plus que la Tour de Cerredo, trente-trois de plus que le Ger). Il porte pyramide. Il devait être fait déjà du temps de Chausenque. Mais littérairement, et comme pyrénéisme c'est sa première.

Panorama complet. « *C'est une de ces vues prodigieuses en présence desquelles, comme le disait Russell sur la Collarada, on s'extasie devant l'immensité ; on a l'infini devant soi. L'horizon plus borné à l'Est mais plus libre au Nord. Plaine de France et plaine d'Espagne fuient de chaque côté ; l'une — au delà de la vallée d'Aspe que le regard enfile — vaporeuse et bleue, rayée d'or au passage des gaves ; l'autre — au delà des grandes ondulations — étincelant comme un fer rouge, s'élargissant dans l'espace, où les rios alignent des diamants, s'évanouissent dans l'éblouissement du ciel. Oh! cette flamme où nos Pyrénées incrustent leur élégance et leur hardiesse et qui leur donne l'irrésistible séduction!* » Très belle aussi, la vue sur les montagnes, de la Biscaye au Posets. En somme vue analogue à celle du Bisouri. Mais avec un élément autre : le Bisouri lui-même, grandiose. On voit le lac d'Estains. A l'Est l'œil visite le cirque d'Yp. A l'Ouest, grandes vallées, petites sierras, jusqu'à la courbure de la Terre. Au Nord, de l'Anayet au Castillo de Achert par Peyrenère et Espélunguère, la bande des terrains roses et écarlates qui étonna Russell. Le premier plan est formidable : l'œil ramasse d'un seul coup l'ensemble du cirque d'Aspe et plonge effaré sur les précipices Sud-Est et Nord-Est, entre

lesquels s'avance, vers la Punta de Licerin, une arête toute
en cassures suspendue dans le vide et qu'on s'attend à voir
s'effondrer dans le cirque de Tortiellas.

La descente se fit au Nord, dans un couloir d'éboulis, où
un des ascensionnistes glissant se serait tué si Gore Booth
ne l'eût happé au passage. — Et dans le cirque de Tortiellas.

Et le pic d'Aspe — punta de la Garganta — a sa page.

Mais comme il s'agit de l'établissement d'une carte et
d'un plan en relief, et non d'une simple ascension de
curiosité, il va falloir y revenir.

En 1897, dans un voyage topographique avec ascensions
d'Anie, los Reyes, Pétragème, las Tajeras, la Chipeta Alta
(Pietraficha), l'Alano, etc., George et Henri Cadier viennent
à Hecho, et à la croupe gazonnée qui sépare Aragues d'Aisa.
C'est la *Stiba* (*Encuruzuelo de Estiba* de Wallon, au Sud
de la *Punta de Mesola*). De là, le Bisouri — le Visaurin —
gigantesque, et les quatre pics d'Aspe, superbes. Enthousiasmés par ce massif « d'autant plus empoignant qu'on le
voit de plus près », ils font la Llena del Boso (*par
l'Ouest :* un peu avant le port d'Aisa, arête rocheuse et
rude grimpade ; — Wallon était arrivé *par l'Est*). Même
impression que Wallon : le Bisouri, merveilleux. Et aussi
les stratifications de la Llena de la Garganta et du pic
d'Aspe. Sous le charme de ces formations colossales,
ils descendent pour remonter à la Rueba del Boso. Leur
excitation s'accroît encore par la tendresse des tons, de plus
en plus troublante le soir.... Un précipice les sépare du
cirque d'Olibon, ils y jettent leurs bâtons qui font deux
cents mètres instantanément, se jettent pour les suivre, sur
le dos, à plat ventre, à califourchon, et arrivent au fond
du cirque avec un orage. *Ivresse où vous plonge la
sublime fureur des choses!....* — Le lendemain le Bisouri...
dans le brouillard.

En 1897 encore, une ascension du pic d'Aspe par trois Cadier, leur oncle John Bost, Carrive et Georges Forsans, a ceci de particulier : descente — par le col de Civieille, *puerto de Zibiellas*, qui le sépare du Licerin — dans le cirque de Tortiellas, d'où un gamin donné par un berger les conduit au *puerto de Rio Seto*, au passage par où l'on descend dans le cirque de ce nom, d'où à la route et à Canfranc. Et ceci de piquant : le pic d'Aspe y perd encore une fois son nom ; il était devenu espagnol, pic de la Garganta ; il redevient plus que français, rabelaisien, dans le *Bulletin Sud-Ouest* : à l'enregistrement de la course de Forsans, le compositeur de l'imprimerie croit devoir rectifier *pic Gargantua*.

(Cette coquille aura bientôt un pendant magistral : dans un article de journal illustré sur les *Sports à Pau*, le compositeur, trouvant pour une vue de montagne le nom étrange de la Tusse de Montarqué, va le lire hardiment et le faire imprimer *la Tasse de Montaigne*.)

L'année suivante, changement d'itinéraire : George et Henri Cadier, avec leur sœur, prennent par Tortiellas et une crête Nord-Est, la *crête des Haches*, dont le nom dit la contexture désagréable. Changement de temps aussi : 24 octobre, il a neigé, verglassé ; vent sibérien et brouillard ! Tout devient très dur et scabreux ; il faut suivre la crête des Haches, par échappées le pic d'Aspe apparaît comme une pyramide de glace inaccessible, « l'inquiétude nous gagne tant la neige est amollie » ; pour éviter une inclinaison alarmante de neige sur le cirque d'Aspe on se rejette sur une difficile escalade de rochers verglassés ; puis l'ascension directe, l'extrême pointe des souliers portant seule. Le sommet aussi blanc que le Néthou ; des brouillards sombres et hagards accourant de partout. — Soudain une magie : un léger déchirement du voile, et, par ce trou, la plaine espagnole lointaine sous le soleil ; les rivières étincellent, le ciel est d'azur. — L'ouverture se ferme, et les ascensionnistes demeurent en face du mur gris et farouche, tout saisis de ce tableau qui s'y est suspendu un instant. Le paysage est plus polaire, la bise plus mordante, mais ils emportent un tel enthousiasme de cette vision presque surnaturelle que *pour rien au monde, ils ne voudraient que cette journée-là avec sa fatigue et ses déceptions, fût effacée de leur vie....* Et c'est la grande griserie encore, de la marche « dans l'inconnu plein d'embûches » : descendre dans le cirque d'Aspe au hasard, la neige jusqu'à la ceinture, longer des corniches incertaines, plusieurs fois arrêtés par le vide subitement aperçu; menaces de la nuit qui vient; *joie sans mélange.* « Jamais notre vie n'a atteint un plus haut degré d'intensité ». Et (comme le jeune Albert Cadier au Mont-Perdu) : « *quel bonheur est comparable à celui d'une lutte acharnée par laquelle la personnalité s'affirme et triomphe, dans tous les domaines, des puissances de destruction ?* » — Le lendemain, enfourchant leurs bicyclettes, ils pédalèrent vers Osse.

George Cadier n'avait pas totalement triomphé. Il voulait topographier et avait été battu à plat par le brouillard. La revanche fut attendue quatre ans....

Enfin, le 29 juillet 1902, George, Edouard et Charles Cadier, et deux de leurs parents, sont au pic d'Aspe. George et Charles entreprennent de passer au Licerin. Descente de la cheminée orientale du pic d'Aspe, col de Zibiellas, attaque de l'arête effilée, périlleuse un moment, large dos du Licerin, avec un gouffre de vingt mètres d'ouverture sur douze de fond que les chasseurs du pays appellent *le Volcan;* première pointe du Licerin, puis la seconde, dont une « promenade horizontale » fait le tour complet. On élève un cairn. Le Licerin (*Punta de Borau* ou *Peña Blanca* des bergers), carrure puissante, splendide

panorama : le regard fouille dans le cirque d'Yp, glisse
sur son lac, remonte aux architectures de la Pala de Yp,
Bucuesa, Collarada.

L'expédition était partie des pâturages du Kosia où
elle avait bivouaqué pour essayer une bâche de toile
imperméable démontable, c'est-à-dire répartissable entre
plusieurs porteurs, pouvant servir de gîte pour le sommeil,
d'abri pour la cuisine, de cabinet noir pour la photo, et
destinée à une grande expédition des frères Cadier.

Ces pyrénéistes consommés ont décidé de visiter les
Pyrénées, qu'ils ne connaissent pas.

XV

PYRENAICA. — DÉSERTS PYRÉNÉENS.

Quittons les pics pour les librairies.

A. B. du Bédat. Une ascension au Pic du Midi. Saint-
Gaudens, 1901, in-12 de 25 p. L'ascension remonte au temps
où commençait à se construire l'observatoire ; réception par
Nansouty.

*Martagon. Montagnes et Montagnards. Première série :
Pyrénées, Catalogne, Ile de Majorque, Provence,* Paris,
Lemerre, 1901, in-12. Martagon, c'est Bartoli, et les 208
pages pyrénéennes de ce volume sont ses anciens articles de
la *Revue des Basses-Pyrénées* et du *Bulletin Sud-Ouest*
(le lac d'Artouste, Orteig, Cauterets en 1884, de Gavarnie à
Luchon, de Tarbes à Quillan en phaéton avec Labrouche
1889). Un des bons livres du pyrénéisme.

*D^r ***. Les V. E. M. dans le Sud-Ouest* (tirage à part d'un article de la *Revue des Pyrénées*), 42 p. — V. E. M. : Voyages d'Études Médicales. (Nous avons aussi, comme nouveautés excursionnistes, les T. H. V. et l'U. P. T. : Touristes du Haut Vallespir et Université Populaire de Tarbes...)

Les voyages d'études médicales aux Pyrénées sont de tout temps ; comparons les manières. — *Voyage aux Eaux des Pyrénées par P. Bertrand, inspecteur adjoint des eaux du Mont-d'Or*, Clermont, 1838. C'est la tournée des bains, de Biarritz à Luchon, moitié pittoresque et excursions, moitié hydrologie et médecine, en un long volume de 438 pages ; laborieux, sérieux, consciencieux, mais creux, sans moelle pittoresque, et sans beaucoup plus de moelle médicale. Provincial. — *Course médicale à travers les Pyrénées, par le docteur Dechambre*, Paris, 1857 (extrait de la *Gazette hebdomadaire de Médecine et de Chirurgie*), in-8 de 63 p. Peu « médical », mais très moderne. Encore la tournée Biarritz-Luchon, mais par un médecin parisien de nom connu, un « cher maître », se piquant de littérature et qui, rapide, heureux d'oublier aux eaux des Pyrénées la médecine et même les eaux — jugées d'un mot incident, et de haut — se récrée à tourner des lettres désinvoltes, et dans la diligence qui l'emmène de Luchon à Toulouse, à ébaucher une poésie sur les Pyrénées, en vers « durs comme les chemins et cahotés comme la voiture» :

> De cendre et de granit entassement énorme,
> Polypes monstrueux de la terre difforme....
> Pyramides de rocs, donjons remplis d'effroi,
> Où le tonnerre sonne un étrange beffroi,
> Crête où l'on voit courir des dentelles de pierre...
> Réduits que rien ne trouble, hors le pas de l'isard,
> Et que l'aigle parcourt de l'aile et du regard,
> Monts où de Jéhovah jamais le pied ne pose....

Sur ce, il semble bien que nous tenons l'auteur jusqu'ici inconnu des vers en pastiche d'Hugo écrits sur le registre du Lys : *O pics, clochers du monde, où sonne la tempête,* etc.

Et maintenant la manière extra-moderne. Après les solitaires — en somme impuissants, — les groupes, et la tournée des eaux en bande ; la caravane médicale, les V. E. M., quatre-vingt-dix-sept ! dont quatre-vingt-trois médecins et quatorze dames. L'union fait la force ; bienfaits de l'association : défrayé, trimbalé, fêté. Oh, fêté combien ! Une « suite d'ovations ». La montagne, certes, on ne peut se flatter de l'avoir vue : on n'a fait que « ramper sur les derniers contreforts du versant Nord » ; — mais les réceptions, un « prodige ». Pour début, celle de Luchon, « grandiose ». Mâts, drapeaux, écussons marqués *V. E. M.*, visite à la galerie des sources, le soir banquet somptueux au Casino, gros succès, retraite des guides, puis aux Quinconces feu d'artifice, chœurs de la Société *la Toulousaine*, et promenade aux allées d'Etigny, « sous la lumière magique des lanternes vénitiennes » (et sous l'œil un peu narquois des populations, habituées à ce processus de fêtes, moins habituées à l'inscription des écussons et pour qui les V. E. M., les *Vem*, sont des médecins en balade. *Ah les Vem ! voilà les Vem !*). Le lendemain les Vem « se remettent au travail ». On leur fait remarquer le blanchiment de l'eau sulfureuse à l'air : étonnement ! Une improvisation brillante du docteur Ferras, puis une leçon du chef des Vem, du docteur Landouzy, et la question médicale est nettoyée : c'est de la moelle. Et puis « après l'étude, la distraction ». Ohé, ohé ! « l'après-midi est consacré au plaisir ». Funiculaire, et à la Chaumière un « solide » déjeuner. Promenade à la vallée d'Oueil, avec escorte de guides. A sept heures, banquet au Casino : les Vem de plus en plus enthousiasmés proclament Luchon « la Reine du Soufre ». Nouvelle fête de nuit, féerique. Les Vem s'en vont convaincus de la précellence thermale de Luchon.

Ils eurent un train spécial; le temps à donner aux eaux de Capvern fut « très court », on était gais comme des écoliers en vacances, — les Vem étrangers, cependant, ne comprenaient pas très bien les « blagues », mais ils faisaient comme si; — à Arreau l'arrimage dans les voitures fut plutôt pénible et aigre, « tiraillement et mécontentement », les Vem sur le point de se gourmer. Après Bagnères et Lourdes, sous un arc de triomphe entrée dans Barèges, où « la troupe affamée tombe comme une bande de criquets sur la table servie, et pendant cinq minutes c'est un bruit de mandibules auquel succède bientôt la plus houleuse gaîté ». A Salies les conférences des docteurs Landouzy et Reclus furent si intéressantes que les Vem « en ratèrent le café ». Mais à Biarritz, quelle fête! « Il n'y a pas moyen de faire une cure de repos dans un milieu aussi excitant! » A Cambo, enthousiasme: une partie de pelote! Une pointe sur Fontarabie, même Saint-Sébastien. Dax très bien; le clou, un feu d'artifice avec *toro de fuegos*. Et à Arcachon les Vem se disloquèrent, emportant « un désir plus ardent de se dévouer pour l'humanité ». (Ce récit rabelaisien du D^r *** est d'une verve énorme.)

Ils revinrent donc se dévouer une autre année, et faire la moitié orientale des Pyrénées. Hélas! les V. E. M. se suivent et ne ressemblent pas. Il neigea: et les Vem faillirent périr de froid dans le désert du col de Puymorens.... A la bonne heure: ceci au moins est une scène de montagne.

Émile Belloc. De la vallée d'Aure à Gavarnie par le Nord de l'Espagne. Pau, 1902 (tirage à part d'articles parus dans le *Bulletin Pyrénéen*) 95 p., fig. Récit d'un voyage fait jadis, avec un ami, dans les temps historiques, dans la fièvre de la découverte du versant espagnol (Belloc fut le second à connaître le cirque de Barrosa et la garganta

d'Escuain), illustré avec les bois jadis parus dans l'*Annuaire*
du Club Alpin.

Sommaire. — Arreau, vallée d'Aure, port de Bielsa ; à
Bielsa prendre Sucarrillo, le guide de Lequeutre : type extraordinaire, soixante ans, n'ayant jamais touché l'eau, au
crâne parsemé de couches successives de crasses anciennes
religieusement respectées et ayant acquis une patine surpre-
nante, et faut-il parler de sa manière de se moucher ?
Ascension de la Punta de Salinas, admiration des forêts,
que l'homme imprévoyant ou coupable détruira un jour.
Sous un soleil dévorant, descente sur le Portillo (qui pourrait bien être le *col d'Escuain-Puertolas* de Charpentier),
mais Sucarrillo s'égare, et c'est après avoir erré des heures
sur la paroi méridionale des Parets de Pinède, pays féroce,
qu'on atteint Revilla, village misérable, puis le rio Yaga.
Spectacle saisissant de la garganta d'Escuain. Nuit chez
Jacinto ; sérénade par l'orphéon d'Escuain (il faut lire le
détail de cette nuit). Ascension du Castillo Mayor. Passage
du col d'Escuain : l'ami de Belloc, pris de vertige, et de
« frousse intense », refuse de descendre dans la vallée de
Niscle. Tout est à changer ! Belloc, ayant visité le fond de la
vallée de Niscle, renvoie Sucarrillo, prend un berger, Mar-
celino, monte au pic de Niscle de 2858, une splendeur — et
repartant avec son ami, passe sous les crêtes du Sestrale et
du Fraile qu'il laisse sur sa droite, et descend dans la vallée
de Puertolas, à Betsué. Arrêt, gîte, scène à la Tonnellé.
Puis Puertolas, le pont de Puyarrouégo, « la vue prend une
ampleur magistrale », — montée torride, atroce, sur les
pentes de la montagne de Bramapan, un moment la tempé-
rature atteint cinquante ; solitude, ciel uniforme et grisâtre,
c'est « désespérant ». Une oasis : Gallisué. Encore les flancs
rissolés du Bramapan, puis col, puis Sud du Tosal de la
Virgen — vue magnifique sur le Mont-Perdu — et coucher
au pauvre village de Buerba. Le lendemain col de Vio, flanc

Sud de la montagne de Metilzin, village de Ceresuela ; un col encore, le Cuello-Trito à 1420 mètres — vue magnifique — et descente sur Fanlo, *casa de Señoria,* coucher à Torla chez la marquise, et le lendemain visite à Ordesa, « plaisir toujours nouveau ». Belloc veut pousser jusqu'au fond et rentrer par la brèche de Roland. Mais quand, la Cueva dépassée, l'ami aperçoit les escarpements, il ne veut plus rien entendre : « son énergie ne se manifeste que pour battre en retraite ». Il faut revenir par Boucharo. (Décidément, mieux aurait valu partir seul…. Oh ! être seul !)

Très intéressant récit, avec des épisodes qui sont des peintures très poussées ; il faut le reporter à la date du voyage, il compte dans les incunables du versant espagnol.

Dans la *Nouvelle Revue* du 1er mai 1902 : *Henry Spont : la Marche en Montagne.* Un article précis sur la matière. On voudrait pouvoir le faire lire à Chausenque : il verrait comment s'est développée, depuis lui, la science de la marche en montagne — soit isolée, soit collective. — Incidemment, Henry Spont donne son opinion — sévère — sur l'ensemble de la littérature de montagne. « La montagne demeure aujourd'hui encore, inconnue. Elle a inspiré des pages de littérature à ceux qui ne l'ont pas gravie, des pages de géologie, de botanique ou d'histoire à ceux qui l'ont gravie. *Personnellement nous n'avons jamais trouvé en aucun livre sa transcription d'art.* » — Et toujours le point essentiel et vrai : les Pyrénées, à peu près dépourvues de gîtes, avec vallées profondes et cols élevés, montagnes très dures : il faut y être résigné aux privations, et endurant ; bref, fort marcheur ; mais cette vie sauvage et rude, cette fatigue, c'est là le charme !

Plus que le charme. La vie solitaire, sauvage, rude *et inconfortable,* c'est depuis quarante ans, l'essence, la raison d'être du pyrénéisme. Si vous voulez ascensionner en grand, ou abuser de la glace, tout en vous dorlotant dans des hôtels, c'est à Chamounix ou à Zermatt qu'il faut aller. Mais si vous voulez vraiment *vivre* en montagne, laissez les Alpes, venez aux Pyrénées (et pas en caravane comme les Vem). Lisez les *Souvenirs d'un Montagnard*, c'est l'admirable évangile du montagnard solitaire. Qu'est-ce que la carrière de Russell, sinon un long et triomphant apostolat pour la vie sauvage dans les fonds perdus des Pyrénées ?

Et lisez encore ce livre, que Russell vient de former en réunissant des articles épars — depuis le remerciement qu'il adressait jadis à Frédéric Soutras :

> Frivole enfant de la nature
> Je l'aime et ne la chante pas :
> Je ne lui donne qu'un murmure
> Et parfois je lui tends les bras.
> J'ai bien, sur des marches de glace,
> Essayé d'approcher du ciel,
> Mais en humble et prudent mortel
> J'ai toujours eu peur du Parnasse....

(et ceci montre, par parenthèse, combien Russell est d'éducation française) — jusqu'au tableau des Pyrénées vues du plateau de Lannemezan et du château de Valmirande, dédié à Bertrand de Lassus. — *Philosophie des Ascensions, Les Charmes de Pau, L'Hiver pyrénéen et ses splendeurs, Le Vent, Sanitaria et Pyrénées, Déserts pyrénéens, Les Pyrénées occidentales, Histoire et Vicissitudes de mes grottes, Vignemale* (vingtième et trente et unième ascensions), *Effets de nuages, Charles Packe, Minuit au Mont-Perdu, Ascensions solitaires, Nuages et Montagnes, La Lande de Lannemezan*, etc., réunis maintenant sous ce titre :

Pyrenaica, par le comte Henry Russell, chevalier de la Légion d'Honneur (Russell vient de recevoir cette croix qu'il y a cent ans reçut Ramond : les deux hommes d'état pyrénéens qui le firent décorer comme écrivain français se

sont honorés) etc. Pau, Vignancour, 1902, in-8, de 250
pages.

C'est une mosaïque : un peu de tout, dit Russell. Mais sur
l'ensemble un lien, un souffle pyrénéen. Disons plus : livre
très homogène, et très déduit lu en un certain ordre. Il a
trois clefs.

D'abord l'admirable chapitre *Déserts pyrénéens.* « Il
existe dans les Pyrénées, entre 2.000 et 2.500 mètres, entre
les sapins et la glace, une région merveilleuse, peu connue
du public qui même quand il y monte, y passe sans s'arrêter.
C'est le pays par excellence de la santé, de la lumière et de
la liberté, où il ne fait pendant l'été ni chaud ni froid, et où
on jouit d'une vue splendide. » C'est le désert pyrénéen,
bien plus développé, relativement, qu'aux Alpes, et spéci-
fique. Certes il faut aimer les vallées, les gaves mousseux,
les grands bois, le tonnerre des cataractes : mais ceci n'est
qu'un spectacle. « Pour bien jouir de la vie il faut monter
plus haut : il faut atteindre les grands plateaux balayés par
les brises éternelles, d'où l'on domine généralement les
nuages, et vivre en philosophe pendant des mois entiers,
loin des miasmes et du bruit de la plaine, loin des journaux
et de la politique, dans ces déserts dorés et lumineux.... » —
« Jamais peut-être je n'ai été plus fasciné par les déserts
pyrénéens, jamais je n'en ai plus subi le charme qu'à ma
dernière visite au port de Vénasque, à la fin d'un été
tropical. — Où sont les vraies merveilles des Pyrénées,
leurs gloires les plus incontestables, leurs régions les plus
splendides ? Où vont les poètes ? Sur les pentes méridionales
et calcinées du cirque de Gavarnie où des milliers d'hectares
de marbre bleuâtre et blanc brillent au soleil pendant des
semaines entières alors qu'en bas il pleut à verse dans
les forêts, les vallées et les villes... c'est au bord de ces
lacs solitaires, immobiles et sans nom... c'est sur le
Cotieilla décharné... c'est dans l'aridité et la stérilité de la

Collarada, dans les steppes de la Cerdagne, et autour du
Carlitte....

Second point. *Ascensions solitaires,* autre chapitre capital (joignez-y la *Philosophie des Ascensions*). Dans les
déserts pyrénéens il faut vivre seul, ou, au maximum, avec
deux amis *intimes*. Et Russell, ici, devient didactique,
enseignant non la marche mais la vie en montagne, « l'art
de la solitude ». Puis, les questions matérielles réglées, il en
vient, avec ardeur, avec amour, à la question morale,
psychologique, bref à la volupté de la vie solitaire en montagne, et à la nécessité d'aller *seul*, si l'on veut profiter,
devenir confiant et fort, et apprendre à compter sur soi-
même. L'alpinisme est une chose sérieuse. On n'est pas
sérieux en bande où « plus il y a de monde, plus on s'amuse »,
l'alpinisme-carnaval (sic). Cette théorie est pourtant en
honneur : *nous étions tant,* cela dit tout ! Hérésie, sophisme.
En caravane on n'apprend pas l'art de monter : on s'amuse,
voilà tout ; autant vaudrait une course au bois de Boulogne.
*Le plus simple respect pour les montagnes veut qu'on les
prenne au sérieux et qu'on ne les envahisse pas en foule
comme des cafés-concerts et des salles à manger. Les
démocratiser semble une profanation, pour ne pas dire
un sacrilège.* Rupture absolue avec le clubalpinisme et la
vulgarité. (D'ailleurs, tout ce qu'on pourra dire contre la
vulgarité ou rien, c'est la même chose.)

A la suite de ces deux chapitres, vous pouvez prendre
presque tous les autres ; ils sont le développement et la
glorification de cette donnée : vie solitaire dans les déserts
pyrénéens.

Un troisième point, cependant, étrange. *Sanitaria et
Pyrénées.* Contradiction : ce solitaire, cet homme du désert
ne rêve que construction d'hôtels, dans les déserts pyrénéens !
Il en demande partout, jusqu'au trou du Toro ! Ah, ceci,
c'est le fond anglo-saxon, le manque d'endurance contre

l'inconfortable, ou plutôt contre le mauvais gîte, l'horreur. C'est aussi une illusion, la grande illusion généreuse de toute sa vie. En somme Russell a été révolutionnaire, il n'a pas laissé les Pyrénées tranquilles, il n'en a pas joui pour lui seul ; toute sa carrière d'écrivain est un apostolat inlassé et un appel infiniment puissant. Mais cette révolution il la voulait limitée et oligarchique, il concevait de n'amener aux Pyrénées que de jeunes hommes robustes et poètes, sachant « marcher et sentir », qui auraient aimé coucher dans le sac en peaux de mouton ou dans des grottes, goûté la volupté des nuits pyrénéennes, fait de grandes ascensions l'hiver, passé « des mois » dans les hauts déserts, et c'est à cette élite qu'il les réservait, ces hôtels, réconfort du montagnard. Et comme toujours, il a été débordé par la révolution : sur la porte entr'ouverte, qui avait laissé passer d'abord quelques dignes disciples, la foule a poussé et s'est ruée.... Et là où sont venus des hôtels il n'y a plus de Pyrénées, car les Pyrénées, c'était l'absence d'hôtels.

Pyrenaica : ce livre plein d'idées générales et d'admirables morceaux, c'est la quatrième partie de la tétralogie de Russell : *Seize mille lieues, Les Grandes Ascensions, Souvenirs d'un Montagnard, Pyrenaica.* C'est « le Crépuscule des Pyrénées ».

Combien touchante la préface, qui renouvelle le serment de 1861 ! « *Là où l'artiste ou l'écrivain ont mis leur cœur, ils reviendront toujours : et comme c'est dans les neiges et les déserts immaculés que le mien a fini par trouver le chemin du bonheur, tout m'y ramène.... Plus que jamais j'aime ces colosses étincelants, solitaires et superbes, débris glorieux d'un monde en ruines, où plus libre et plus pur qu'un enfant du désert, on s'enivre de lumière, de blancheur et d'azur : chaos sublime où l'homme ne laisse pas plus de traces que sur l'onde ou le sable ; Dieu seul y a laissé la sienne.... Je les aimerai toujours :*

et quand il faudra vivre sans eux, mon âme décolorée
se couvrira de nuages : l'hiver aura sonné pour elle, et
le soleil éteint de mes beaux jours ne sera plus qu'un
vague et doux souvenir ! »

XVI

DIVERS : DES MONTAGNES BASQUES A LA CERDAGNE.
ENCORE LE VAL D'ANDORRE.

De plus en plus pauvres, les revues pyrénéistes....

Dans le *Bulletin Pyrénéen*, une troupe de noms
étranges : *Hausa, Baïgoura, Haya* (par l'Ouest), *Iparla,
Mondarrain, Iarra, Gorramendi, Gatichouricomendi,
Arola, Ahaddi, Astaté, Béhorléguy, Toutoulca, Larra-
técohéguya, Urculu, Bordaçahara, Iguzquimendi, Ar-
tzamendi, Oyharandoy.* Brèves notes signées « Phagoa »
(lisez : Barrère, de Bayonne). C'est l'admirable, le séduisant
pays basque qui commence à sortir, à se révéler, à être
étudié de près, par la Section Basque du C. A. F. (C'est une
chose amusante, comme les anciens ont cru le connaître !
*Voyage dans le Pays basque et aux Bains de Biaritz,
par Prosper de Lagarde.* Paris, Audin, 1835. C'est du
temps où on écrivait « à côté ».) Montagnes minuscules (on
peut, si l'on y tient, mais si l'on y tient beaucoup, y trouver
une dalle !) mais région adorable. Et enfin : c'est un beau
morceau des Pyrénées !

Laborde et Falisse : *Pic du Midi de Bigorre, par la
paroi Nord.* « Course superbe ». Se rappeler l'arrivée des
chasseurs d'isards, lors de l'ascension Dusaulx, Saint-
Amans et Pasumot.

Docteur Verdun : *Pic de Boum.*

Dans le *Bulletin Sud-Ouest* une étude historique : *Les*

*hautes vallées pyrénéennes et les communications franco-
espagnoles en 1792,* au point de vue militaire; analyse, par
E. Durègne, d'un ancien manuscrit inédit.

Dans la *Revue des Pyrénées,* un intéressant article sur
La Montagne Noire, avec un appel aux Pyrénées de
l'Aude, par J. de Lahondès.

Le *Bulletin Ramond* publie en 1902, *Le Mont-Valier,*
des « explorations ariégeoises » de Marcailhou-d'Ayméric.
Ainsi, ce grand pic n'est révélé à fond qu'à l'extrême fin du
siècle pyrénéiste.... Et il est ascensionné depuis quinze
cents ans....

Au contraire, de plus en plus riche en articles pyrénéistes l'*Annuaire* du Club Alpin. Cinq articles en 1902 :
Les deux pics d'Aztazou, Le Bondidier ; *La Crête de Bounéou,* Briet ; *La Sierra de Montarto,* Fontan de Négrin ;
Courses dans le Nord de l'Aragon, docteur Verdun ;
La Vallée de la Lize et le Maoucapéra, Maury. C'est
décidément la rentrée des Pyrénées.

Articles toujours sérieux ; articles de revue toutefois,
donc à forme longue, bien difficile à supporter aujourd'hui,
la monographie objective, la description détaillée d'un
massif ou d'un pic, soit. Mais la monographie subjective,
ce qu'on a appelé les copieuses monographies d'ascensions
et de courses...

A relever une note d'art dans *Les deux pics d'Aztazou.*
Celui qui n'a pas vu de Tuquerouye un orage s'engouffrer
dans la combe du lac glacé ne peut concevoir le terrifiant
de ce spectacle. Le Bondidier l'a vue, la fantastique chevauchée des nuages arrivant d'Espagne, tournoyant sur
eux-mêmes, spectres livides, hagards, éperdus, et elle lui a
rappelé des bataillons blafards tronçonnés par les éclairs,
vaincus, mais toujours plus nombreux, menant une charge
furieuse contre le Mont-Perdu : « les mots manquent pour

exprimer cette épopée ». Et il pense à la *Revue nocturne* de Raffet. (Très bien.)

Autre chose à relever : cet article, inaugure « l'exorde à l'auto ». C'est le premier récit de course où les ascensionnistes arrivent en automobile. Excellente carburation. Au départ, à Gavarnie, bien prend au propriétaire de l'auto d'inspecter sa machine : les cochers ont coupé les cordes des freins.... C'est là la première conjonction et le premier choc inévitable du landau et de l'auto....

Les *Courses dans le Nord de l'Aragon* du docteur Verdun nous ramènent par le port de Barroude au cirque de Barrosa, à Bielsa, par le col de Sin à Gistain, par le port de Plan en France. Et voici une petite vue en simili du Suelsa : ce n'est pas plus que cela? et une autre du bassin du Sin : mais c'est moins que rien ! et une de ce fameux cirque de Barrosa : quoi! ce n'est que cela, une vallée du Lys effondrée !

N'en croyez rien !

Simili, simili, trahison, trahison.

Il ne s'agit pas de proscrire la photographie, il s'agit d'en tirer ce qu'elle peut, à la rigueur, donner. Sachez l'employer ; ne cherchez pas à faire entrer dans de très petites vues de très grandes montagnes ou de vastes ensembles. Faites comme Meys : soignez la composition du sujet. Surtout soyez un peu bibliophile, avec l'instinct de la typographie et du décor de la page : soyez le sévère jury d'admission de vos propres photographies, n'admettez que des vues très nettes, proscrivez les épreuves flasques et les tirages boueux. Les petites photographies s'emploient comme vignettes dans de grandes pages ; elles conviennent surtout aux sujets restreints, aux monuments, aux figures.

Exemple :

Jules et Jacques Peyrafitte. Les Pyrénées. Chasse à

l'isard. Avec une lettre-préface du comte Henry Russell.
Paris (1902), Charles Bayle, grand in-8 de 29 pages, avec
plus de 60 phototypies. Bien composé comme « livre
illustré ». Beaucoup d'intéressants détails. Mais la transformation de la photographie en phototypie amollit les
lignes, les détails et les ensembles : c'est flou, gélatineux.

*L'Andorre. Une excursion aux vallées neutres : le
pays, les habitants, l'état politique et social*, par Marcel
Monmerché. Paris, imprimerie Feron-Vrau (extrait du *Mois
littéraire et pittoresque*, voyage fait en juin 1902), grand
in-8 de 27 pages et 20 photos. Ici la photo n'a rien amolli....
au contraire : elle a tout durci !

Encore une Andorre, ou plutôt un val d'Andorre ! Mais
celui-ci annule les précédents. Il est parfait. Et voilà
comment par la vivacité et la qualité de la narration on
renouvelle un sujet. Le voilà, le val d'Andorre au début du
XXe siècle. Le télégraphe y est ; la route de France y sera
prochainement (l'Andorre en auto, ce sera la fin de tout)... En
attendant, un des quatre nains de l'Europe avec Lichtenstein,
Monaco et Saint-Marin ; cinq mille habitants — et non
soixante-seize mille que lui prête libéralement le *Nouveau
Larousse ;* — ni une République, ni un État, mais une
« vieille constitution féodale », un témoin, une alvéole
demeurée de l'ancienne ruche des vallées pyrénéennes, une
curiosité rétrospective : au début du XXe siècle sans chemins
de fer, sans tramways, sans route, où la voiture même est
inconnue, sans industrie, sans fumée, sans socialisme, sans
grèves, sans gendarmes, sans armée, sans aucun budgé-
tivore — les fonctions sont gratuites et obligatoires — sans
code, sans « mâquis de la procédure », et même sans « péril
clérical », sans autres communes que des « paroisses »,
sans autre état-civil que l'acte de baptême.... — Et dans ce
bref article (il est aussi long qu'un autre, mais il est vif, il

est *rapide*), l'Andorre n'intervient, rapidement, que comme trait d'union entre deux voyages pittoresques, eux aussi témoins d'un passé, alvéoles demeurées d'un ancien monde. A l'arrivée : la diligence de Villefranche-de-Conflent à Puycerda ; l'hôtel Michette à Porté, le col de Puymorens, le port d'Embalire nu, glacial, et de toutes parts, en juin, un immense paysage de neige.... A la sortie, le Seo d'Urgel, et pour le prix infime de quatre pesetas, un jour et une nuit de diligence à cinq mules pour aller, par les gorges d'Organya et Oliana rejoindre, à cent vingt kilomètres, à Calaf, le chemin de fer de Lérida à Barcelone. Et sur la « Rambla », étourdi du brouhaha et du chatoiement de la grande ville, la sensation d'avoir fait un rêve étrange, ou d'arriver d'un autre monde, tel Cyrano tombant de la lune....

XVII

BRULLE ET D'ASTORG. :
L'AIGUILLE ORIENTALE DES ENCANTADOS.

— *Elle promet, je crois, de rudes émotions à ceux qui la tenteront...*, écrit Fontan.

— *Un défi!* bondit Brulle.

Depuis vingt ans il sommeillait sur des velléités d'Encantados : en sursaut la conquête et le « défi mal déguisé » de Fontan le réveillent. Instantanément il est décidé.

Il relance d'Astorg qui, lui, rêve des pays d'entre Nogueras. Mais il ne peut pas relancer Célestin, qui, en grandissime guide toujours promené par des clients, est en Asie-Mineure.

Soit : on fera l'ascension sans guide.

[Ascensions sans guides — très suprême de le dire en anglais : *guideless* — question qui a fait couler des flots d'encre (comme toutes les questions, dans un temps où il faut remplir des périodiques) et qui se règle en cinq mots. Faut-il nager en pleine eau ? Si vous êtes de force. Monter des chevaux difficiles ? Si vous êtes de force. Ascensionner sans guides ? Si vous êtes de force.

N. B. On est bien moins souvent de force que l'on ne croit. Les guides, les montagnards nés et ataviques, ont quelque chose qu'aucune force acquise ne remplace : l'instinct. Le « sans guides » est aux Alpes une cause permanente de catastrophes. Et puis enfin, même aux Pyrénées, dès qu'il s'agit d'inconnu, de difficile, de première ascension, fût-ce d'une Tour de Gaulis ou d'un doigt de la Fausse-Brèche, le guide réapparaît, décisif et cheville ouvrière....]

A défaut de Célestin, seulement, on prendra son jeune gendre, Germain Castagné : il paraît sympathique et hardi. On le prendra comme porteur, ce lui sera une occasion de se former....

Et, un très beau matin de juillet 1902, aux Quinconces de Luchon, Brulle et d'Astorg. D'Astorg agile, nerveux, narquois, causeur pince sans rire et acéré, l'horreur personnifiée et le mépris de la vulgarisation, du suissisme, du clubalpinisme et des yahous. Brulle très lieutenant-colonel d'alpins, et en même temps de *life-guards,* très ficelé (en ascension Brulle ne la fait pas à l'homme sauvage et à la tenue grossière ; toujours tiré à quatre épingles : la guerre en dentelles), et, au fond, remué de toutes les passions alpinistes: ambition de l'exploit, curiosité de ce que l'on pourrait appeler *l'ascension de contrôle* avec espoirs secrets (Fontan n'aurait-il pas laissé sans le vaincre un obélisque vraiment terminal ? une poire suprême, comme au pic du Milieu ? et si par fortune l'aiguille orientale allait se trouver la plus haute... !), soupçon alpiniste, — orgueil de caste, — scepticisme du « clan » de Gavarnie : les

Encantados, faits par des luchonnais, ce ne doit pas être difficile..., — et comme à cet instant, Angusto, guilleret à son habitude, traverse les Quinconces — un spasme de fierté, de l'homme qui marche avec Célestin : un pic qui s'est laissé faire par celui-ci, ce doit être une simple farce... !

A midi, dans l'éclatante lumière et la chaleur, Brulle, d'Astorg et Castagné disparaissent sur la route d'Espagne, au « dernier bec de gaz de France », marchant vers les régions rares, brûlantes et splendides d'outre-Salenques.

Huit jours après, ils réapparaissent sur l'allée d'Etigny. Toujours soignés, mais brunis. Quelques passionnés de pyrénéisme les entourent : — Eh bien, et les Encantados ?

Et Brulle le concis, grave, très lent, l'œil perdu sur une vision intérieure, laisse échapper de ses lèvres, à intervalles, quatre mots martelés :

Long. — *Pénible.* — *Difficile.* — *Dangereux.*

De Brulle, aveu énorme. Évidemment l'aiguille orientale s'est comportée en très grand pic.

Et en pic moderne. On pressent la difficulté, le gendarme, la dalle.

Etrange Brulle, si coquet de la difficulté, mais pour lui seul ! Si friand du grand *climbing for climbing !* qui vient d'enlever un pic splendide, et pas pour l'écrire !

Mais quelques détails — dits de façon exquise — le soir à un dîner avec quelques intimes, chez Arnative....

D'abord, une approche en longueur, et raffinée : par Moulières, Comolo-Forno, le Portarron. Vie inimitable....

(Le grand piton Comolo-Formo, deuxième ascension. Terrible piton. Misérable piton. Voici qu'il rappelle ces cuirassiers autrichiens de jadis, qui n'étaient cuirassés que par devant. Cette fois, Brulle, d'Astorg et Castagné l'attaquent dans le dos, et ils entrent comme dans du beurre ! Nul pic

n'a passé plus réglementairement par les trois termes de la
loi de Mummery. Un : Henri Passet le trouve *infaisable*.
Deux : depuis l'ascension Brulle-Bazillac-Célestin, il passe
pour *le plus difficile* morceau des Pyrénées, si bien que
pendant vingt ans personne ne vient s'y frotter. Trois : par
l'autre côté le voici pris « très facilement » et dans le
brouillard ! *pic pour dames*.)

Du Portarron, examen de l'aiguille, côté Monestero et
côté San-Moricio. Le résultat est qu'on ira la prendre... par
le côté invisible, par Entranseroll. Comment est ce côté, on
n'en sait rien, mais c'est le bon. En effet la logique du grimpeur indique qu'aucun sommet n'étant désormais « infaisable », si les côtés connus sont impossibles, c'est l'inconnu
qui est le bon.

Campement à la base de l'aiguille, au bord du rio Escrita,
dans une cabane abandonnée : nuit de délices, troncs de
sapins en braise aux pieds, litière de branches de bouleau
molle et parfumée, la lune suspendue à l'angle libre du gîte.

Le 25 juillet, les bagages cachés par précaution, départ à
cinq heures, traversée du rio Escrita sur une « palanquine »
sise là très à point, promenade presque horizontale,
« presque un parc » ; entrée dans le vallon d'Entranseroll,
très court, sauvage, sapins et gros blocs. Fonguera à gauche ;
à droite les Encantados. La « brèche des Encantats » et la
« brèche de Monestero » de Fontan, inaccessibles. La seule
chance paraît celle-ci : l'aiguille orientale est le sommet
d'une arête ; cette arête se décompose en grandes dents,
aurait-on dit jadis, aujourd'hui on dit en gendarmes, décrois-
sants. Donc, aller prendre la dépression entre le troisième
gendarme et le second, franchir le second, franchir le
premier, et au pic, gendarme lui-même.

Dès le début de l'ascension, l'escarpement est si raide
qu'il faut y mettre les mains. (*Pénible.*)

Dans une cheminée, Brulle, guide-chef, détache un roc

qui ricoche sur ses compagnons et manque de les tuer tous les deux. (*Dangereux.*)

Il faut redoubler d'attention : plus on monte plus c'est raide, et plus la confiance diminue ; les à pics du sommet et des gendarmes apparaissent effroyables.

Cependant la brèche cherchée est atteinte (vue grandiose au Nord-Ouest). Pendant que l'on souffle en supputant les chances, bien faibles, une ombre subite fait lever les têtes : un superbe isard, avec grand fracas de pierres, bondit tout près, grimpe laborieusement en écharpe le long du deuxième gendarme, et disparaît. Mais il a donné une indication : une cheminée droite, de quinze mètres ! Brulle l'escalade, non sans peine ; les deux autres suivent, méfiants. L'effort a avivé les perplexités ; une fois les trois hommes réunis, à voix haute l'avis est formulé : *Pas un pas de plus!* on renonce. (*Difficile.*)

Alors, un coup de scène à la Lagardère. Castagné se redresse : le porteur est un grand guide, l'occasion se présente d'en gagner les étoiles. Rentrer chez Célestin sur un échec, son gendre ! Non, on en a trop fait pour reculer. L'offensive !...

Et il part en reconnaissance. Et le temps passe, très long. *Mauvais*, dit Brulle, pessimiste. *Bon*, dit d'Astorg, optimiste. Enfin le voilà, nu-pieds. *Ça a été chaud*, dit-il.

Mais, virtuellement, il vient de faire la première ascension — et même sans guide. Et il va conduire les « guideless » à la seconde.

Il répond de tout. L'entrain renaît : l'horizon vaste, l'air plus vif, le but plus proche. Et voici « la grande gymnastique aérienne », dont Javelle a dit les ivresses.

Désormais l'ascension, commencée par Entranseroll, se terminant toute sur Monestero (Fontan, venu à la crête par Monestero, avait terminé sur Entranseroll) ne sera qu'une « escalade forcenée ». Voici les grimpeurs au pied du

« grand gendarme », clé de la position. Ce gendarme ne
peut être tourné, il faut le forcer. Il se décompose en deux
difficultés. Le « mur de vingt mètres », effrayant et lisse :
Castagné — pardon! désormais il n'est plus Castagné : il
est Germain tout court, comme on est Célestin ou Henri —
Germain de son pied nu colle à la roche, étonnant d'agilité
et de sang-froid. Il lui en fallu de l'audace, tout à l'heure,
pour se mesurer à un tel obstacle seul et sans corde! Il
avoue avoir hésité, mais il avait essayé en vain ailleurs.
Avec ses clous, Brulle perd pied tout le temps. Il y a bien
une fente où l'on pourrait trouver de l'aide, mais la paroi
même du rocher vous repousse. Au-dessus, c'est « le mur
de six mètres » encore plus droit, encore plus lisse. Rien
que six mètres, mais succédant à tant d'autres ! et au-
dessous le gouffre vertigineux et sans recours. Germain s'y
montre de plus en plus digne émule de Célestin. Il hisse les
deux touristes. Le grand gendarme est vaincu.

La cime est en face, de l'autre côté d'une dernière entaille,
d'abord jugée sans espoir. Pendus par les poignets, glissant
« avec art » le long des rocs qui plongent au précipice, on
parvient à y dévaler. Et à droite un point faible dans le mur :
en quelques minutes, sans difficulté le sommet est conquis.
Crête d'une cinquantaine de mètres.

Tentative infructueuse pour descendre dans la brèche des
Encantats. Elle paraît, au contraire, faisable par l'aiguille
occidentale. Fait singulier : un des hommes de pierre, un
des Encantats, est maintenant brisé par le milieu, depuis
moins d'un an, depuis la conquête des Encantados par
l'homme !

Une heure et demie de contemplation.

Puis une nécessité inéluctable : descendre. Décidément, ils
sont sensationnels, les deux murs! Brulle, modeste, s'y juge
« misérable », d'Astorg lui semble un peu mieux; Germain
magnifique, il paraît satisfait de réintégrer ses souliers. On

croit tout fini, la corde est roulée, et voici les surprises : la cheminée du « gendarme de l'isard » est méchante, il faut dérouler la corde, et pour ne la plus quitter jusqu'en bas ; tous les passages hypocrites qui avaient laissé monter sans résistance sont devenus ennemis en trahison, sous les pieds l'herbe se couche, les pierrailles filent, les appuis se dérobent, le précipice toujours sous les yeux impressionne à la fin les nerfs dont on se croyait sûr. Deux ou trois fois, ne sachant pas le chemin, on interroge le vide....

Criterium de la difficulté : pour la descente sans arrêt, une heure de plus que pour l'ascension ! (*Long.*)

A l'éboulis, soupir profond de soulagement. Altérés, affamés, on court au petit lac. Ah ! l'aimable, le joli petit lac d'Entranseroll ! Le plaisir du lunch vaut presque celui de la victoire, avec des regards obliques vers le pic, moitié rancune, moitié admiration pour sa défense....

Au campement à six heures.

Eh bien ! le plus sensationnel de tout ceci n'est pas l'aiguille orientale des Encantados, si sensationnelle pourtant, grand pic — et pic d'une contexture très « dans le train »..., le nouveau jeu et le grand jeu. — C'est la région même des Encantados : la région mystérieuse et splendide qui du coup convertit Brulle, l'auteur du *Pyrenean Centre*, à la théorie des plus grandes Pyrénées.

Il en revient saisi, épris éperdument, de ce pays merveilleux, incomparable, qui provoque les grandes épithètes, qui a fait crier Schrader (« *comme je n'abuse pas des superlatifs, je puis dire pour une fois que c'est* PRODIGIEUSEMENT BEAU ») et qui fait émettre à Brulle un de ces propos décisifs — une loi — qui bouleversent les idées acquises :

« *On ne connaît pas les Pyrénées quand on ne connaît pas les Encantades* ».

CENTENAIRE DU MONT-PERDU

I

10 AOUT 1902

Et voici le centenaire du Mont-Perdu ; — de toutes les montagnes la plus splendidement *lancée* qui ait été, par un metteur en scène prestigieux.

Calme et digne sera la commémoration : ni clubalpinisme, ni banquets, ni toasts. Pas de *laïus*. — Loué soit Dieu.

Le 3 août dans le jardin de la villa Théas à Bagnères, inauguration d'un monument provisoire, d'un buste de Ramond. (Scène reproduite dans *l'Illustration*.)

La vraie place du buste de Ramond serait aux Coustous, mais elle est prise : par le buste de Roland (pas celui de la brèche, mais celui des quarante chanteurs : ceci, très méridional).

Devant une assemblée d'administrateurs, de savants, de membres du Club Alpin, de pyrénéistes, après le chœur d'ouverture des chanteurs bagnérais, indispensable, sont évoqués sobrement les titres de gloire du grand pyrénéiste, du savant, de l'écrivain. Le directeur de l'observatoire — rêvé par Ramond — du pic du Midi, Marchand, parle brièvement et bien. Schrader, président du Club Alpin, ne parle point, mais lit quelques fragments choisis de Ramond, et c'est très bien.

Marchand ajoute un mot encore, annonçant, dans un rapprochement de noms saisissant, que cent ans juste après le Mont-Perdu de Ramond, vient précisément de se terminer, labeur de vingt-six ans, la carte des Pyrénées espagnoles de Schrader.

L'illustré *la Vie au grand air*, nous l'avons vu, publie un numéro spécial, *A travers les Pyrénées, le centenaire du Mont-Perdu*. Et le *Tour du Monde* du 9 août arrive à pic avec un article : *La conquête du Mont-Perdu par Ramond en 1802*. Les deux textes sont d'Henry Spont.

(Chose singulière : sur Ramond — loué par Cuvier et Sainte-Beuve, sur Ramond que Russell appelle un montagnard illustre, et Schrader un savant à pressentiments de génie — un seul jugement indécis, et c'est celui d'Henry Spont. Il dit : « le Mont-Perdu doit surtout sa réputation à la lutte épique que soutint contre lui un homme illustre par sa situation et ses mérites », et c'est tout dire. Puis tout à côté : « *Copieux, grandiloquent, manquant de cette simplicité qui est l'essence même de l'art, l'œuvre de cet écrivain n'est pas de ceux qui immortalisent leur modèle, au contraire* (!) *Le Mont-Perdu doit peu à Ramond* (!). Quoi donc ? Ramond manque d'autopsychologie : « il ne répond pas à notre inquiétude passionnée » ; voilà l'affaire. « *Boursouflé, prétentieux, superficiel et littéraire, il a constamment visé l'effet sans l'atteindre ; Hippolyte Taine l'a toujours atteint sans le viser* »....)

Le 10 août 1902, jour essentiellement paisible.

A onze heures, l'heure du centenaire, au sommet du Mont-Perdu quelques touristes venus avec un guide des Eaux-Chaudes ; montés par Gaulis, pour descendre par Tuque-

rouye. A la même heure, à Tuquerouye, en ascension de
piété pyrénéiste, débouche un pèlerinage de quatre touristes
(dont Meys), conduits par le jeune Castagné (Germain!);
temps éclatant : *rien de voilé, rien que le soleil n'éclaire
de sa lumière la plus vive; le ciel tout d'azur, la cime
du Mont-Perdu toute resplendissante de célestes clartés,*
mais le lac gelé, et les neiges considérables ; Pinède idéal.
Et à la fin du jour, sur le névé de Tuquerouye glacé et
glissant, la descente lente et inquiète vient, avec atté-
nuation mais opportunément, donner aux touristes comme
un vague aspect de la caravane Ramond au jour fameux de
1797....

Russell, pendant ce temps, est solitaire à Bellevue. —
Brulle et d'Astorg, qui le matin ont été ses hôtes, montent
au Vignemale, où ils jouissent d'un coucher de soleil d'une
splendeur telle, que rien dans leur souvenir n'en offre
l'équivalent....

Mais, le fait sensationnel de cette journée de centenaire
est ailleurs.

C'est un tour de force, le *looping the loop* du Crabioules.

II

LES CINQ FRÈRES CADIER.
LE NETHOU PAR LA BRÈCHE DES TEMPÊTES.

Le 7 août, la nuit venue, à côté du chemin du port de
Vénasque, au-dessus de « l'Homme » un carré de toile
verte imperméable....

— Quelque aragonais aura oublié de surveiller sa mule,
et la bâche sera tombée; ramassons-la....

— Gardez-vous en bien : il y a cinq hommes dessous ! les
frères Cadier (George, vingt-huit ans, pasteur d'Azay-le-

Brûlé en Poitou ; Henri, vingt-cinq, étudiant en droit à
Paris ; Albert, vingt-trois, étudiant en théologie à Genève ;
Edouard, vingt-et-un, élève à l'Institut industriel de Lille ;
Charles, vingt, étudiant en théologie à Montauban). D'Osse,
leurs vélos ce matin les menèrent à la gare, et le train à
Luchon ébahi de leur équipage soldat-montagnard, sacs,
hachette, chaudron ; ils se sont lancés sur la route de
l'hospice, par un soleil brûlant et sous l'écrasement du sac :
aucun effort sur les sommets ne leur semblera aussi rude.
Présentement ils dorment, sur la dure, sous la bâche, serrés
les uns contre les autres, les pieds dans des sacs en peaux
d'agneau, un plaid partant des genoux et recouvrant la tête.
Ils dorment bien, car ils n'ont pas, eux, disent-ils, « l'amour
de la fatigue », ils tiennent à se conserver infatigués pour
rester forts et garder la faculté de sentir et d'admirer, ils
veulent coucher n'importe où, le moins bas possible, fuyant
les cabanes de bergers pyrénéens trop souvent chantées
(plus sales et plus fétides que les yourtes des mongols, a dit
Russell). Ils viennent vers les grandes Pyrénées. Dans leur
bagage est le volume des *Grandes Ascensions*, avec un
cahier de notes extraites des *Souvenirs d'un Montagnard*,
« ce livre de génie qui révèle la structure et l'âme des
Pyrénées sauvages ». Leur programme est réglé d'avance,
sensationnel, la fleur des grands pics.

    — Sans guides ?

    — Au contraire : sans touristes. Eux sont cinq guides ;
montagnards nés, isards allant « au pays des isards ».

    Le 8 août, au matin, ils se lèvent, ils partent pour les
grandes régions, d'eux inconnues, point gâchées dans des
caravanes prématurées de collégiens tôt blasés. Tout va
leur être primeur, saisissement, joie intense !

    Le port de Vénasque, grandiose et resplendissant, le
Trou du Toro, le plan des Aygoualutz....

Où vont-ils donc ? deux d'entre eux sont allés déposer une partie des bagages à la Rencluse ? Et les voilà tous hors des voies battues, dans les fonds des Barrancs !

Pour premier article leur programme comporte un coup nouveau, de premier ordre, suscité par la lecture de cent ans de passé des Monts-Maudits. Le Néthou par la brèche des Tempêtes.

Ils sont au pied du glacier des Salenques. *C'est la première fois de leur vie qu'ils voient un glacier de près.* (Albert, dans sa fugue au Mont-Perdu, traversa les bandes de glace de la Brèche; deux autres frères ont aperçu le glacier de las Néous du haut du Balaïtous monté par le rocher; c'est tout.) L'aîné s'y engage, vient au pied d'une longue cheminée aboutissant à la brèche des Tempêtes : elle est impossible. Mais une bifurcation de cette cheminée, sur la gauche, le mène, par une ascension abominable, à une encoche de l'épaulement qui tombe au glacier des Salenques; de là, il escalade la crête des Tempêtes. Le pic des Tempêtes est à cinquante mètres, facile; une préoccupation le prive d'y aller : empêcher ses frères de s'engager dans la cheminée, très mauvaise et à déconseiller ; chacun d'eux serait certes capable de la faire, mais pour l'aîné trop de responsabilité.... De l'autre côté la brèche fantastique, inaccessible, appelle l'audacieux... : il descend sur le versant Sud, prend un couloir caillouteux, descend encore et pénètre enfin dans la brèche des Tempêtes.

Il prend à deux bras le granit de cet enfer pour ne pas être emporté par le vent qui s'y engouffre en hurlant. Brèche la bien nommée. Sous ses pieds plonge la cheminée impossible, toute verglassée. Il fait signe à ses frères de ne pas suivre sur cette glacière dont il est trop heureux d'être sorti. Et lui, comment les rejoindra-t-il ? Toute voie semble fermée.

Au hasard il s'élance vers le Néthou, attaque corps à

corps le mur de l'épaulement, voltige sur des parois verticales, puis bondissant sans arrêt, roulant pêle mêle avec
les pierres qui cèdent, aussitôt relevé et relancé, il coupe
les pentes de l'Épaule, qui le portent sur le sommet du
Néthou !

(En comparaison, l'ascension par le Sud, par le chemin
que suivit Narino, n'est qu'un jeu.)

Puis il revient sur la crête au devant de ses frères, qui
font eux aussi une ascension de grande allure : passant du
glacier des Salenques sur le glacier Nord-Est du Néthou ; —
sur leur tête, le cri des montagnards d'Aspe : *anilhet !* de
son perchoir le frère envolé les appelle ; — ils font la troisième ascension du Néthou par le Nord-Est (la première,
de Russell 1876 ; la seconde, des frères Spont il y a trois
jours, 5 août 1902), mais par une nouvelle trajectoire plus
à gauche, et *sans passer le pont de Mahomet.*

Il est six heures et quart du soir : l'atmosphère admirable,
toutes les magies. Le sommet banal renouvelé par l'heure
non banale ; jamais de touristes, à cette heure où les vues
deviennent merveilleuses ! Le soleil prolonge ses rayons
d'une mer à l'autre ; sous les feux du soir impression de
sauvagerie indicible, on est envahi par l'appréhension de
l'infini. Nuages monstrueux, vent sinistre. Spectacle affreux,
s'il n'était splendide : « l'homme qui ne connaît pas la peur
seul est capable d'en jouir », car l'ombre qui monte sur le
frisson des solitudes glacées est pour remplir d'épouvante.

La montagne entre dans la nuit. Soudain les hautes
cimes se rallument, en rose très tendre. C'est l'*alpenglün.*

Fils de la montagne et de Russell, les cinq jeunes
hommes restent sur le Néthou, aménagent un lit de granit,
et s'y endorment.

— Enthousiasme émouvant, mais qui n'est pas appuyé sur
la comparaison nécessaire avec les Alpes....

— Attendez. Dans un mois le plus jeune frère, avec deux
de ses amis, arrivera sans guide par l'aiguille du Goûter au
sommet du Mont-Blanc. Sa première pensée, alors? Un
souvenir au Néthou, et après la montée interminable sur des
océans de glace et la manœuvre fatigante du piolet, malgré
la beauté des crevasses et des séracs un regret des rochers
pyrénéens, et malgré la vue à l'infini et impressionnante
une préférence pour la vue plus modeste et mieux propor-
tionnée du Néthou. D'ailleurs, jugera-t-il, pas de comparaison possible entre les Alpes de Savoie, colossales,
funèbres, aux contrastes durs de lumière et d'ombre, avec
les Pyrénées finement ciselées, où les ombres elles-mêmes
sont lumineuses, pleines d'azur, où les sommets les plus
farouches se parent du myosotis, de l'anémone et du minus-
cule pavot écarlate. Deux esthétiques incomparables.

Et puis : *bien qu'il le surpasse de 1400 mètres le Mont-
Blanc n'a pas la sauvagerie de l'Aneto. Au Mont-Blanc
on est chez tout le monde, le massif semble être la propriété des guides, il est tellement fréquenté qu'après
quelques jours de beau temps un sentier, par moment
une route, conduit jusqu'à la cime les touristes d'occasion, que suivent de leurs longues-vues les habitants de
Chamonix. A l'Aneto on est chez soi, dans un désert où
le montagnard ne partage la souveraineté qu'avec
l'isard.*

III

AU PAYS DES ISARDS.

Le plus vaillant dégage sa tête de la bâche et annonce le
lever du jour. Debout! meurtris par la pierre, grelottant,
mains aux poches, cous rentrés, ils battent la semelle. Le
soleil se lève.

Aucune presse de quitter le Néthou ! On fait de la topographie et de la photo (Albert est le photographe, et Charles le cuisinier), on fait son courrier, on écrit à de pauvres amis qui moisissent dans les bas-fonds des plaines. On précipite des granits. On essaie même de démolir le Pont de Mahomet, pour qu'il mérite sa réputation de difficile.... (Infortuné pont de Mahomet! jadis bien autrement illustre et craint que depuis tous les « pas du chat ».)

Enfin il faut partir (8 h. 20). Sac au dos, ils « font » le pic Coroné (8 h. 50), le pic du Milieu extrémité Est (9 h. 40), le beau col Maudit (10 h. 45) où apparait le lac de Grégouègne, une brèche Sud, et par des rochers cyclopéens et difficiles, en une heure d'escalade, *la Maladetta par le Sud* (midi) : le premier plan très supérieur à celui du Néthou ; deux heures de flânerie sur ce sommet; puis le glacier méridional fort incliné, au-dessous sommeille le petit lac mystérieux signalé par Russell (lac Cordier, mais ce que vit Cordier était peut-être un fragment du Grégonio); col d'Albe, glissades enivrantes dans le vallon polaire (si propre à cet exercice : un *toboggan* tout fait). Les deux plus jeunes ayant à prendre le bagage à la Rencluse en profitent pour un bain dans le lac de Paderne, et rejoignent les « vieux » dévalés directement à l'hospice de Vénasque. Soupe, lettres, ravitaillement, et l'on vient coucher — sur un gazon qui après le granit de la veille semble lit de plume — au bord de l'Essera, près de la cascade du torrent de Ramougne (le lieu est de délices).

Dimanche 10 août — jour centenaire du Mont-Perdu de Ramond — programme superbe. Remontant tout Ramougne, d'une sauvagerie charmante, et son cirque, à 11 heures (l'heure du centenaire) les cinq sont sur la crête entre col Crabioules et Maupas, et à un point intéressant et non encore signalé, une dépression ou brèche, *seul passage qui*

fasse communiquer Ramougne avec le Lys. Ici deux des
frères s'offrent *le Maupas par l'arête Ouest*, en dents de
scie, qui semble défier l'attaque : vain défi, pour les générations nouvelles ; mais toute la lyre, parois verticales,
gendarmes, toits lisses, surplombs invitant au vertige, tout !
même la dalle, à cent cinquante mètres du sommet, cinq
mètres à plat ventre penchés vers le vide ; tout ! même le
pas du Chat.... Et retour par la même voie. Repos. — Puis
en route pour le Crabioules (4 h. 15).

Par le col Crabioules on passe sur le glacier de Litayrolles,
on y dépose sacs, bâtons et chaussures ferrées, pour prendre
la première cheminée, qui conduit à moitié de l'arête Est du
Crabioules, terrible : un rocher en surplomb à faire penchés
à la renverse et presque sans prises. Sommet oriental. Et
voici la célèbre taillante, la crête en lame de rasoir :
« malheur à qui l'essaierait, on retrouverait la moitié de son
corps en France, l'autre en Aragon ! » disait Russell. Les
cinq l'essaient, et — louchant sur deux précipices, un pour
chaque œil — en douze minutes la réussissent. *Moins dur
que l'arête du Maupas, mais point une plaisanterie ;
impossible avec du vent.*

Arrivés sur le sommet occidental ils redescendent par la
cheminée d'usage, et en bas voici que le plus dur de tout
reste à faire : rejoindre les sacs par le glacier très incliné,
sans bâtons et en espadrilles ! Force est de longer la rimaye,
debout, ou dedans, ou à cheval, ou pendus par les poignets ;
c'est exaspérant. Enfin ils rejoignent le point de départ.
Superbe exploit sur le Crabioules : ils ont « bouclé la
boucle » ! (6 h. 30). Gîte au lac de Litayrolles, grandiose
magnificence, chute du jour admirable (celle qu'en même
temps Brulle et d'Astorg savourent sur le Vignemale). Puis
tout devient terne et polaire, une bise glaciale souffle ;
fugitive passe une troupe d'isards. Puis le silence auguste
de la haute montagne ; sentiment d'une entière solitude,

d'une rupture avec le restant des hommes, d'un mystérieux tête-à-tête avec la nature indomptée. Et les jeunes montagnards s'endorment agités, rêvent qu'ils se promènent sur le Crabioules et même qu'ils en tombent.

Evidemment le lendemain est pour le Perdighère ; d'ici l'affaire d'une heure : toujours admirable, *enchanteur*, c'est un grand classique. En s'amusant à faire tomber des granits le plus jeune s'écrase deux doigts, le voici avec le bras en écharpe pour trois jours.

Ceci n'empêche pas de risquer la descente par la paroi Sud-Ouest, *malaisée*, *fastidieux précipice*, et le névé, très incliné, crevassé ; *inquiétudes*, sur cette chose de si traîtresse réputation : le glacier ! Comme au Nord du pic du Milieu et au Sud de la Maladetta on ouvre l'œil, plein d'une dernière méfiance que rien ne vient justifier. Désormais l'initiation montagnarde est parfaite. Coucher aux lacs de Gias.

Le lendemain deux observatoires capitaux. *Les Hermittans par l'Ouest*, par l'arête du port de Pouchergues, sur la foi de Russell, qui au jugé, l'a estimée extra-facile, pour une vache ou un goutteux....

Illusion d'optique : passé le début engageant, elle est formidable. Un moment, l'idée de renoncer ! Beaucoup de cartes au sommet : ce pic est suffisamment visité. Descente par une variante meilleure.

Puis sur le versant français, on range le port de Clarabide par une marche de flanc « assommante » et l'on va aboutir au port d'Aygues-Tortes (ou Aygues-Cruces) ; la bande joyeuse tourne au lugubre, sur une difficulté sensationnelle : plus de vivres ! Solution, Henri et Edouard vont descendre à Plan, coucher à la Casa del Sol, et en rapporter. Le junior aux doigts écrasés, souffrant, anéanti de faim, s'assied.

Les deux autres disparaissent dans le brouillard, montent
au « pic Pétard » de Schrader, de Peytier et de Cassini,
au Grand-Batchimale.

[Le passé de ce pic.

En 1878 Schrader et Henri Passet, venant du Sud
montent par une *cheminée difficile* sur la longue *crête
Ouest*, facile, et triomphent ainsi par l'Ouest de « cet
ennemi peu redoutable ».

Un mois après, Russell avec Célestin et le chasseur
Grassy : paradoxalement, par l'Est et l'Ouest combinés. Du
port d'Aygues-Tortes, *grande arête* « interminable, raide,
peu commode, accablante », aboutissant au pic d'Aygues-
Tortes ou d'Aygues-Cruses. Ce pic est réuni au Grand-
Batchimale par une *arête horizontale*, continue, mais
rocailleuse. Les guides veulent la prendre, Russell adopte le
plus sûr : descendre à l'Ouest et rentrer dans la voie de
Schrader, une *cheminée difficile* et la facile *crête Ouest*.
Il descend au Nord-Ouest, aux lacs espagnols de Batchimale où il couche sans abri ; c'est là qu'au clair de lune,
ayant allumé son punch, il se demande ce que vont penser
les ours, ou même les hommes, apercevant à dix heures du
soir au sommet des Pyrénées cette flamme fantastique et
bleue, agitée comme une langue ou un feu follet. Et entre
ses reflets livides et ceux de la pleine lune il pense qu'il
ressemble, lui, à Méphistophélès....

Gourdon en 1881, avec Courrège et Raphaël Angusto,
arrivant par le Nord-Ouest — port de la Pez et lacs de
Batchimale — prend aisément la *crête Ouest*, « promenade
sur un boulevard où passerait un mulet ». Il n'ose pas
descendre directement du sommet sur le port d'Aygues-
Cruses, étant sans corde ; mais faisant un demi-cercle,
passant au Nord-Ouest sur un petit glacier traitre, passant
ensuite à l'Est en coupant l'arête Nord qui rejoint le Batchimale, il vient vers un large couloir et un névé tombant

presque jusqu'au port, et d'apparence facile. « Grave
erreur ! » Descente émouvante et longue, racontée dans les
Hautes Montagnes du Comminges.]

Sur la grande arête Est, la trajectoire des deux Cadier
semble plus dure encore que celle de Russell : un passage,
notamment, tout à fait mauvais. Arrivés en présence de
l'arête horizontale qui fit descendre Russell, « ses disciples »
n'ont pas le temps de choisir : ils la font, et elle se trouve
moins difficile que l'arête montante. *Le sommet leur paraît
être nettement sur la frontière.* Et sur ce sommet (6 h. 10),
devant la splendeur du Posets et de l'Eristé surgissant dans
l'éclatante lumière au-dessus du brouillard, l'émerveillement
fait oublier l'effort. Mais il faut s'arracher à ce spectacle
(6. h. 35) ; pour éviter les difficulté les deux frères prennent
une voie nouvelle entrevue dans une éclaircie : c'est un
casse-cou pur et simple, précipices, murailles ruinées et
branlantes. Ils passent « un mauvais moment », inquiets de
la nuit qui vient.... Enfin ils retrouvent le port et leur
frère, et descendent en Espagne, s'octroyer douze heures de
sommeil au bord de la cinquetta d'Aygues-Cruces.

Le lendemain ils entrent dans le barranco de Millar ; à
midi arrivent du Plan les frères et les vivres. Grand festin,
« avec légumes ». Ensuite paresse générale, c'est jour de
chômage. Choix d'un « campement idéal » dans le cirque
de Millar : cadre enchanteur, vivres abondants, gaîté
folle....

Maintenant, le Posets !
Depuis le Néthou, ils le contournent, ne cessant d'admirer
ses proportions colossales : monde de croupes énormes, de
terrasses peuplées de lacs, couronnées d'un rempart formidable. L'ayant bien vu Est, Nord et Ouest, il faut aller le
voir Sud. Mais alors, il faut lui passer sur la crête.

Russell (Russell ! toujours Russell ! dans ces profondeurs
des Pyrénées sauvages, il est partout, toujours il demeure
présent : des phrases de lui planent sur ces hautes
solitudes, comme des aigles !), Russell dans sa célèbre
exploration de 1875 était allé de la cabane del Clot au
Posets, et de cette cabane au fond de Millar sous le pic
d'Eristé, traçant ainsi les deux côtés d'un angle assez ouvert.
Et dans l'intérieur de cet angle, quoi ? des « vallons
sombres et cendrés », des « ravins gigantesques », d' « affreux
précipices à stratifications bizarres ». C'est cela — c'est la
bissectrice de l'angle — qui va être la voie des cinq frères,
nouvelle, et *d'ailleurs fort dure*.

Ils coupent la crête en doublant par le Sud le pic de las
Espadas, qui n'a pas d'histoire. Le temps est trop incertain
pour qu'on puisse lui en faire une en y montant, par une
arête tranchante et cassée, et en passant ensuite au Posets.
Mieux vaut donc, glissant sur de belles neiges, venir juste
sous le Sud du Posets, et de là, facilement, droit au pic.

L'orage gronde, il faut quitter au plus vite ce dangereux
paratonnerre. En deux heures, trempés, coupant El Clot,
(que suivit Russell) ils rejoignent leur abri, « maugréant
contre le Posets au panorama si vanté ». (Les affaires du
Posets, depuis quelque temps, vont mal.)

Partis le 15 août à 6 heures, à 7 ils sont à l'hôpital de
Gistain, abandonné, pas de ravitaillement ; anxieux, ils
passent à onze heures le Paso de los Caballos, quittant
l'empire des Monts-Maudits pour celui du Mont-Perdu ; ils
n'ont pas un coup d'œil pour le Suelsa.... Leur imagination
est en avant, dans un cirque convoité ; surtout ils n'ont qu'un
désir : du pain ; ils apprécient le mot romain *panem et
circenses* (tout un programme pyrénéiste). Le pain, ils le
trouvent à deux heures, à Parsan, fête locale. Le cirque, à
six heures, à l'apparition subite de Barrosa. Emotion

extrême, et que nulle comparaison ne traverse, quatre des frères ne connaissant pas Gavarnie. Stérilité de paysage lunaire. Plus loin, émerveillement, les eaux courantes reparaissent partout. En haut, gloire du soleil qui va disparaître. Puis tout devient blafard, muet, figé, féroce : on se sent englouti par le colossal hémicycle.

Un moment encore (7 h. 20), tout s'adoucit, s'estompe.

« Un mystère paisible emplit la montagne sous les pâles étoiles. Le cirque phosphorescent revêt une étrange grandeur qui nous rassure et nous enchante : magie du clair de lune. Temple divin pour adorer le créateur. » (Et comme c'est l'Assomption, ils ajoutent : *comment pourrions-nous n'y pas prendre en pitié les sanctuaires humains, où, en ce jour, les foules se prosternent.* C'est une conception. Tonnellé, si poète et ému en parlant des faibles sanctuaires humains, en a une autre.)

Le dixième jour ils marchent vers le fond du vaste entonnoir, cirque mystérieux qui au xixe siècle n'a pas été vu par dix pyrénéistes, ce qui est « lamentable » (adorable, voulez-vous dire : une splendeur, une rareté qui s'est réservée pour vous !...). Ils atteignent le premier étage, le second : surprise ! deux femmes et un homme traversent, rapides, sur un sentier en corniche vertigineux mais sûr, et où passeraient peut-être des chevaux. Ce promenoir de seconde galerie est inattendu ! Il unit le port de Barroude à un col ouvert sur Chisagues. Troisième étage, plateaux neigeux sous la Munia, et bientôt (1 h. 35) *la Munia par le couloir Sud*, route nouvelle : « ce couloir n'est point pour qui n'est pas rompu au rocher, il est sérieusement vertigineux ».

Splendeur de la vue. Gloire du massif calcaire vu de la Munia. Schrader l'a dite en un admirable tableau, qui remue et exalte. Mais ici on est « empoigné, subjugué, tout à la stupéfaction, à l'éblouissement, à la contemplation émue et

pieuse. « *Le Mont-Perdu est la montagne la plus impressionnante que nous ayons vue depuis dix jours....* »

Le mot de la fin ! il promet....

Pour cette année le voyage est fini. Il faut descendre à
Héas chez Chapelle, rentrer à Osse, — résignés avec peine
aux horizons bornés et à l'atmosphère plus lourde.

Un détail. Pour tant de splendeurs vues, il en a coûté par
tête trente francs. Ceci est pour se faire mépriser des
comités d'initiative, draîneurs d'or, et endigueurs de
Pactole.

IV

LES DEUX ÉCOLES.

En somme : un raid, des « routes nouvelles », et des difficultés. Mais tout ceci est le régime courant, depuis les
tournées de vingt-quatre pics de Brulle et Bazillac ! Voyez
l'enregistrement des courses dans le *Bulletin Sud-
Ouest* !

Encore une fois : l'original des courses, c'est ce que l'on
en tire. L'original ici, c'est de n'en avoir point noyé le
compte-rendu dans la masse d'un périodique. C'est d'en
avoir tiré cette plaquette :

*Les cinq frères Cadier. Au pays des isards. De l'Aneto
à la Munia par les pics de 3100 mètres.* Chez les auteurs,
à Osse (imp. Chaboussant, à Saint-Maixent), in-12, photos
et carte. Dédicace « à la Montagne : *tu nous as vu naître
et grandir,* etc.... »

Un mince livret de 55 pages. Rapidité, jeunesse, combinée
avec une étonnante expérience, fraîcheur d'impression,

enthousiasme de la vie dans les Pyrénées sauvages pouvant être encore toutes nouvelles au début du xxᵉ siècle. Et la hardiesse et le naturel dans la difficulté, et la simplicité dans le récit. Et toujours de l'ascension, et surtout (surtout!) jamais de « sport », ce décadentisme de la montagne. C'est le temps pleuré par Russell à la mort de Packe qui revient.

Si bien que l'originalité essentielle des frères Cadier est d'avoir repris pour leur petit livre la coupe et l'aspect typographique des *Grandes Ascensions* de Russell. Forme lapidaire, prématurée en 1866, et absolument dans les mœurs aujourd'hui. Ils ont su écrire bref.

Aussi le succès est net ; le petit livre est aussitôt épuisé et bientôt nous aurons :

Les cinq frères Cadier. Au pays des isards.... Première partie (ceci promet donc une suite). *De l'Aneto à la Munia.... Seconde édition, revue, accompagnée d'une préface du comte Henry Russell....* Osse 1903, in-8 (imp. à Genève. Format plus grand, caractère plus maigre, papier plus satiné et les similis plus amollies).

Le comble du succès, avoir cette préface de Russell! Exquis dans l'exorde, toujours : « *Si les montagnes avaient une âme, et si leurs neiges étaient moins froides, on pourrait se demander s'il ne leur arriverait pas parfois de s'attendrir, de s'attrister, de devenir même inconsolables, à la vue des vallées embaumées, verdoyantes et heureuses qui s'étalent à leur base et où s'allonge chaque soir l'ombre vénérable des chênes et des sapins. De quel œil verraient-elles les collines onduleuses et fleuries qui les entourent comme des enfants groupés autour de leurs parents, et les lacs toujours bleus où se reflètent leurs glaces livides et silencieuses? Comme elles seraient à plaindre, si elles pouvaient entendre, du haut de leur*

*empire désert et désolé, la voix joyeuse des jeunes torrents
qui, bondissant partout, font chanter les forêts, les couvrant de leur écume étincelante, et nuit et jour les rem-
plissent de murmures et d'éclairs. Quelle vie partout,
quelle fougue, et quels contrastes avec la mort et la pâleur
des hautes régions. Sans cela, elles verseraient des larmes
au souvenir ému de leur jeunesse, et ne se consoleraient
jamais de leur vieillesse et de leur solitude ! Il est vrai
qu'elles y sont habituées et qu'elles ont mis bien longtemps
à vieillir.... Hélas, il n'en est pas ainsi des hommes.... »*

Et en même temps que le succès, un miracle : les frères
Cadier ont opéré la conversion de Russell ; voici que
l'ancienne génération des temps héroïques comprend la
nouvelle et lui adresse un salut :

*« Sans nous attarder au tombeau fleuri de nos sou-
venirs, encourageons et admirons les jeunes et vaillants
qui, venus après nous, font souvent mieux que nous ;
n'en soyons pas jaloux ; jouissons de leurs triomphes
comme si c'étaient les nôtres et saluons-les comme nous
saluons l'aurore d'une belle journée. »*

Et il en vient au petit livre, « palpitant d'intérêt, plein
de choses nouvelles », — ou de choses anciennes, mais dans
un autre esprit, dans un autre ton, et surtout avec d'autres
émotions. *« C'est cela, c'est le côté psychologique de
l'alpinisme qui a le plus changé depuis quelques années :
le muscle y règne en maître et a tout détrôné. Est-ce
un mal ? »*

Maintenant, si Russell se dit toujours hostile, *en théorie*,
à la nouvelle école du casse-cou et des dangers artificiels
créés sur les montagnes les plus inoffensives, il commence
à accorder aux « acrobates » modernes des circonstances
atténuantes.

Mais, pour les auteurs de la plaquette, ils le ravissent.
« Ce sont à mon avis des montagnards modèles qui ont la

*bonne fortune d'appartenir à deux écoles, l'ancienne et
la nouvelle : ils ont tout combiné, la marche et l'émotion,
non pas factice, mais réelle et palpable. Épris de la
nature sauvage... ils ont cherché des routes nouvelles....
en triomphant d'obstacles redoutables. Mais les obstacles
étaient inévitables ; ils n'ont couru que des risques néces-
saires sans se laisser guider par l'amour-propre.... »*
Et, étant donné « le rôle de la vanité dans les exploits
retentissants mais inutiles de l'alpinisme moderne », le
grand pyrénéiste s'exalte à la pensée de ces grandes courses
dans les grandes Pyrénées par les auteurs d'*Au pays des
isards :*

« *Leur ascension originale et tortueuse du Néthou par
l'Est-Sud-Est ; course difficile dans l'inconnu, car personne avant eux n'avait posé le pied sur le glacier très
crevassé des Salenques, ni mis la main sur les parois
lugubres et gigantesques qui le dominent en menaçant de
s'écrouler dessus ; l'un des frères s'en allant seul par la
brèche et la crête diabolique des Tempêtes se vit bientôt en
perdition dans des couloirs féroces et des abîmes en ruines
où il faillit rester, et ce ne fut qu'après une heure
d'angoisse et de voltige qu'ayant donné un admirable
exemple il arriva sans accident et seul au sommet, escaladé par ses quatre frères sur une ligne parallèle à la
mienne, mais plus à l'Est. Voilà une course sensationnelle,... pratique et utile,... elle restera mémorable.* » La
Tusse de Maupas par l'arête occidentale est *une précieuse
découverte.* Le Posets par le Sud-Ouest est *la révélation
inattendue d'une des régions les plus alpestres et mystérieuses des Pyrénées.* Enfin la prise de la Munia par sa face
espagnole, est une *victoire splendide.* Et cependant une
acrobatie pure, un « simple tour de force ».

Reste la traversée du Crabioules, de sa crête effroyable
et brutale, que lui-même Russell avait déclarée « impossible ».

Eh bien il est ravi, « il est bon d'être humilié de temps en temps ».

Et puis il comprend maintenant *l'attrait du danger deve- nant irrésistible en présence d'une arête inviolée, formi- dable et célèbre !...*

Et cette émotion de Russell est poignante.

Et admirable, ce salut du xixᵉ siècle au xxᵉ naissant !

Qui admet une fois l'attrait du danger, d'une difficulté, est condamné à l'admettre toujours. Il a concédé le prin- cipe. La réconciliation de l'ancienne école avec la nouvelle est faite.

Il reste peut-être plus difficile : réconcilier la nouvelle école avec l'ancienne. Faire admettre à certains « mo- dernes », très fiers de leurs dalles et de leurs gendarmes, que les conquérants des Pyrénées, de Ramond à Russell ou à Schrader, que ceux qui ont eu les grands pics ont été des montagnards....

Qui le leur fera admettre ? Mummery.

C'est une de ses lois ; un théorème : les deux facteurs, *force du grimpeur, difficultés auxquelles il se mesure,* ayant toujours progressé dans la même proportion, le produit — c'est-à-dire — le *mérite* du grimpeur n'a pas augmenté.

Balmat est aussi fort, faisant « l'ancien passage » du Mont-Blanc, qu'Emile Rey faisant le Mont-Blanc par les horribles précipices de la Brenva et de Peuteret. (Rondo faisant l'échelle de glace de Tuquerouye, que Célestin le Mont-Perdu par le Nord ; Delfau escaladant le pic d'Ossau que les modernes le pic d'Allanz ou le pic Marfaing.)

« La lutte comporte les mêmes risques, et pour le grim- peur ancien qui attaquait ce que nous appelons maintenant des rochers faciles, et pour nous autres modernes qui nous mesurons à de formidables rocs, et pour le grimpeur futur qui emportera des murailles que nous regardons aujourd'hui comme infaisables ».

Donc — en cette année de centenaire du Mont-Perdu — salut aux anciens !

V

SUITE DU NÉOUVIELLE.
LES CONFESSIONS DU REFUGE PACKE.

Le 21 août 1902... Mais prenons les choses de plus haut....

Des visiteurs qui viennent à la montagne, les chasseurs sont les pires : complètement indifférents à la nature, et sous ce rapport inférieurs même aux plus purs acrobates. Mais les topographes sont sinon les plus vibrants, du moins les plus sérieusement épris : rien de plus attachant que l'établissement d'une carte. Comment un Saint-Saud, par exemple, dans toute la force de l'âge, pourrait-il renoncer à des habitudes topographiques contractées quinze ans durant ? Aussi, dès les pics d'Europe finis, dès 1896, songe-t-il à se procurer une nouvelle occasion de cartographier. Le côté occidental du Néouvielle paraît pouvoir être perfectionné. Il l'adopte. Mais il ne peut commencer sérieusement qu'en 1899, avec un polytechnicien, Robert Huet. En 1900 il continue seul, mais se rencontre avec un jeune collègue de la section de Pau, Léon Maury, qui va entrer à l'école polytechnique et qui, lui aussi, s'intéresse à l'orographie des montagnes de Luz. Ils stationnent le refuge Packe et la « tourelle Lassus », lieu du campement du baron de Lassus en 1900.

[Bertrand de Lassus, après un vigoureux pyrénéisme de conscrit vivant au bivouac, et l'assaut donné à *cent trente-*

quatre pics et positions notables, s'est mis à faire du pyrénéisme de repos, de luxe, dans ses campements sybarites
dont les plus fameux sont ceux du lac des Gentianes sous
Pouymorou en face du Vignemale, de Rabiet, et de Salarous
derrière la brèche de Roland : ici quarante-quatre porteurs
formaient son convoi et assurèrent son service de ravitaillement quotidien avec Gavarnie. Sur ces campements un
document essentiel : dans *l'Illustration* du 30 août 1902,
texte d'Henry Spont, *les Campements dans les Pyrénées*,
et dessins : la messe à 2.700 mètres célébrée par le
P. Carrère, etc.]

Repris et terminé en 1901, le travail donne lieu dans
l'Annuaire à l'*Étude orographique sur le bassin lacustre
occidental du Néouvielle*, par Saint-Saud, avec une carte-
esquisse au 25.000e dressée par le colonel Prudent sur les
éléments fournis par Saint-Saud et Léon Maury. Très curieux
fragment de Pyrénées, cette région Pourtet, Rabiet, serre
de la Combe de l'Ours, etc., ce dédale, — et entre le pic des
Trois Conseillers et le pic d'Aubert, cette « brèche du Néouvielle 2933 » que Léon Maury découvre être le passage le
plus court de Luz à la région de Cap-de-Long.

(Tout ceci, très en correction et perfection sur la carte de
l'État-Major. Fait par des gens qui ont le temps. Ceci inté-
resserait bien celui qui n'a pas eu le temps... : l'officier topographe de 1851, ce même lieutenant Péro qui, ayant eu
en 1850 le formidable morceau des ports d'Andorre, était
chargé l'année suivante d'un autre formidable morceau, le
rectangle compris entre Caderolles, pic d'Ayré, port de
Héchempy et port de la Canaou..., c'est-à-dire Néouvielle,
Cambieil, Troumouse. Il demeure un pyrénéiste considérable, le lieutenant Péro. Sa carrière militaire fut très
bornée : que son nom du moins ne soit pas oublié aux
Pyrénées !)

Dans *l'Annuaire* de 1902 : *la Vallée de la Liza et la*

montagne de Maoucapéra, par Léon Maury, devenu sous-lieutenant d'artillerie. Carte d'après les levers de Saint-Saud et Maury. Ici reparaît le fameux Maucapéra de Lequeutre, 2720, point culminant du massif ; le vrai nom de cette mauvaise pointe est le *Marraout* ; Lequeutre y monta du sauvage entonnoir du petit lac de Maoucapéra, sa descente fut par le col de Marraout.

Le 21 août 1902, partaient de Luz Saint-Saud, Léon Maury, Armand de Gérard, et les deux filles de Saint-Saud, Cécile et Isabelle ; ces enfants, entraînées par un Vignemale fait huit jours avant (après une visite à l'Ermite de Bellevue, et un déjeûner, le 11 août, qui est pour ne point être oublié de ceux qui y participèrent).

Le guide était le vieux Lons ; en fait ce furent les jeunes filles : elles firent dévier l'expédition — qui visait simplement le Montarrouy — sur la conquête du *Grand pic de la Combe de l'Ours 2870,* suffisamment scabreux, il faut y mettre les mains ; très belle vue, le Pic Long est splendide, et peu engageant avec ses redressements noirs au-dessus du lac Tourrat fort crevassé....

(*Grand pic de la Combe de l'Ours* est bien long ; PIC SAINT-SAUD serait bref et tentant. De toute façon il faut que le nom du persévérant pyrénéiste de la Pléiade soit donné à un point des Pyrénées).

En passant au refuge Packe, Saint-Saud avait emporté le registre, qui touchait à sa fin. La série des réflexions consignées est hautement plaisante et en dit long sur ces régions de sauvagerie transcendante vantées par les amateurs de désolation. Et sur les joies des refuges ! Un mois après l'inauguration : *Je ne félicite pas mes prédécesseurs de l'état dans lequel ils ont laissé le refuge. Je renonce à nettoyer le lit de camp,* écrit P. L., membre de la D. C. du

C. A. F. Un autre clubalpiniste, l'année suivante, trouve l'abri *malheureusement envahi par les bergers. Au nom du Club Alpin je les ai priés de décamper.* L'année suivante, Paul Labrouche *constate que le refuge a été envahi par des bergers auxquels il a fait de vives observations;* d'autres membres de la S. E. B. B., de la S. E. B. ou du S. S. O. du C. A. F. *vont souffrir du froid* ou trouveront *la paille habitée de petits animalcules indiscrets....* Et Léon Maury: *le refuge envahi par les bergers.* Et Byasson: *à coup sûr les cochons y avaient passé, le local et les ustensiles étaient dans un état d'une saleté repoussante....* Et si Saint-Saud emporte le registre c'est *pour qu'il ne continue pas à servir à allumer du feu aux bergers qui demeurent dans le refuge du Club sans payer de loyer, même pour les insectes qu'ils logent avec eux....*

Et les bergers, croit-on qu'ils n'ont pas d'impressions, eux? L'un écrit: *Monsieur Pujo est venu en excurciont au col de Rabiet en croyiant voir un joli pays, mais je le quitte avec l'espoir de n'y plus revenir. Il y a quatre mois que je reste berger....* — Et ceci: *Mademoiselle Alexandrine Midan arrivée en excursion au col de Rabiet, avec son cousin Etienne Midan, de Vielle, et elle n'y reviendra pas de quelques jours.* — Et encore deux jeunes bergers: *Nous sommes monté par la comme de Bugarrec, nous avions porté une bouteille de vin, nous l'avons bue avec beaucoup de plaisir. Etant venu à la recherche d'une brebis, croyant avoir la peau; mais nous n'avons eu ni la peau ni la graisse. Alors nous nous en retournons dans notre pays, et la brebis nous la laissons pour les isards. C'est la première fois que nous venons ici, croyant d'être dans un pays merveilleux, mais c'est un pays scandaleux... adieu Bugarrec; nous remercions le Club Alpin.* — Et un autre berger, Companyet, *propyétère,* se trouvant *de pasage pour chercher du bétail à lène,* signale « sa petite besogne » *d'ans ce livre suspandu....*

Puis voici autre chose : l'armoire a été fracturée, les ustensiles pillés ; le procureur de la République d'Argelès s'émeut, il fait monter des gendarmes, dont voici l'impression : *Le brigadier Gensont et le gendarme Pène, détachés à Barèges, se sont rendus le 8 août 1902 pour constater l'effraction et le vol commis dans le refuge. C'est la première fois que ces deux militaires passent en ce lieu, et ne désirent pas y repasser, car ils en garderont longtemps le souvenir.*

O Nadaud !

VI

FIN DE LA SIERRA DE MONTARTO

Le 22 août Fontan est au Comolo-Forno....

Aujourd'hui que nous en avons la carte — et la carte postale — la Sierra de Montarto nous apparaît simple, et il nous semble tout naturel d'en connaître la position et la topographie. Massif de granit séparant trois bassins : la Ribagorzana de la Noguera de Tor, et ces deux rivières de la Garonne. Donc fragment (trois lieues) de la grande chaîne de partage des eaux de l'Europe. — Long et étroit d'assiette (trente-cinq kilomètres Nord-Sud) ; — son grand tour, Artias - Senet - Pont de Suert - Bohi - Artias, serait une course de cent kilomètres (abrégée de trente en coupant de Senet sur Bohi (passant au Sud du pic d'Érilavall). —Restreint de faîte : un Y de deux lieues, dont le pied (Comolo-Forno et Montarto - Signal) sépare la Ribagorzana de la Noguera de Tor, dont le nœud est le Bécibéri qui verse sur les trois bassins, dont les deux branches (frontière entre Aran et

Espagne), allant, la gauche au port de Viella, la droite au Tuc Ménège, au port de Caldas et au Montarto d'Aran, enferment les deux lacs, aujourd'hui célèbres, de Rious et de l'Estagn de Mar, séparés par la *Tuca de l'Estañ*. Ceci est pour le géographe. — Pour l'alpiniste c'est encore plus simple : un mur de granit, de deux lieues entre Montarto d'Aran et Montarto- Signal, diagonal N. E.-S. O., très haut toujours, avec nombreux pitons dont deux atteignent trois mille (ce qui est exceptionnel à l'Est des Monts-Maudits : encore un peu plus loin la Punta-Alta de Comolos-Pales, puis le Montcalm-Estats, et ce sera tout).

Pour savoir ceci, quel travail ! Résumons.

Jadis. La carte de Roussel indique bien les trois rivières, même des chemins (!), mais le minimum de Sierra. — Cartes de Cassini et de l'État-Major : papier blanc, territoire espagnol.

1865. Packe, sur sa carte des Monts-Maudits, à six kilomètres S. E. de l'hospice de Viella fait surgir, comme une île dans le papier blanc de l'inconnu, un pic et un nom, *pic de Montarto*. — Et Russell dans les *Grandes Ascensions* : « les crêtes que l'on voit à l'E. S. E. de l'hospice de Viella touchent au *Montarto 2941, pic très peu connu* ».

1866. Packe explore cet inconnu, massif *tumultuous* (*compliqué*, dira Schrader). Lac de *Bécibère ;* ascension de deux sommets du Bécibéri (et non ascension du Tuc Ménège comme se l'est imaginé Lequeutre), idée juste que le plus haut est un troisième au Nord. Descente aux bains de Caldas. *Lac de l'Ile* (Estagn de Mar) et *lac du port de Rieux*.

1869. Russell, déjà dans l'éclat de sa gloire, le grand Russell du Cylindre, des Hermittans, de la Pique d'Estats, du Carlitte, du pic Russell, du Cotieilla, du pic d'Enfer, de la nuit au Néthou et du Vignemale en hiver, vient aborder

le « grand mur » du Montarto, cette « espèce de scie » à
dents égales.

Du lac de « Bécibère » il escalade le piton « le plus occidental » (*sic*, ce n'est que dans ses *Souvenirs* de 1888 qu'il
dira « Bécibéri 3.004, première ascension »): brouillard, pas
de vue ! Russell piqué, comme il l'a été pour le Mont-Valier,
et de première impression indélébile, s'en va, irréconciliable,
irrémédiablement prévenu contre ce massif qu'il croit sans
grand pic dominant. Il s'en va de cette « démocratie » de
pics — de cette extraordinaire région d'entre Nogueras —
pour n'y jamais revenir. C'est un des traits les plus curieux
de sa carrière pyrénéiste.

1874. L'ingénieur espagnol Monnet stationne le *pic de
Montarto* que les espagnols appellent *Bizberri 2952* et qui
désormais se nommera aussi le *Signal de Montarto*.

1876. Gourdon : ascension du *Montarto d'Aran*. —
Gourdon (avec Fabre, les guides Courrège et Barrau), de
Luchon passant le port de Caldas, prononce un nom extraordinaire : « *le Como-lo-Forno* », et le 10 octobre des bains de
Caldas, reconnaît le cirque, les lacs dont le dernier glacé,
attaque un couloir et se place sur un point de la crête du
Comolo-Forno. Brouillard ! Cruelle déveine : et encore le
texte de Gourdon va se perdre dans un journal politique
quotidien....

1877. Lequeutre, avec Henri Passet et « Mayou » — des
bains de Caldas par les étangs Schemen, en une ascension
*comme il en est peu d'aussi faciles et qui procurent une
aussi grande somme de jouissances, de Caldas au sommet
une admirable promenade aux aspects tellement variés
que l'on arrive à la cime sans avoir eu le temps de se
lasser* — prend la *Punta de la Como la Forno*. C'est-à-dire
le point qui portera le nom du passionné pyrénéiste (en
attendant que peut-être un jour il ait mieux): le *Sommet de
Lequeutre*. Admirable panorama....

Pyrénéiquement le Comolo-Forno-montagne appartient à Lequeutre.

Mais il reste à l'avoir alpiniquement. Le Sommet de Lequeutre est dominé par deux pitons....

Séance tenante, tentative et échec sensationnel d'Henri Passet. *Diable de pic, je n'en ai jamais vu d'aussi mauvais ; il faudra que je revienne par l'autre versant.* Voilà le Comolo-Forno-piton lancé comme un pic terrible. Pour le prendre il faut laisser se former des montagnards « casse-cou ».

1878. Schrader stationne le Montarto-Signal. Topographiquement, à lui le massif.

1882. Jeanbernat, une splendide découverte : *le grand lac de Rious.*

Brulle et Bazillac avec Célestin emportent le suprême piton du *Comolo-Forno 3032.* Par le sommet de Lequeutre et par la fameuse dalle en surplomb : un passage à la corde et sur les poignets. Ces passionnés silencieux n'en écrivent rien. Mais il y a les conversations de Gavarnie. Lequeutre se trompe, écrit dans le Joanne que l'ascension a été faite « par l'autre versant », et ajoute : *ce piton est extrêmement dangereux.* Le Comolo-Forno est constitué à l'état de Meije. Personne n'y vient plus.

1890. Les frères Spont (pour leur plaisir et sans l'écrire, du moins pour le moment) : *Tuc Ménège.* — 1891, *second piton de 3028 du Comolo-Forno.* — 1898, *Tuca de l'Estagn.* — Et 1899, avec le comte de Barck et Sansuc, le vrai *Bécibéri septentrional de 3004,* enfin.

1902. Brulle, d'Astorg et Castagné, allant aux Encantados, incidemment reprennent le Comolo-Forno, très facilement, dans le brouillard. Des bains de Caldas par les lacs, le col qui donne dans Bécibéri, puis par le Nord, le premier piton où ils trouvent la carte des Spont, et la grande *punta* : malgré le brouillard pas d'erreur possible, ils y retrouvent le billet de 1882. Descente également facile, à l'Ouest. Le pic ne serait donc difficile — « un seul passage » — que par le Sud.... Il faudrait aussi examiner l'Est.

La conquête de la Sierra de Montarto est parachevée.

Et voyez comme le point de vue alpiniste donne des résultats spéciaux.

Alpiniquement, les conquérants de la Sierra? L'ingénieur Monnet, — Gourdon, — Brulle, Bazillac, Célestin, — les frères Spont; ils se sont placés sur les pitons extrêmes.

Pyrénéiquement, les morceaux décisifs? Packe, l'exploration même du massif, les lacs de Bécibéri et de l'Estagn de Mar; — Lequeutre, le panorama du Comolo-Forno; — Jeanbernat, le grand lac de Rious; — Schrader, la carte.

Et littérairement? Cinq textes dominants. — Packe (*Bulletin Ramond*) pour ceux qui savent l'anglais et aussi le latin, à cause de l'épigraphe de Sénèque : *Necessarium est adsuescere* (il faut être entraîné); *multœ difficultates locorum, multœ temporum etiam locupletibus* (courses ardues et très longues, même pour les gens outillés); *magna pars libertatis est bene moratus venter* (l'essentiel : un estomac pas exigeant). — Russell, bref, mais exquis. — Gourdon, peu connu. — Lequeutre. — Schrader.

Pyrénéiquement, la page capitale est à Lequeutre. Il aurait pu être plus heureux dans ses explorations de 1877 : mais, revu d'aujourd'hui, son Comolo-Forno du *Bulletin Ramond* constitue une bonne fortune inouïe et la page la plus sensationnelle du pyrénéisme avec celle de Ramond découvrant le Sud du Mont-Perdu; page qui subitement introduit dans le pyrénéisme cette armée de noms étranges : *Comolos Bienès, Comolos Altès, Como de los Lebricos, Estañs Biella et Schemen, pic d'Erilavall, Dorronco del Durro, Corrédo de Tahul, Sierra de Monsech,* etc., etc. Un nouveau monde....

Fin. La Sierra de Montarto a disparu du *Joanne* de 1901 !

Mais dans l'*Annuaire* de 1902 : *La Sierra de Montarto, ascension de la Punta de Comolo-Forno, par L. Fontan de Négrin.* Fontan ne sait pas qu'il fait la troisième ascension (comment le saurait-il ?), il pense faire la seconde, par le sommet de Lequeutre et la dalle. Avec Angusto. Il décrit, avec les difficultés détaillées de l'ascension qu'il donne comme très considérables pendant deux heures, les beautés de cette région encore si peu connue. Puis il conclut : *l'histoire du Comolo-Forno n'est pas longue, il a été enlevé par Brulle, Bazillac et Célestin à la force des poignets,* c'est vrai ; et il ajoute : *le Comolo-Forno sera toujours un grand pic difficile.* (Et depuis un mois il est très facile.) Ah, l'imprudent qui ne connaît pas la loi de Mummery....

VII

BRIET. — UN CIRQUE DE CIRQUES.
LE PIC DES AIGUILLOUS. — LE PIC BADET.

Le 24 août 1902, Briet est au fond du cirque de Troumouse, escaladant le « couloir de la Clef du Curé. »

Lucien Briet. Un pur enfant de Paris. Né rue de Flandre en 1860. Sa première ascension : tout petit, mené par son père voir les travaux du parc des Buttes-Chaumont ; dans la grotte il touche les stalactites en construction : prédestination à la spéléologie. Lit au collège, dans la *Bibliothèque des Merveilles*, le récit de Ramond sur le Mont-Perdu. Il n'y a qu'à laisser germer.

En 1889 il vient aux Pyrénées ; Brèche et Piméné : « empoigné » ; — en 1890 Mont-Perdu : conférence à la section Sud-Ouest, projections superbes ; publications d'albums phototypiques ; — 1891, Arrasas. Connaît Russell,

Brulle, de Monts qui le prennent avec eux. — 1892, de Monts le mène à la Munia. — Dès le début, l'idée d'écrire (*Le Massif calcaire*, dans le *Bulletin Sud-Ouest* de 1892) ; mais aussitôt, quelque chose d'extraordinaire et méritoire : ayant pris la plume, il la jette : il ne veut plus écrire que quand il aura étudié, quand il saura tout ce qui a été dit. Brulle lui prête un Ramond, il achète un Dusaulx, un Palassou, il se constitue une bibliothèque pyrénéiste ; il devient d'une espèce très rare : montagnard érudit — et il a raison, car, après un siècle de découvertes et d'ascensions écoulé, il n'est plus permis d'ignorer ses classiques.

En 1894, pris de la passion de la Munia — Briet est l'homme-Troumouse et l'homme-Munia — il se *décentre*, et quitte Gavarnie — simple chapelle de la cathédrale des Hautes-Pyrénées — pour se *recentrer* à Gèdre — maître-autel au centre d'une abside de sept chapelles, d'un cirque de cirques ; Brada, Cambieil, Troumouse, Estaubé, Gavarnie (avec sortie sur le Mont-Perdu et les cirques espagnols), Aspé, et Cestrède. Il y habite la fameuse maison Palasset, « la maison des cataractes cachées du gave de Héas », comme disait Ramond. Aujourd'hui *Hôtel de la Grotte*. Quoiqu'il n'y ait jamais eu de grotte à Gèdre, mais bien une cataracte cachée. Mais Hôtel de la Grotte convient pour Briet qui est « secrétaire général adjoint de la Société de Spéléologie. »

Ces sept cirques, ou mieux ce cirque immense — Turon-Pic Long-Badet-Cambieil-Aiguillous-Gerbats-Munia-Mont-Perdu et son revers espagnol-Marboré-Aspé-Malerouge-Cestrède, — son propos est d'arriver à le décrire un jour en un vaste travail d'ensemble de trois ou quatre volumes, *complet et définitif*, formé de la réunion de monographies chacune complète et définitive.

En attendant l'ensemble coordonné, des éléments du futur livre paraissent isolés, et épars dans divers recueils. Études très fouillées, touffues, bondées de renseignements, et qu'il faut lire avec une attention soutenue.

D'abord *La Vallée de Campbieil* (dans *la Nature*, 1902), cette vallée couronnée par quatre grands sommets : Pic-Long, Badet, Cambieil, Aiguillous. (Ici une thèse de Briet : le Badet se serait appelé autrefois Cambieil, et le Cambieil Badet puisqu'à l'Est il domine le val de Badet. Et l'interversion des noms Badet et Cambieil serait « une erreur formidable des officiers géodésiens » ! Mais bien avant Peytier, pour Reboul par exemple, le Cambieil était le Cambieil. Et le val de Badet ne vient pas moins commencer sur les cartes à une « montagne Badet » près du pic des Aiguillous.)

Les quatre grandes ascensions de la vallée de Cambieil :

Le Pic des Aiguillous (ou Soum de Sallettes : *Bulletin Sud-Ouest 50*). Le pic des Aiguillous, *glorious view*, avait dit Packe : « aucun endroit d'où le Mont-Perdu soit plus splendide. » (Le Piméné est trop près, et le Bergons déjà trop loin.)

Briet confirme, et détaille le panorama. Pic Long et Cambieil au premier plan, et les reliefs admirables des environs de la Géla ; au loin le Cotieilla ; à l'opposé, plus près, le Vignemale énorme et magistral. Au midi un spectacle merveilleux : la chapelle de Héas à quatorze cents mètres de profondeur, puis tout s'élevant en gradins, se ralliant vers le massif calcaire, contribuant à son apothéose. « *Tableau magique. Et dire qu'on ne va jamais là, alors qu'on pourrait faire monter un âne de Gèdre au sommet, 2960.* »

Et Briet résume d'un mot moderne. Le pic des Aiguillous est un des « clous » de la région.

Et une des splendides courses des Pyrénées. Très facile.

Le Pic Badet (dans l'*Annuaire* de 1901), remarqué par Russell comme dressant fièrement sa pointe vertigineuse qui portait déjà pyramide (de l'officier géodésien de 1848 ?). Célestin, Brulle et Bazillac y montèrent en 1882. Puis Bertrand de Lassus avec le père Carrère.

Au Nord est le fameux glacier oriental du Pic Long (Briet l'appelle le glacier du Badet), le glacier vampire qui le 31 juillet 1840 avala le jeune Caubet, d'Aragnouet, parti à la chasse à l'isard avec des camarades, et le rendit vingt-huit ans après, jour pour jour, le 31 juillet 1868 ; sa veuve put reconnaître ses vêtements.

En somme, le Badet, malgré ses 3161 mètres, secondaire, écrasé par le Pic Long. Briet le remet en valeur : précisément, du Badet, si la masse du Cambieil est un écran monstrueux, l'aspect du Pic Long, littéralement, enthousiasme : il semble défier l'escalade, on devine pourtant un point faible.... Puis, conduit par son guide Theil, il franchit le Badet en col et passe au Sud pour aller (vers la hourquette du Pic Long) effectuer une reconnaissance du côté précipiteux. « *Salut à ceux qui vaincront le pic Badet directement, du fond de l'Estibère-Male.* » (Un défi ! diraient Brulle ou d'Ussel.) « *Je ne jurerais pas que cela n'arrivera jamais. On a vanté tant de murailles qui aujourd'hui....* »

Le Pic Long, ci-devant *Pic-Vierge*, splendide pic (vraiment *le plus haut des Pyrénées françaises :* le Vignemale qui lui a volé ce titre étant franco-espagnol), dominateur, hardi et (le mot *difficile* étant rayé du dictionnaire) pas assez facile pour être avili par les yahous. Aristocratique : conquis par le duc de Nemours..., raconté par Russell. Briet en prépare pour l'*Annuaire* une monographie plan en relief. Voici la hourquette du Pic Long et la cheminée, puis le quartier de Crabounouse et la crête de Bugaret (d'ici le Pic Long est encore plus formidable que du Badet), l'arête orientale ; et l'Estibère-Bonne et l'Estibère Male....

« Passer de la crête de Bugaret au Badet par le Pic Long : voilà qui répond à toutes les règles de la poétique alpine. De hardis compagnons venus des Alpes peuvent l'entreprendre sans crainte de déroger ou d'être déçus. »

Pic de Cambieil. Monographie en préparation.

VIII

LA CRÊTE DE BOUNÉOU.

Passons à la région de Troumouse :

La Vallée de Héas (dans le *Bulletin Pyrénéen 42*). Généralités.

La Géla et le cirque de Barrosa (dans le *Bulletin Ramond* de 1902, sous le titre *Autour du Mont-Perdu* qui est un lapsus ; car c'est le tour de la Munia). En 1897 Briet est pris de l'idée de revoir la muraille extérieure du cirque de Troumouse, la muraille Géla, mise en évidence par Russell dans sa fameuse course de 1874. En trois jours, avec Henri Soulé et Paget-Cantou, partant de Héas par le col des Aiguillous (Hourquette de Héas, où du temps de Ramond, ne passaient guère que les pèlerins aurois, « au péril de leur vie » : le « clou » de la vue est le pic Gerbats) et descente dans le Badet ; passant la hourquette de Charmentas, et descente dans la Géla, coucher dans une cabane à puces, étude du cirque de la Géla et de « la grande muraille » (une splendeur : morceau à lire) ; puis, des deux « Passades de Barroude » des cartes (c'est-à-dire le Port-Vieux et le Port de Barroude de l'État-Major et de Schrader) prenant l'occidentale, c'est-à-dire le *Port de Barroude* (qu'il appelle *port de la Géla*, tandis que Wallon appelle port de Barroude le Port-Vieux) il appuie à droite sur la paroi de l'entonnoir de Barrosa, y campe dans les ruines d'une ancienne habitation de mineurs, se rassasie de la vue de l'admirable cirque, trois fois plus étendu en réalité que Schrader n'a pu le montrer dans son dessin; puis par l'ancien chemin de mine, coupé de cascades, mauvais pas, et par une escalade de gradin, montant au *col de las Louséras* (entre Las Louséras et Munia, pratiqué des chasseurs, nouveau pour touristes), il rentre par le col de la Munia.

Pour conclusion Briet propose d'établir ainsi la course des cirques, faite en un seul voyage : 1° *Gavarnie* (brèche d'Allans), 2° *Estaubé* (Héas), 3° *Troumouse* (hourquettes de Héas, de Charmentas), 4° *Géla* (port de Barroude-Géla), 4° *Barrosa* (col de las Louseras), 5° *Pinède* (hospice, col de Niscle, vallée d'Arrasas), 6° *Cotatuero* et *Salarous* (brèche de Roland ou Boucharo).

Le Pic Gerbats (pour le journal *la Nature*), Tour des Aiguillous de Ramond, 2920. Avec deux gravures sur bois saisissantes; description non moins saisissante du célèbre mauvais pas.

A propos : on parle toujours pour la crête de Troumouse de sa moitié Est, côté Gerbats et *crête de Serre-Mourène* (le capitaine R... vient encore de la raconter : *Bulletin Pyrénéen*).

Et comment se comporte donc la moitié Ouest? Briet va nous le dire. Voici ; c'est :

La Crête de Bounéou (dans l'*Annuaire* de 1902). Une belle invention de de Monts, — et une de ses dernières courses : car il vient de se mettre d'autorité à la retraite. Un jour, dans une course de Gavarnie, tout à coup, sur une « difficulté » il a hésité ! il s'est senti traversé de l'idée fatale de *ne plus pouvoir*.... Il est descendu pour ne plus jamais remonter.

Le 14 août 1902, conduit par Henri Soulé et Cantou, Briet réussit cette crête. Montée au port de la Canaou, en se rémémorant et comparant les textes de Ramond et de Chausenque. Et la profitable chose que connaître ses classiques ! savoir se rattacher aux anciens ! on fait corps avec eux. Maintenant nous allons avoir trois textes historiques sur le port de la Canaou : Ramond, Chausenque, Briet. Le dernier le plus curieux sous certain aspect : car, poussant plus loin que ses devanciers, Briet décrit la crête de Bounéou. S'engageant sur la ligne frontière — quasi suspendue, aspérités solides — on plonge enthousiasmé sur Troumouse, on assiste enivré à l'apothéose du Mont-Perdu ! Après le pic de Bounéou, un court « cheval-rouge » de vingt mètres à enfourcher, ce dada n'est d'ailleurs point méchant ; puis se rejeter à gauche, passage scabreux. Vue d'une très rude cheminée, « le Passage Rouge » plongeant sur Troumouse. Pic de Pène-Blanque 3.039, point culminant. Brèche du couloir de « la Clef du Curé » (ainsi nommé d'un prêtre qui se serait sauvé par là en 93). Facilement, sommet du Mont-Arrouye. Et descente au col de la Munia.

En résumé, dit Briet, crête beaucoup plus attrayante que sa sœur de Serre-Mourène.

Et le 24 août 1902 donc, Briet, avec un compagnon et les guides Soulé et Paget-Cantou, escalade la Clef du Curé. Il va....

Il faut savoir que Briet est enthousiaste des officiers géodésiens. La révélation de leurs campagnes, dit-il, l'a fait « sauter en l'air ». Il voudrait que l'on fît des recherches

pour savoir si Peytier et Hossard n'auraient pas monté le
Pic Long (ceci paraît tout recherché : il n'y a rien ; et le Pic
Long n'a pas été visé sur un signal, que les officiers y eussent
mis, même en y renonçant comme point de premier ordre).
Il est désolé qu'ils n'aient pas eu la gloire de monter la
Munia. Il suppose qu'ils ont dû la monter. Il se persuade
qu'ils l'ont montée et développe (dans *la Nature*) cette thèse :
que le sommet de leur triangle fut la Munia. Ici le colonel
Prudent bondit : jamais, jamais, la triangulation est intan-
gible, pic de Troumouse. Briet alors d'imaginer d'aller
démolir la tourelle de Troumouse, pour voir si le repère des
officiers est dessous.

Voilà où il pense aller. En fait ceci va donner : *Par delà
la Munia* (dans le *Bulletin Sud-Ouest*). La Clef du Curé,
couloir moins méchant qu'il n'en a l'air, précipice bon
enfant ; gare aux chutes de pierres. Redescente en Espagne
dans la Houn-Sainte : lacs de la Munia, campement sous
l'orage et le déluge. Col de las Portes, vallée de Chisagues,
toujours sous le déluge, Parsan, Bielsa. Nouvelle description
de Bielsa, minutieuse ; c'est toujours intéressant ; toujours
pittoresque le gîte : aujourd'hui la Casa Peillos, et pendant
l'orage, Briet tournant la manivelle d'un ariston, ou liant
connaissance avec le monde officiel — le *teniente de carabineros* et l'*administrador de la Aduana* — le médecin,
« *cirujano* »— la « senora » du lieutenant, institutrice— et un
sergent qui a fait campagne aux Philippines ; conversation
par gestes. Pourtant la saveur intense de la découverte, du
temps de Tonnellé, n'y est plus. Peillos, qui a l'habitude des
touristes, a renoncé à l'huile : il cuisine à la française ! Le 28,
en fuyant devant l'orage, vallée de Pinède et son cirque,
beau malgré le mauvais temps et le brouillard qui étouffe
les sommets. Un joli morceau, inédit, sur Notre-Dame de
Pineta. Rentrée à Héas par le port de Canaou....

Et la tourelle de Troumouse est sauvée.

Dans le cirque d'Estaubé :

La Grotte de Churugues. Une déception.

Le Pic de Tuquerouye (dans le *Bulletin Sud-Ouest* 1902).
De Monts, Brulle et Célestin en 1891 l'avaient pris par le
couloir des Deux Bornes et l'arête Ouest ; Briet dix ans
après, avec Jean et Henri Soulé l'a par le couloir de Tuquerouye — où il aimerait bien retrouver la lorgnette perdue
par Ramond le 8 septembre 1797 ! — et l'Est. (Du sommet
Briet aperçoit au loin trois hommes dégringolant du « Pic
des Deux Bornes.... » Il pense immédiatement à Brulle. Et
en effet, ces trois « promeneurs émérites » sont Célestin,
Brulle et d'Astorg, retour d'une première.) « *La face méridionale* (qui s'élance des talus du lac) *reste à conquérir.
Avis aux amateurs. Elle les attend avec calme. Je ne
connais pas de muraille plus sûre d'elle....* »

Un défi ! Et un legs.

Du siècle du Mont-Perdu au nouveau siècle.

Car voici terminés, avec 1902, le centenaire du Mont-
Perdu et aussi l'ère historique, ouverte en 1787.

IX

RUSSELL. — CHARMES ET BEAUTÉS DES PYRÉNÉES.

Un siècle de littérature pyrénéiste peut-il s'achever sans
une conclusion, un suprême adieu : le « mot de la fin » ?

Non. Et — le hasard fera bien des choses — celui qui va
être amené à le dire, c'est le plus digne.

Le Club Alpin prépare de longueur un « Manuel d'Alpinisme ». Pour l'article Pyrénées, il pense au montagnard
poète auquel, il y a bientôt trente ans, il demandait le morceau de tête de l'*Annuaire*. Le comte Russell ayant accepté
et se trouvant au repos à Luchon en septembre 1902, écrit
un court article, *Charmes et Beautés des Pyrénées....*

C'est le mot de la fin du grand siècle pyrénéiste.

En un merveilleux couplet, qui fait battre le cœur, Russell, ayant à défendre les Pyrénées contre les Alpes, rappelle encore la grandeur de la chaîne vue de très loin et surgissant en muraille de trois cents kilomètres dont un tiers couronné de neiges, sublimes au coucher du soleil.... Et de près, au sein de ces neiges, les Pyrénées prenant la livrée des Alpes : leurs colères y sont terribles, — *comme à ce col de Cerbillonas où à toute heure de la nuit et du jour, même sous un ciel sans nuages et par le plus beau temps, gronde ou gémit le souffle grandiose et douloureux de l'Atlantique....*

Mais la beauté est-elle donc exclusivement affaire de dimensions ? Et voilà le vrai.

Les Alpes étonnent : les Pyrénées séduisent et attendrissent. Elle ont une poésie suprême et indéfinissable (ressemblance avec la femme) et elles ont inspiré des passions éternelles. Leurs eaux sont pures comme du cristal, leurs forêts ressemblent à des robes ondoyantes de velours vert ou noir. Leurs lacs.... Ah ! leurs lacs, on en a médit, les comparant avec ceux des Alpes on s'en est moqué : des « cuvettes ». Alors, soyons logiques ; les lacs des Alpes pour ceux qui ont vu les lacs du Canada et le Baïkal : des « lavabos ». *La raison d'être de ces chers petits lacs immobiles, assoupis et perdus dans les neiges dont ils sont les enfants, est d'étinceler au front des Pyrénées comme des bijoux. Du reste, ce qui leur manque en étendue ils se rachètent par le nombre, ils se groupent en famille, ils sont sociables. Ils communiquent et causent entre eux par le moyen de petits torrents clairs et fougueux qui, bondissant de l'un à l'autre, ne cessent jamais de babiller même en hiver et sous la neige. Il en sort une musique éternelle.* Du haut du Néouvielle on en voit trente dont la surface totale égalerait celle d'un très grand lac. Or *une constellation de petits lacs,* à différents niveaux, entourés de fleurs, de forêts, de neige, de rochers, ou de plages désertes, *fait peut-être plus d'effet qu'une vaste et monotone nappe d'eau dont on ne voit plus les rives. C'est une affaire de goût.* L'immensité ne suffit pas à la beauté, souvent elle l'exclut. Quant à la transparence de ces lacs si calomniés, elle est presque incroyable.

Beauté décisive : la lumière. *Une journée pyrénéenne sans nuages a un éclat incomparable, et la nuit, même sans lune, une clarté extraordinaire; c'est le Midi dans toute sa gloire. Les nuits sereines des Pyrénées rappellent celles de l'Orient.*

Oui les Alpes sont plus hautes, plus neigeuses, plus menaçantes, plus vertigineuses. Mais encore une fois, est-ce la masse qui constitue la beauté? Quel travers de n'admirer que l'énorme ! Les Pyrénées ne sont pas les Alpes, c'est tout avoué : *elles sont tout autre chose....*

« *Malgré leurs allures féminines, elles ont une majesté, une dignité extraordinaires : ce sont de très grandes dames. L'élégance n'exclut pas la grandeur.... Elles ont une grâce, une langueur orientales, et leurs couleurs, variées à l'infini par la lumière et la chaleur méridionales, sont bien plus riches et plus ardentes que dans les Alpes. Leurs déserts même et leurs rochers ont des couleurs.... Elles sont moins écrasantes, moins formidables que leurs rivales : cela ne diminue en rien leurs charmes.... Les Pyrénées, plus sveltes, plus onduleuses et délicates, sont allongées et somnolentes : elles ont l'air de rêver au soleil, comme les races indolentes du Midi.... C'est bien aux Pyrénées qu'iront toujours les sourires des artistes, et le cœur des poètes.* »

POST-SCRIPTUM

I

1903. — ENTRE NOGUERAS.
GERVEIL ET LAS CABANAS. — BASIERO ET PIC GOURDON.
LE CARNET DE BRULLE.

Résumé. — Un siècle de pyrénéisme : une partie de bascule ou de balance, entre deux adversaires.

L'axe de la balance : le formidable couteau formé par l'arête Arbizon, Quatre-Termes, Néouvielle, Pic Long, Cambieil, Géla, mur de Troumouse, et ce fameux pic de Troumouse des géodésiens partageant trois eaux : Gave, Neste, Cinca.

Les deux plateaux : l'Ouest et l'Est de cette arête.

Les deux joueurs : Gave et Garonne, Cauterets ou Luchon, s'efforçant d'équilibrer toujours la pièce que l'adversaire place sur son plateau par une pièce équivalente.

L'un met Mont-Perdu, l'autre Néthou ; — l'un Cylindre, l'autre Maladetta ; — Soum de Ramond, Pic Russell ; — brèche de Tuquerouye, port de Vénasque ; — lac de Gaube, lac d'Oo ; — Balaïtous, Perdighère ; — Munia, Hermittans ; — Vignemale, Posets ; — Gavarnie-Estaubé-Troumouse, Gourgs Blancs-Oo-Lys ; — ainsi de suite : la saveur des formes du terrain secondaire, la masse du terrain primitif.

— L'un met le revers espagnol du Mont-Perdu, cañons,

gargantas, le triomphe du calcaire ; — l'autre le pays d'entre
Nogueras, la revanche du granit.

Il a eu le pouvoir de décentrer Brulle, ce magique pays
d'entre Nogueras. Depuis les Encantades il en rêve.

Le voici revenu en 1903 : d'Astorg l'a relancé, et le fidèle
Germain accompagne. Le 16 juillet, de Viella, ils partent,
pour gagner Caldas, par le val d'Artias au fond duquel
trône superbe l'ample Montarto d'Aran. Mal renseignés par
une bergère, ils se trompent, prennent à gauche ; sapins,
torrents, fleurs, paysage grand et sauvage ; une crête, et un
regard d'envie sur le beau cirque et les pics de Colomès ; —
mais le ciel noircit, d'Astorg craint la pluie comme le feu,
il faut battre en retraite par l'Ayguamoch, longeant le *col
de Prouédo* : site absolument alpestre, troupeaux magnifiques, toujours le beau Montarto d'Aran ; plus loin d'autres
pics, de belle mine : *paysage rare ;* — puis s'égarant dans
l'inextricable forêt de Trédos, ils arrivent à Salardu.

Changeant de plan, ils remontent le lendemain le chemin
du port de Paillas — ou de la Bonaigue — où les arquebusiers de montagne de d'Arpajon battirent les miquelets de
de Taff, où passèrent les Français de 1793 allant occuper
Esterri. Paysage plein d'ampleur ; beau fond de tableau avec
les aiguilles de Sabourédo et les pics de Campo, partage des
eaux de l'Europe. C'est bien la vrai Garonne, cette Ruda....

[Port de Paillas, lieu décisif : on quitte Garonne pour
Noguera, Océan pour Méditerranée.

Tracez ce curieux schéma : une ligne droite représentant
vingt lieues, du pic de Troumouse à Esterri ;

Élevez seize perpendiculaires déterminant quinze compar-
timents : les fonds de Barroude-Bielsa, Moudang, Riou-
Majou, la Pez, Clarabide, Oo, Lys, Luchon, Artigue-Tellin,
Viella, Valartias, Colomès, Sabourédo, Gerveil, et las
Cabanas. Les treize premiers, bassins de la Garonne, ont

pour fond la chaîne de partage des eaux et descendent à l'Océan. Les deux derniers, bien que descendant du Sud au Nord comme les autres, vont à la Méditerranée !

Le pic de Sabourédo est le grand point de partage.]

Passé la Bonaigue, les voyageurs — désormais entre Nogueras — tournent à droite, montent au lac Gerveil (Gerbell) profondément encaissé, et ascensionnent — court, mais dangereux, gazons perfides dans le roc, corde utile — la *Tour de Campo*, à cheval sur les cirques de Sabourédo et Gerveil. Celui-ci est cerclé de hautes crêtes de granit, au fond desquelles, entre deux cols, s'élève le double Basiéro. Brulle se remémore l'ascension de Gourdon en 1880 : voici à l'Est du Basiéro, le col où celui-ci arriva en venant par le Sud étant parti du lac San-Moricio sous les Encantades ; Gourdon l'appelait col San-Moricio ; c'est aussi bien, et mieux, le *col de las Cabanas*. Voici toute cette haute crête séparant Gerveil des Cabanes, la *crête de Gourdon* qui la suivit en entier jusqu'à un pic dans les 2.800 précédant le pic de la Bonaigue....

Le lendemain, après une nuit venteuse et wagnérienne, d'Astorg et Brulle montent au col de las Cabanas, en repérant *quatorze lacs inconnus*, quelques-uns gelés. De là au *pic Gourdon* du Basiéro. Gourdon, sans corde et par le verglas, avait dû renoncer à la pointe occidentale, après avoir essayé la brèche de séparation (une tourelle). Brulle, d'Astorg et Castagné jugent cette brèche impossible, descendent un peu, coupent le couloir de neige et par une *très jolie escalade*, avec « un peu de corde », réussissent le grand Basiéro occidental. Gourdon avait dit l'immensité du panorama (à relire, ce récit de 1880). D'Astorg et Brulle à leur tour, admirent. Très polaire, le val des Cabanes, à l'Est, tout gelé, avec son Monte-Saliente fendu et ses crêtes sauvages. Au Sud, gendarmes étonnants, droits comme des tours. Et immédiatement sous les pieds, le Portarron, les

Encantats dominés ; derrière eux une étonnante tempête de granit : crêtes de Fonguéra, Grand Péguéra, Subenulls, Puntas del Mar, et autres, inconnus....

Regrettant amèrement les belles aiguilles de Sabourédo dont l'une n'a pas l'air commode, ils rentrent à Artias. Ils essaient encore Caldas ; cette fois, au pied du Montarto ils tournent à droite : la pluie, la grêle, le froid les mettent en déroute. Entre deux orages, ils voient l'Estagn de Mar....

Brulle conclut :

« Ce qui caractérise l'entre-Nogueras, c'est *l'abondance du détail, la richesse du premier plan* en même temps que *la hardiesse des formes et l'ampleur de l'ensemble.* » Et aussi : « le Portarron est la limite de deux mondes ; à l'Ouest le caractère alpestre, la roche sombre et la neige ; à l'Est apparaît nettement le cachet méditerranéen, la roche colorée et le lointain bleu. »

Le 6 août, Brulle, avec Célestin et Castagné, se livre à une ascension de contrôle. Sur cette Dent des Batans dont le nom faisait vibrer Wallon. Où est-il allé au juste, Wallon?

Les contrôleurs escaladent la plus occidentale des vraies grandes pointes. Très dur. Pas trace d'ascension. Peu probable que Wallon y soit venu. Mais il y a une autre série de pointes. Brulle se prépare à les faire toutes... lorsque orage et grêle surviennent, qui chassent ce curieux.

Brulle prend son carnet et y inscrit un mot : *Batans.*

Il y a trente ans qu'il le porte sur lui, ce petit carnet — et il n'y a écrit, depuis trente ans, que deux cents mots. Mais quels mots : les deux cents ascensions de Brulle !

Admirable sommaire d'un livre à faire. Brulle l'écrirait sans jamais se préoccuper de l'Alpine-Club — ce qui le ferait se contracter. Il l'écrirait tout naturellement — pour des Français — même pas grimpeurs, mais montagnards et pyrénéistes de goût — il l'écrirait comme il parle à Gavarnie où comme il raconte dans ses lettres....

Et alors, il serait délicieux, le bref volume, souvenirs de celui que jadis on appelait « un casse-cou » et qui, au fond, est un délicat.

Il faut qu'il reste quelque chose de Brulle, figure si originale et brillante, un sympathique et un élégant.

L'aurons-nous, le *Carnet de Brulle* ?

II

LES FRÈRES CADIER : AU PAYS DES ISARDS.
LAC TOURRAT. — COTATUERO.
CAP SCHRADER ET BRÈCHE WALLON.

Suite du carnet des frères Cadier.

Le 6 août précisément, les voici qui remontent la gorge de Pierrefitte.

Mûris, depuis un an ; on vieillit vite sur le champ de bataille. — Tristes par moments, parce qu'ils ne sont plus que quatre : le plus jeune frère manque ; rassurez-vous, il se porte bien, il fait son service militaire ; même en privilégié : dispensé d'un an, et dans l'infanterie, et à Pau, et avec des permissions abondantes. Mais le faisceau des cinq frères n'en est pas moins rompu par les événements de la vie. Se reformera-t-il jamais ? — Très vibrants toujours d'émotions spontanées et robustes (heureux hommes faits, encore une fois, qui n'ont pas gâché les Pyrénées enfants et s'en sont réservé la découverte pour l'âge des sensations fortes !) et déjà transportés par la vue de ces eaux du Gave, qui roulent en elles, à la fois, quelque chose du Néouvielle, de la Munia, de Gavarnie, du Vignemale et du Balaïtous....

Le lendemain ils campent au lac Tourrat. Admirable, avec son glacier d'une seule venue y tombant du Pic Long.

Peu vanté encore. Sont-ils donc les premiers touristes à le contempler de près? Non. Gourdon, récemment l'a photographié. Mais ils sont les premiers à le mettre en valeur : c'est le frère des lacs du Portillon d'Oo et de Litayrolles....

Le 8, après nouvelle admiration, ascension le long du glacier, sans s'y engager, jusqu'à la brèche Brulle et de Monts de 1890, là, rentrée dans l'itinéraire de ces derniers, le Pic Long par l'arête Ouest ; amusant, même genre que le Maupas par l'Ouest, moins dur. Panorama splendide. Hélas! vu d'en haut, le lac Tourrat n'est plus rien. — Hourquette du Pic Long, glacier oriental, lac d'Estaragne, visite au Cambieil. Croupe de Camplong, le meilleur observatoire pour l'énorme architecture de Troumouse, mais moins impressionnant que le centre du cirque. Héas, repos chez Chapelle. Le soir, gîte à la dernière grange d'Estaubé. Soudain des cris, des appels! Ils se portent au secours : c'est leur jeune frère qui a trente heures de permission : parti de Pau à deux heures et ayant loué une bicyclette à Pierrefitte. Les cinq sont au complet, exultants : il faut profiter, faire un pic demain matin! Et repartant, ils vont coucher, après minuit, au fond d'Estaubé.

Trois heures du matin. *L'Astazou par l'Est* est décidé. Glacier, cravasses, neige à plus de 45, le soldat y va en riant, avec ses godillots sans clous au talon. Rimaye. Bel aspect du rempart du fond d'Estaubé avec ses créneaux : Pinède, Tuquerouye, Deux-Bornes, Astazou. La pente s'accentue : *on se croirait porté par un aérostat le long de précipices effroyables.* Il faut se rejeter à droite, sur le versant Nord. Gavarnie apparaît. C'est dimanche : le chant des cloches arrive, apportant de la joie dans ce grand temple où règne un religieux silence plutôt triste. Le roc est traître : plâtras en décomposition; peu importe, joie de la conquête, à peine effleurent-ils la pente : la brise de la vallée emplit l'espace de musique, et d'un puissant envol, le timbre

des cloches qui s'élève les porte au sommet de l'Astazou !
(Très belle mise en scène.) — Spectacle d'une grandeur
stupéfiante. — Mais déjà le soldat est pressé par l'heure : il
est tenté de redescendre par la voie d'ascension de Swan !
Ce qui l'empêche de risquer cette folie, c'est qu'il n'est pas
sûr du temps qu'elle exigerait, et il n'y a pas à plaisanter
avec la rentrée à la caserne Bernadotte. Il serre la main de
ses frères attristés, il s'engage sur la neige « où ses guêtres
blanches salies font une tache noire », il s'estompe dans le
brouillard qui survient, il s'aventure sur le lac glacé,
enjambe des ponts de glace ; un dernier bond, la terre ;
brèche de Tuquerouye, il descend (belle mise en scène
encore, et ce soldat est un bel alpin). A Pierrefitte il est
sous l'orage, pensant anxieux à ceux qui sont là-haut....
Mais les frères eux, sont sur l'orage, et ils vont tranquillement, dans le brouillard, coucher au sommet du Marboré.

Le 9, froid noir. Glacés, claquant des dents, courant pour
se réchauffer, les quatre dans le brouillard se lancent vers
les Trois Sœurs (que les espagnols n'appellent peut-être même
pas *Tres Hermanas,* mais *Tres Serous*). Les voici sur le
Cylindre, dans les nuées, que bientôt vient dissoudre le
soleil. — Sommet du Mont-Perdu. Enthousiasme, ivresse !
Oui, ces quatre jeunes gens sont désormais dans l'état voulu.
Ils sont ivres. De la grande ivresse pyrénéenne toujours,
ivres de marche en montagne, de grand air toxique, de
lumière, de formes du Marboré. Et ils vont rester ivres
quarante-huit heures ; tout le temps qu'ils passeront dans
cet alcoolisme du revers espagnol.... « *Et cependant,
malgré la beauté du spectacle on se prend à regretter les
vues des sommités moyennes.* » Descendus, ils longent la
Tour de Gaulis : ils ne la savent pas gravie, et la jugent assez
dédaigneusement un morceau pour gymnastes. Pendant que
deux des frères vont préparer le gîte vers Niscle, les deux
autres, dont l'aîné, se prennent d'un terrible corps à corps

avec des cheminées du Soum de Ramond. Plusieurs fois il leur faut rompre, ils vont même renoncer ; un dernier essai, un cri : *Qué l'habem!* (nous l'avons). Ils l'ont, ce pic rare, aristocratique, visité seulement par Devin et Guyard, Russell, Brulle et de Monts, de Lassus, Vincent Cénac, Collin, Briet. Panorama d'une extraordinaire magnificence, et à l'heure sublime: coucher du soleil. Ils descendent ; sans qu'il y paraisse les distances sont immenses ; le crépuscule, la nuit ; où donc est Niscle, où les frères ? Cris d'angoisse.... Un cri répond. Une cabane, silhouettes d'hommes et de femmes, aboiements de chiens, sonnettes de moutons. Dans ce tumulte, les frères et le campement.

Réveil — en pensant au jeune frère qui doit être en train de faire de l'astiquage en pensant à la montagne — dans un pays étrange, le plateau de la Caseta (Casotte) couvert d'iris et de rosée, où s'agite une vie pastorale intense. Prairie admirablement unie, n'est-il pas vrai ? Faites quelques pas, et cette prairie est coupée tout net par un formidable barranco profond de huit cents mètres, la vallée de Niscle ! — Journée d'ivresse. Encore grisante, la vue du mur de Niscle, du rio Vellos, du croisement de Niscle et de Pardina, du Sestrale.... — Crête de la Caseta, col inférieur de Gaulis, l'Arabie Pétrée, enthousiasme ; passage sous le pic del Pueyo (*Pueyo de Mondicieto ;* le *Pueyo de Vallerin* est de l'autre côté du val de Fanlo, et tous deux furent des stations de Wallon), le kodak tombe dans le précipice, il est bel et bien repêché ! enfin la pointe de Diazès. Alors, le délire. « Nous n'avons d'yeux que pour le Cotatuero, c'est confondant. »

Cette pointe de Diazès, les frères Cadier décident de la nommer *Cap Schrader*. (Si le nom du grand pyrénéiste est juste à sa place, c'est là, et si près du sommet qui porte le nom de Ramond. L'alpha et l'oméga du Mont-Perdu... du Monde Perdu, disait Michelet.) Ils se lancent audacieusement dans le couloir de la *brèche d'Arrasas,* qu'ils trouvent très maniable. Et les voici dans la fameuse vallée déserte, et dont la qualité est précisément d'être déserte, — et ils vont coucher dans la Cueva, « dans un arome de fleurs rares et une ivresse d'isards », en pensant au frère qui dans la chambrée rêve montagnes.

Le lendemain, ces jeunes ont une naïveté amusante.... Ils s'occupent de chercher du pain. Dans la vallée d'Arrasas ! *Elle est entièrement inhabitée,* dit Ramond, et rien n'a changé depuis Ramond ! Heureusement. Mais estomac affamé n'entend plus rien. Et alors : « *en France il y aurait là un hôtel ; en Suisse, au moins trois ou quatre* » (triple blasphème : Arrasas avec ascenseur et garage automobile) ; et le souhait qu'en Espagne cela vienne, malgré « l'odieux obscurantisme ».... Cette crise passée, la montée dans le Cotatuero est absolument admirable, ensorcelante. Ce cirque est une invraisemblable cathédrale. « *Des sensations nous envahissent, semblables à celles que fait naître l'audition d'une fugue de Bach. Notre allégresse touche à son paroxysme. L'allure impétueuse du cirque nous gagne. Son essor vers les cimes devient irrésistible. L'ascendant tourbillon de beauté nous enveloppe et nous porte.* » Mais voici le passage mystérieux, et il faut croire que Bach ne vaut rien pour l'assaut, car lorsqu'il s'agit d'enlever la muraille les jeunes gens, prenant l'air en vogue en 1903, « s'élancent au chant martial de *Viens, Poupoule !* » Voici la cascade, puis la cheminée, avec les fameux clous Buxton pour les pieds et les mains. Le « Viens, Poupoule! » se transforme en un « Gloria » triomphal.

Terrasse de la Cascade. Cirque inouï, où dans leur délire, les jeunes gens, « grisés par cette fanfare de teintes et de lignes », ont des hallucinations de châteaux en Espagne, de don Quichotte, de corridas, jeux cruels et de décadence, et appellent le jour où l'Espagne redeviendra une grande nation « humanitaire ». (Curieux, au commencement du

xxᵉ siècle, cet humanitarisme, au Sud de cette même brèche
de Roland au Nord de laquelle, à la fin du xviiiᵉ et à la
veille d'un cataclysme, Ramond humanitaire entrevoyait la
fin des contrebandiers par la suppression des douaniers, la
fin des criminels par la suppression des peines, la fin des
déserteurs par la suppression des armées....) — Ce récit est
un étonnant coup de folie : voilà l'impression que peut encore
produire le Marboré plus de cent ans après Ramond. — Et
un blasphème encore : l'espoir qu'un jour le Cotatuero sera
vulgarisé et « à la portée de tous ».

Second plateau. Troisième et quatrième plateaux. Torture
de la faim. Sommet du Taillon : pour demoiselles, mais
admirable. Départ à toute allure. Brèche de Roland : l'ivresse
tombe net. Cirque de Gavarnie. Eh bien, il y est là, l'hôtel,
un de ces hôtels si réclamés : — les jeunes gens couchent à
côté, sous les étoiles, sous la bâche..., et sous une pluie
numéro un qui les noie... !

A cinq heures du matin descente à Gavarnie, à l'Hôtel des
Voyageurs, pour le café au lait. Un landau pénètre dans la
cour, ue soldat en descend : c'est le frère, permissionnaire
de quarante-huit heures.... Vallée d'Ossoue, et ici une sensation bien vraie quand on revient du versant espagnol : le
spleen. Les cinq frères font le pic de Tapou, peu de vue,
brouillard, et de là — en chantant des airs patois — par la
fameuse arête à l'aspect diabolique passent au Monferrat :
l'intérêt devient intense. Sommet du Vignemale. La nuit
au *Paradis* ; concert, chants étrangement variés, puis bal et
le « saut » basque ; « que dirait Russell ? » (Il a dit, Russell.
Il a dit : « quand on est plus de deux, la poésie s'évapore. »)

Le lendemain, descente par Cerbillona ; cette descente que
Russell n'a pas faite « par égard pour ses genoux ». Les
genoux des Cadier restent indemnes, mais un des frères
dérape comme un obus et s'abîme deux doigts — et encore
très heureux.

Le soldat rentre, par le col des Mulets, vers d'autres exercices.... Les quatre frères vont coucher dans le Brama- tuero.

Le *Bramatouère,* une belle découverte de Wallon, jadis ! 1872 (« tourmenté et chaotique dédale »....).

Le 15 août, journée énorme et admirable dans une région solitaire et rare. Grand lac inférieur du Bramatuero ; couper le sentier du Marcadau, par trois lacs peu connus aller passer entre la Punta de Zarre et la Fache ; col de Maccimaña ; lacs de Lanne-Bontal ; pénétrer en France par le haut port d'Azun, brouillard ; repasser en Espagne par la Pierre Saint-Martin ; marche au jugé, en droite ligne, vers Osse : la ligne passe par le Balaïtous, il faut y monter ! Le Balaïtous par la corniche de la Frondella.

Joies de la grande escalade : comment l'expliquer au profane ? Et pour la *corniche Casse-Latour,* cette fameuse « facilité » et ce « Balaïtous de tout repos », eh bien, *l'on n'y voudrait pas conduire un ami qui serait sujet au vertige: pourquoi les montagnards casse-cou se croiraient-ils déshonorés d'avouer une difficulté ?* Sur le bloc qui fait pont, un des Cadier détache un morceau sous ses pieds et n'est sauvé que par son agilité. *Quant au mur, peut-être nous serions-nous découragés si nous n'avions pas su que d'autres étaient passés.* Sommet du Balaïtous dans le brouil- lard intense et la tempête : ainsi y furent Peytier et Hossard. Le ciel se nettoie : un dernier cri d'admiration. Puis descente par l'Ouest ! Rocher du Déjeuner, glissades, col d'Arrémoulit, le raccourci d'Orteig, la couéba d'Arrious, la nuit, Gabas, réveiller l'hôtel et se faire faire une soupe.

Dimanche 16 août. Par le col d'Izeye, à Osse....

Cette seconde partie de *Au pays des isards* est encore un curieux morceau de jeunesse, de santé, et de *furia.*

En septembre, Albert Cadier est sur la Pala de Yp, en

la prenant au lac d'Yp ; un passage délicat. Vue très supérieure à celle de la Collarada. Le plus curieux est la Pala elle-même, mur plat haut de deux cents mètres, long de huit cents, qui va au pic d'Esquéra. Le versant Nord, vertigineux, la crête y détache deux contreforts entre lesquels se creuse un cirque contenant un lac inconnu sans déversoir.

Puis la Collarada : monter par Yp rive droite et le lac, descendre par la rive gauche. Très beau.

Une heureuse idée de George Cadier, qui — même après le Marboré — demeure frappé de la beauté du massif d'Aspe. Regardons ce massif, de Peyrenère. La Llena del Boso surgit entre deux cols. Par celui de l'Ouest montèrent les frères Cadier. Par celui de l'Est qui sépare la Llena del Boso du Pic d'Aspe , monta Wallon , qui appela d'abord ce col *garganta ou col d'Aisa,* double erreur — une garganta n'est pas un col, et le col d'Aisa est ailleurs, — puis, sur sa carte : *brèche,* sans autre nom. Cette brèche sans nom, George Cadier va la nommer : ce sera la *Brèche Wallon.*

La préface de la seconde partie de *Au pays des isards* (1904, in-8, imp. à Genève) est de Schrader.

De Schrader retour de l'Amérique du Sud, où il a vu l'Aconcagua — sept mille, — et qui se demande si désormais les Pyrénées — cela va sans dire — et même le Mont-Blanc ne lui paraîtront pas minimes....

Crépuscule des Pyrénées.

III

AU PAYS DES PAPILLONS. — CHARLES OBERTHUR.

Catalogue raisonné des Lépidoptères des Pyrénées, par P. Rondou (l'instituteur de Gèdre), *avec une préface de*

Ch. Oberthür. Chez l'auteur, et à Paris, chez Hermann, 1903.

Six pages de préface ; elles suffisent à classer celui qui les a écrites parmi les pyrénéistes les plus émus et complets.

Charles Oberthür — l'imprimeur bien connu, aujourd'hui maire de Rennes — est un fanatique d'entomologie.

Une excursion de la Société Entomologique de France l'amena aux Pyrénées en 1862, dans ce même temps où arrivaient Russell et Packe, où trônait Lézat, où commençait l'apogée....

C'est dans les Pyrénées-Orientales qu'avait lieu l'excursion. Oberthür fut « fasciné » ; il s'attacha à ce beau pays et lui resta fidèle, revenant bien des fois dans les régions du Canigou. Puis peu à peu s'étendant sur toute la chaîne, et bientôt *amoureux des Pyrénées à la manière de cet excellent comte Russell, à qui il se permet d'adresser un respectueux salut...* et aussi un doux reproche, formulé avec aménité mais conviction. Quelque chose a manqué à Russell, une jouissance suprême. Quoi donc ? L'entomologie. « *Il est par excellence l'amant des paysages pyrénéens, il a vu les paysages du monde entier et il revient définitivement aux Pyrénées.... Il en a escaladé presque toutes les cimes, il a vécu longtemps sur les hauteurs..., l'hiver même. Dans une langue exquise il a célébré les émotions qui ont tant de fois réjoui son cœur. Personne mieux que lui n'a su ravir ses lecteurs. Mais il a dédaigné de recueillir les insectes et les plantes. Il n'a rien cherché, sinon le trop fugitif souvenir des panoramas immenses, des périls et des difficultés vaincus pour les savourer un court instant. Il a goûté l'indéfinissable de la vie sur les grandes hauteurs où il semble que l'homme soit rapproché du ciel ; ses yeux se sont réjouis de la lumière rose de l'aurore éclairant les névés, et des embrasements du soir. Il a traversé les forêts séculaires, les pelouses qu'égayaient*

*les nuances vives des fleurs alpestres ; son cœur suffisait
à peine à contenir les joies que lui présentaient ses yeux.
Mais il n'a jamais senti le plaisir de saluer par son nom
la* Colias Phicomone *aux ailes verdâtres frangées de rose,
les nombreux* Lycœna *aux ailes bleues ou argentées, ou
encore les* Erebia.... »

Russell a manqué de papillons. Curieuse page de conviction entomologique.

Puis Oberthür reprend :

« *Mais les Pyrénées se développent depuis le cap
Creus jusqu'au cap Finistère.... Une fois j'ai visité les
Asturies....*

« *Certes je me plais toujours à Saint-Martin du
Canigou..., j'aime Ambouilla avec sa terre calcinée par
un soleil de feu..., les hauteurs sauvages de Pla-Guilhem,
l'incomparable belvédère du Canigou ont pour moi des
attraits toujours plus forts et dont je ne me rassasierai
jamais ; mais la sévère grandeur de Gavarnie, les eaux
tumultueuses du Pont d'Espagne, la masse argentée du
Vignemale, les lacs aux eaux si profondes et si bleues, les
pentes abruptes des Picos, l'aspect farouche de la côte
cantabrique et l'immense panorama de l'Engotable
m'émeuvent toujours de reconnaissance envers Dieu qui
a créé de telles merveilles et m'a donné des yeux pour les
contempler. »*

Qu'est ceci ? encore un visiteur des Pics d'Europe ? Et
quand ?

Dès juillet 1883. Charles Oberthür, amateur de lépidoptères, avec son frère René, celui-ci faisant le coléoptère,
partirent de Cauterets. En chemin de fer à Torrelavega ; en
voiture à la Junquera et la Hermida ; avec deux espagnols.
— Juan Diaz, *zapatero*, et ancien soldat, et Mathias, maqui-
gnon — à pied à « l'Engotable » (l'Inagotable, dix ans avant
Saint-Saud) ; descente à la mine de Andara, réception par

l'ingénieur de Arcé, puis descente à Potes. Retour en voiture
par la Hermida à Torrelavaga.

Et la liste des Français venus en curieux aux pics
d'Europe au XIXe siècle semble arrêtée à onze noms : de
Verneuil et de Laurière, les frères Oberthür, Saint-Saud et
Labrouche avec Salles-Bernat, Albert Tissandier avec Pujo
(et Salles), le beau-frère de Saint-Saud, et de Curel (frère de
l'auteur dramatique).

Le souhait de Charles Oberthür, du pyrénéiste après quarante ans :

« *Montagnes des Pyrénées, je voudrais vous visiter
encore !.... »*

IV

AU PAYS DES GENDARMES.
D'USSEL : LES ROCS-IRETCHS. — ETC.

Ascensions de d'Ussel depuis 1902.

Le *Cataverdis* 2.812. — Nouvelle tentative, encore infructueuse, au *Brasseil par Orlu :* « à réessayer ». — Les *Guins
de Lase,* descente par cheminée vertigineuse et casse-cou au-
dessus de l'étang inférieur d'Estats : « très mauvais ». — *Pic
du port de Sullo*, 3.073. — *Pic près Pontussan,* 2.715. —
Canalbonne, 2.966 ; crête très mauvaise. — L'*Aspre,* 2.745
« par une cheminée nouvelle où rien ne tient ». — Encore une
tentative manquée pour prendre le *Rialp par le Nord....*

Mais tout pâlit devant les *Rocs-Iretchs* (les Rocs-Irrités).
Quatre formidables gendarmes, sous la Pique du Montcalm.
D'Ussel en séchait d'envie. Terribles. C'est le Grépon arié-
geois. Plus que Grépon : Tatry !

Le 26 septembre, avec Rauzy : toutes les gymnastiques
voulues en pareil cas, six heures de corde (détail dans

l'*Annuaire*). Cri de triomphe. « *Maintenant, Rocs-Irechts, vous êtes vaincus !* » — « Et pour comble, les indigènes prétendent que l'ascension n'est pas vraie. » — Et il reste un gendarme à enlever, entre le quatrième et la Pique : le brigadier !....

Fontan, lui, a fait le Mont-Perdu par le Nord.

Huitième ascension. (Les sept précédentes : 1re de Monts ; 2e de Monts, Brulle et Bazillac ; 3e l'ingénieur Harlé ; 4e le 5 août 1894, un jeune officier porteur d'un grand nom pyrénéiste : le baron d'Étigny, — mort bientôt d'un refroidissement pris dans une course à Gavarnie ; 5e en 1894, Brulle et d'Astorg ; 6e en 1897, Brulle, d'Astorg, Morgan ; 7e on peut ajouter en 1899 : Brulle, traversée de la grande chute du glacier, et plateau du glacier jusqu'au col du Cylindre. Toujours avec Célestin et Salles). Fontan, très surexcité à l'idée de cette course rare et périlleuse. Il est avec Salles à Tuquerouye : « Êtes-vous toujours décidé ? » demande Salles. Fontan prend sa boussole, et montrant l'aiguille dirigée vers le Nord : « *Tout droit dans cette direction, et sans dévier.* » C'est le chemin de Gèdre ! Lapsus : le Mont-Perdu est au Sud. Salles reprend : « Une fois engagé, vous n'aurez pas l'idée de faire demi-tour ? » — « *Si je me plains une seule fois, laissez-moi !* » C'est du La Rochejaquelein. Il n'y eut pas de plaintes, mais quelques « pelles » redoutables ; Salles et son beau-frère se gardèrent bien de lâcher leur touriste, qu'ils conduisirent à la cime. Il n'avait guère failli se tuer que cinq ou six fois. Mais nous y avons gagné, dans l'*Annuaire*, une description détaillée, qui nous manquait, de cette grandiose course avec ses épisodes bien marqués : — glacier inférieur, commencer à tailler, — grande chute de glace, le grand feuillet menaçant : région splendide et dangereuse, — plateau du glacier moyen, mauvais quand il y a des crevasses, — berschgrund, — plaque de rocher calcaire

— glacier supérieur très incliné, — cheminée dans la muraille terminale.

Dans le même article de l'*Annuaire* : *Le Pic oriental d'Estatats* (Monts-Maudits), *3.000 et quelques mètres, par Fontan de Négrin.* Ascension faite avec d'Ussel, le 1er octobre 1903, sur le conseil de Russell, qui a toujours eu une prédilection pour les Estatats....

V

BRIET : LA VALLÉE D'ASPÉ.

Briet, continuant son cirque de cirques, nous présente la vallée d'Aspé.

Peu de pyrénéistes sont familiers avec le massif compris dans le triangle des vallées de Luz-Gavarnie, de Cauterets et d'Ossoue. Partons de Pierrefitte : l'intervalle des gaves de Pau et de Cauterets est égal à zéro. Remontons, il augmente rapidement. Il est bientôt de six kilomètres, de quoi placer le profil aigu du Viscos. Puis il est à peu près constamment d'une dizaine de kilomètres à vol d'oiseau. Le profil Luz-col de Riou-Cauterets est populaire. Plus loin, le profil Sia-sommet de l'Ardiden-Lutour, sans être populaire, est bien connu. Mais plus loin, le profil Trimbareille-val de Cestrède-col de Culaous-Lutour est fort ignoré : Russell a raconté cette course cependant, il passa de Cauterets par le col de Culaous allant à Gèdre et Héas, la veille de son ascension de la Munia par le Nord.

Enfin, Gèdre dépassé, personne guère ne se représente d'où pourrait bien provenir la cascade de Saussa. Et à Gavarnie personne ne se représente guère ce qu'il peut y avoir derrière la pène de Sécugnac....

Derrière Sécugnac, ou en haut de la Cascade de Saussa, il y a la vallée d'Aspé.

Quel fut son Christophe Colomb ? En somme, celui qui en a dressé la carte : l'officier topographe, ce capitaine Hulot qui fut un pyrénéiste de premier rang, ayant eu pour sa part à donner trois morceaux de premier ordre. A l'Est : les grands pics, Donya et autres, entre Canigou et Puigmal. Au centre : le massif du Mont-Valier. A l'Ouest une région ainsi délimitée : Splumouse, col de Culaous, Gèdre, peyrade de Héas, port de Pinède, Estaubé, Tuquerouye, Astazou avec Allans et Piméné, Marboré, cirque de Gavarnie, frontière Bernatoire-Lourdes-Plalaube, Montferrand, couper le glacier d'Ossoue et par le couloir de Gaube rejoindre Splumouse ; — enfermant ainsi les trois cirques de Cestrède, Aspé et Estom-Soubiran !

Russell l'a peinte en quelques lignes, la vallée d'Aspé, dans sa course de 1865. De Gavarnie, montée par des gazons fleuris, déboucher dans le vallon « peu fréquenté » d'Aspé. *Cabanes abandonnées. Un imposant chaos* (de Troumaquére, calcaire). *Entrer graduellement dans des régions affreuses, dont la tristesse et la solitude glacent l'âme; l'eau seule remue, et console par son murmure : il y en a partout.* Au fond (cirque d'Éoucor, de Béoucor) *trois grands pics* (Aspé, Malerouge, Soum de Male) *noirs ou rouges, zébrés de neige, ayant l'air de malfaiteurs;* entre les deux derniers, le *col de Loule* (de l'Oule), par lequel on passe *au fond du triste Cestrède, plein de neige, de ténèbres et de pierre, avec un étang noir en bas.*

Pour aller à Cauterets il faut s'évader de Cestrède à gauche par le *col de Malerouge :* vue subite et splendide du Vignemale. Descendre au lac d'Estom.

L'officier géodésien de 1848 a peut-être monté le Cestrède et le Soum Blanc de Sécugnac.

En 1894, Brulle avec Célestin Passet fit le Malerouge (ou Mail-Arrouy, 2.969) avec passage délicat par la crête au Soum d'Aspé (ou pic d'Estom-Soubiran, 2.970).

Briet, qui a exploré la région à fond, monté ses cimes, en donne (*Revue de Géographie* et *Bulletin Pyrénéen*) une monographie détaillée, l'équivalent d'un plan en relief. Cirque de très grands pics, mais primés aux quatre points cardinaux. Alors, beau centre, superbe panorama sur des merveilles qui sont à la périphérie et vers lesquelles les visiteurs sont irrémissiblement attirés. Et voilà pourquoi ce centre, très triste, n'est pas populaire.

VI

AU PAYS DES GARGANTES.
BRIET DANS LA CREVASSE D'ESCUAÏN.

Briet prémédite un travail d'ensemble : les monographies des gorges espagnoles.

Pour commencer, deux articles : *Le Paso de las Debotas,* (dans le *Tourista* nº 11), et *De Bielsa à la Fortunada par le Paso de las Devotas* (dans le *Bulletin Sud-Ouest*). Sur ce « Pas des Religieuses », ainsi nommé par ce que le chemin y fut jadis pratiqué aux frais des religieuses de Badaïn, voici donc, après les pages de Tonnellé et de Schrader, un troisième texte, plus détaillé. Même des photographies. Et adieu le mystère qui était le grand charme. Ce n'est que cela, le Paso? En photo, oui, mais en nature!... La couleur, et aussi la griserie de la lumière et de la marche, et la dimension, — et comme dit Briet : « la souplesse ou mieux la dextérité avec laquelle les gorges pyrénéennes changent à chaque instant d'aspect » ! Le Paso de las Devotas est « une succession de scènes admirablement graduées ».

Suite toute naturelle : *La Crevasse d'Escuaïn* (dans la
Revue de Géographie et dans le *Bulletin Pyrénéen*). Troisième texte encore, après Schrader et Belloc. Et d'abord
une description saisissante du chemin à faire, après le col
de Teilla, par Arinsué, Lamiana, Revilla, ou par Miraval et
Estaroniello.... Triste pays ! (Bien des choses du versant
espagnol sont comme le brouet spartiate : c'est la peine prise
pour y venir qui leur donne la saveur.) — Mais, au fond, le
Castillo Mayor « sauve la situation » : montagne-citadelle.
Voici Escoaïn, village — onze maisons sur trois rangs et une
église — qui sous sa patine roussâtre semble accablé de
vieillesse. Voici la demeure de don Jacinto, aujourd'hui de
sa veuve ; étonnant capharnaüm préhistorique. A l'entrée,
une hache traîne, non loin d'un tronçon de bois. C'est
l'appareil d'éclairage. Quand on veut de la lumière on abat
un éclat de bois résineux, qu'on allume. Vie antédiluvienne !
presque l'homme des cavernes. (Mais l'amusement du voyage
en Pyrénées espagnoles, c'est cela : la civilisation y serait un
barbarisme.)

Le merveilleux, c'est que Briet descend dans la crevasse
d'Escuaïn, — dans la « diaclase ». Facile, d'ailleurs, un
enfant de dix ans, fils de Jacinto, servant de guide. — Il fait
deux kilomètres dans cette féerie, remontant le rio Yaga
entre d'étonnantes parois grises, rouillées, dorées, semées
d'arbres et de buissons, étreignant le ciel transformé en
ruban d'azur. Mille incidents : chaos, cascatelles, seuils, —
et « le clou » de cette machination : la Fuenta, la source du
torrent perdu dans la crevasse....

Dans l'histoire de la découverte des Pyrénées cette promenade fantastique peut compter ! (Il faut lire le détail. Les
photographies donnent un vague pressentiment de ce que
peut être la réalité.)

En attendant une suite à l'Espagne, Briet décrit *La Grotte de Gèdre* (dans *Spelunca*), que Taine plaisanta pour y avoir payé cinquante centimes pour ne pas voir de grotte. Et en effet il n'y en a pas, et vraisemblement il n'y en avait pas avant la catastrophe de 1788 qui, dit Briet, n'a pas modifié l'état des lieux, à beaucoup près, autant que l'on se l'est figuré.

La Grotte d'Arode près Trimbareille (dans le *Bulletin Sud-Ouest*, 1904).

Dans *Spelunca* l'étude des grottes pyrénéennes a commencé : *Les Pyrénées souterraines*, par A. Viré ; *Grottes et Abîmes du pays basque*, par Camille Dufau.

En matière de grottes — fait remarquer Cartailhac — ne pas oublier le précurseur, le pyrénéiste Flamichon, géographe consciencieux qui longtemps travailla à relever les Pyrénées occidentales et s'efforça de comprendre leur formation. Sur ses manuscrits fut publiée (par un ami, Latapie) une *Théorie de la Terre déduite de l'organisation des Pyrénées*, Pau, 1816, in-8, 312 p. Ses idées sont souvent exactes et en avance sur la science de son temps ; par exemple, sa description des grands cônes torrentiels qui ont formé le plateau de Lannemezan et autres. Le régime souterrain des eaux dans les calcaires, la formation des cavernes, celle des vallées, semblent empruntés aux ouvrages de Martel.

VII

AU PIED DES PYRÉNÉES.

De Bélesta au massif de Tabe par la Fontestorbe et Montségur : Emile Belloc (*Annuaire*).

Les Gorges de l'Aude et de l'Agly : Joseph Marchandise

(*Annuaire*). Admirable pays. Maintenant, dans le défilé de
Pierre Lys, le chemin de fer. Assez dissimulé, d'ailleurs....

Les 39e, 40e et 41e volumes du *Voyage en France*
d'Ardouin-Dumazet, parus en 1904, sont consacrés aux
Pyrénées orientales, centrales, occidentales. En mille pages
c'est un voyage sous-pyrénéen, non point seulement pittoresque, mais industriel, agricole, économique. Rapprocher
du tableau du pied des Pyrénées contenu dans Chausenque,
et des tournées pyrénéennes écrites au commencement du
xixe siècle : l'intérêt naît des contrastes et des changements
à travers le temps. Par exemple, Lourdes d'aujourd'hui :
le morceau est à opposer au Bétharram de Chausenque.
Ainsi de suite. Lire la description enthousiaste de l'admirable pays basque.... Ardouin-Dumazet remarque que les
Pyrénées ont une littérature suivie, et telle, que les Alpes
doivent l'envier. Si bien que les Pyrénées commencent à
avoir du mal à « porter » cette littérature : c'est-à-dire
qu'elles lui demeurent inférieures. Ardouin-Dumazet (qui
n'est pas pyrénéiste et qui juge sans excitation) n'éprouve
nulle part plus de désillusion que sur la route de Luz à
Gavarnie : elle est belle, mais elle ne peut plus porter les
éloges hyperboliques dont on l'a comblée, cette outrance
dans l'admiration depuis Ramond.... Et l'impression première
du cirque est une déception.... Ardouin-Dumazet le trouve
grand, énorme, « mais froid ».

Il est certain que maintenant la route de Pierrefitte à Luz,
le pont Napoléon lui-même, et les travaux jadis sensationnels du Pas de l'Échelle sont bien peu de chose dans
l'art de l'ingénieur. L'Ardiden paraît peu haut aux promeneurs en voiture qui n'ont pas à le monter, et le chaos
n'excite plus d'émotions à la mode d'Azaïs. Mais est-ce bien
la littérature qui a produit la désillusion? N'est-ce pas plutôt
la multiplication des moyens de transport, l'anti-poésie du

voyage public, la rapidité du trajet, la brusquerie de l'arrivée, et la foule. La foule « moutonnière », dit Ardouin-Dumazet. L'invasion des barbares. Le déluge, dit Mummery. Et Russell : « *Le cirque de Gavarnie est un civilisé. Trop... Les foules l'inondent : trop souvent les rires forcés et les clameurs vulgaires d'indifférents ou d'imbéciles ont dépoétisé sa solitude. C'est vers le soir qu'il rentre dans le silence et retrouve sa grandeur et ses charmes. Ses nuits sont idéales.* » Gavarnie ! c'est du temps de Gavarni qu'il fallait y arriver, solitairement, lentement, à pied, par l'étroit sentier, en *méritant* le cirque.

Mais l'auteur du *Voyage en France* insiste : on a exagéré les Pyrénées, on les a dites incomparables « parce qu'on n'a pas comparé ». Pardon ! ceux qui leur ont trouvé certains éléments incomparables, les Ramond, les Chausenque, les Tonnellé, les Russell, les Schrader, les Brulle, les Bartoli, avaient été aux Alpes, voire à l'Himalaya....

Pourquoi des gens qui regardaient la Meije, le Mont-Blanc, le Yungfrau et le Mont-Rose ont-ils dit, eux aussi : *grand, énorme*, « *mais froid* » et gardé leur tendresse pour les moindres Pyrénées ? Pourquoi, leur corps étant au sommet du Mont-Blanc, leur âme et leur pensée allaient-elles vers l'Aneto ? Et pourquoi, cette émotion dès l'approche du pied des Pyrénées, montagnes aimées ?

Le pied des Pyrénées françaises ! C'est peut-être la plus belle des courses pyrénéennes.

Mais au lieu de la prendre au début comme les novices, et de s'en contenter comme les anti-montagnards et les godiches, il faudrait la réserver aux pyrénéistes éprouvés, qui ne la feraient que comme course suprême, après les pics. Alors ils en pourraient parler avec autorité.

Et surtout ce n'est qu'au retour des sierras espagnoles et par comparaison que le pied des Pyrénées françaises peut être savouré pleinement.

La route nationale de Perpignan à Bayonne (et non de Bayonne à Perpignan) : admirable chose. Si facile maintenant, en auto ; à prendre *à petite vitesse*, pour le loisir de voir. Mais un automobiliste est-il capable de modérer sa vitesse ?

1904 : en cinq ans l'auto a triomphé. *Vincit, regnat, imperat.* Modification des paysages pyrénéens par les écriteaux, annonces de garages (c'est d'ailleurs hideux). Raccourcissement imprévu des séjours : un automobiliste fait une saison à Luchon en quatre jours. Le premier, arriver en trombe, retenir logement, repartir en trombe, vallée du Lys. Le second, Saint-Bertrand. Le troisième, Viella. Le quatrième, Peyresourde, et en trombe vers d'autres lieux.

VIII

TOUJOURS LA « TOURNÉE DES BAINS ».

Il est certain que le duo en trois actes de *Tristan* et *Ysolde,* qui passe pour long, n'est rien auprès de l'interminable duo de l'homme et de la cime, dans lequel reviennent toujours, wagnériens, enchevêtrés, « les thèmes », discernés et aimés des montagnards de raffinement et de transcendance : — thème de la cheminée, thème des pas taillés, thème de la dalle, thème du gendarme, thème de la corde, thème du rétablissement, etc. Mais dans la littérature pyrénéiste il y a un élément de répit et d'amusement : les récits de la tournée des bains, auxquels se sont essayés tous les débutants et les naïfs. C'est la joie. Depuis Dusaulx et Azaïs jusqu'à Bertall et aux *Vem.*

Et en voici encore un :

Alpes et Pyrénées, tome II. Au Pays des Pyrénées, par

Emile Daullia (ou Alliaud ; sa première partie est le *Tour du Mont-Blanc,* 1899), Paris, Mendel, in-8 de 314 p. photos (le voyage est de 1891). Extraordinairement amusant.

L'auteur—qui est de la région lyonnaise—nous y raconte ses petites affaires personnelles, les menus faits de sa vie, avec une naïve candeur.(C'est le centenaire d'Azaïs.) Il veut s'initier à la grâce souveraine des Pyrénées, et photographier. Il part. Il fait porter ses bagages à la gare par un commissionnaire. Il monte dans un compartiment. A Lyon il met ses colis à la consigne. Il commande des plaques photographiques. Il va ensuite déjeuner. A la consigne, il lui manque un colis, son appareil photographique : il le réclame, il finit par le retrouver. Il remonte dans un compartiment. Il transpire parce qu'il fait chaud. Il visite et photographie avec délices Arles, Cette, Narbonne. Il dîne à table d'hôte et va à l'estaminet prendre son café. Il visite Toulouse et s'émerveille du café Albrighi, « le Tortoni toulousain de réputation européenne — rendez-vous des clubmen, des hommes de sport, des membres du Touring, de l'Automobile-Club et du Club Alpin, des gommeux et des étrangers de marque ». Il y a rendez-vous avec un clubalpiniste de la section des Pyrénées Centrales qui le tuyaute. Le voyageur explique son cas : il n'est pas grimpeur — pas même coureur de demi-fond, comme on dit dans les vélodromes, — l'ascension l'éprouve, il n'est pas sûr de sa tête ni de ses pieds, il n'aime pas marcher, la voiture lui va, et les sentiers battus, et la photographie, et il a la passion de la montagne : il a pensé à l'échelle de glace de Tuquerouye, mais c'est vraiment trop dangereux ; il a pensé à faire le Marboré. — Oh ! rabattez-en, le Piméné tout au plus, au milieu de la tournée des bains. Et il apprend qu'il y a à Gavarnie un *Hôtel des Voyageurs* qui est très bien, et un guide sûr, un nommé Henri Passet.... Il mange bien, la bonne cuisine toulousaine : il s'en donne la dysenterie. Il

prend de l'eau de riz. Il va chez le pharmacien, il achète de
l'élixir parégorique, et en même temps de l'élixir de kola
pour se donner des forces en montagne. Il s'élance enthousiaste vers les Pyrénées. A Montréjeau, la scène des *pisteurs*
des hôtels. A Luchon, la scène du logement... (toujours
drôle, rien n'a vieilli depuis Samazeuilh).

Et la tournée commence. Et c'est toujours curieux d'entendre parler de la vallée du Lys et du lac d'Oo comme de
nouveautés, et de constater l'imprescriptible effet de surprise. Au lac d'Oo, après un bon déjeuner, le voyageur
essaie de traverser le torrent sur la passerelle faite, en tout,
d'un tronc de sapin : il éprouve les mêmes sensations que
jadis Dusaulx dans un cas analogue, et doit rétrograder.
(Centenaire de Dusaulx.) Au port de Vénasque (où il revient
l'année suivante avec le Club Alpin) il trouve le moyen de
faire cabrer son cheval sur les lacets du port et met tous les
clubalpinistes en désordre et en émoi. A Lourdes, il déclare
« respecter les convictions de ceux qui implorent la
divinité » (ce qui est déjà énorme, au jour d'aujourd'hui). La
course du lac de Gaube est toujours une apothéose. Et le
voici à Gavarnie, abordant Henri Passet dans le genre
familier : *Mon cher guide, je suis enchanté de vous voir;
on m'a dit le plus grand bien de vous...;* et Henri Passet,
très digne, se défilant et repassant le client à un collègue. A
celui-ci le voyageur demande : *Vous êtes du pays? — Oui.*
Et le guide ajoute : *Vous devez être bon marcheur, puisque
vous êtes du Club Alpin? — Oh, cela ne prouve pas
grand chose....* Et la conversation, sur la route du cirque,
en vient au Piméné. Question au guide : *Ce Piméné dont
vous me parlez, le connaissez-vous? en avez-vous fait
l'ascension?* Tête du guide ! *C'est difficile? Il a l'air bien
pointu....* Bref il fait le Piméné, le teint allumé, le visage
ruisselant, soufflant bruyamment, dévoré d'une soif ardente,
et franchissant un « gendarme » (!) et escaladant « l'ai-

guille » (!) à coups d'élixir de kola.... Et finalement, flapi et dûment émerveillé. Ah! voilà le Vignemale en face, voilà où sont les grottes de « Monsieur le Comte », dit le guide. — *Le comte Russell, vous le connaissez?* bondit le touriste : *j'ai lu de lui des relations d'ascension ; pour un anglais il me paraît allier la finesse du parisien à l'élévation d'idées du poète et du philosophe. Ce ne doit pas être un homme banal, et il écrit le français comme moi-même je voudrais pouvoir le faire....* Et alors une série de révélations et d'exclamations sur Russell : *Comment, il passait la nuit dans la montagne, votre comte? Il doit y faire un froid de loup! Il faut être rudement trempé! Il allait seul? c'est inouï. Il est monté vingt et une fois au Vignemale? Ah bien, M. l'Anglais doit la connaître dans les coins, sa montagne. Il en est propriétaire? Bizarre autant qu'étrange.*

Bien curieux, le prestigieux et l'indécis à la fois, pour les profanes, de cette figure de Russell.... — « L'Anglais... », l'anglais qui sait écrire en français !!...

Extrêmement amusant, ce livre sans prétention, encore une fois. Et typique : pour neuf cent quatre-vingt-dix-neuf visiteurs sur mille, les Pyrénées, c'est ça.

Et puis : il n'est pas entraîné à la marche, ce Daullia, mais il est extrêmement sensible à la montagne, et il nous apprend la vivacité d'impressions et de saisissement que peuvent encore provoquer les Pyrénées après tant de récits. Il aime les courses classiques et populaires. Mais ce sont les plus belles ! Il va tout à l'heure faire le tour du Mont-Blanc ; c'est autrement beau que de monter dessus.

Et au fond, c'est un délicat ; s'il ne veut pas de fatigue, il ne veut pas de vulgarité. Il veut être seul. Il a horreur de la caravane : il ne veut pas être un *cook's*, dit-il.

Et il a aussi le sentiment douloureux que la montagne est envahie, qu'elle est finie....

Elisa Gay (auteur d'une intéressante étude sur le poète Despourrins) : *L'Émigrant, nouvelle pyrénéenne* (dans la *Revue des Pyrénées*, 1904). Incidemment, la « saison » de Luchon et la tournée des bains. (L'émigrant est un pyrénéen allant faire fortune à Buenos-Ayres.)

Curieux encore. Qui s'attendrait à du pyrénéisme dans *La Cuisine française, l'art de bien manger, par Edmond Richardin* (1904), illustrations de Robida ? Mais Richardin, l'été, est un habitué de Lées-Athas, vallée d'Aspe, et en 1897 il y a fait manger à Gustave Geffroy une garbure suprême, en même temps qu'il lui faisait voir le pic d'Anie. Et c'est ici la plume artiste de Gustave Geffroy qui dit la saveur de la garbure, et la splendeur de la région....

IX

LE DERNIER CARRÉ.
D'USSEL : PAR DELÀ LE GRAND PÉGUÈRE.
LE PIC MAYNIERA.

30 et 31 juillet 1904 : curieuse course d'étude de deux Cadier — George et Charles (comme il s'amenuise, le faisceau des cinq frères !) — sur le pic toujours incomparable et jamais épuisé, le Balaïtous.

Venus du Vignemale par le col de Cambalès, et campant — lever de rideau émouvant — à la cote 2601 qui est une brèche entre la montagne et l'arête qui court du Cristail au Balaïtous, ils essaient le lendemain une grande ascension inédite, « le Balaïtous par l'arête Est », par l'arête de Costerillou, immense, noire, disloquée, diabolique. En trente-cinq minutes ils en escaladent le premier piton, dominant trois versants : Remoulis, Las Néous et Cristail,

continuent l'arête, second piton, et puis voici que l'arête se
rétrécit en lame de couteau verticale : ceci ne serait que
vertigineux, mais les blocs sont complètement instables sur
le double précipice et partent dès que le pied ou la main les
touche. Échec. Retour au premier piton, descente directe
dans le vallon espagnol de Cristail ; retour à la brèche de
Remoulis 2601. Là, une autre idée : traverser las Néous
en coupant le glacier, sortir par la brèche de Fachon, aller
coucher au Plan d'Arribit, sous la vieille cabane aujourd'hui
profanée par les troupeaux, « glorieux abri où couchèrent
Peytier et Hossard, Packe et Russell » ; rechercher l'itinéraire
des officiers et découvrir la fameuse brèche Peytier-Hossard
demandée. (Les Cadier ignorent que la chose est faite depuis
trois ans, rien n'ayant été publié sur la course de Brulle
d'Astorg et Célestin. Ils vont donc attaquer le problème sans
être influencés.) Ils ne sont sollicités ni par la brèche Est,
ni par la brèche Ouest du petit Balaïtous : ils prennent droit
la muraille entre les brèches, elle est facile. En haut, la
croupe est large de cent mètres et monte sans cassure au
petit Balaïtous. Le grand Balaïtous, vu de là, est d'une
terrible verticalité. Au bout de quarante minutes, les deux
frères sont à « l'arête qui unit le petit Balaïtous au grand »,
celui-ci est tout près. L'arête pendant un quart d'heure
présente des difficultés. Puis voici la brèche où Russell
passa la tête. C'est la seule brèche rencontrée jusqu'ici, et
on ne la traverse pas ; c'est la seule qui pourrait être « la
brèche Peytier-Hossard ». Puis il faut s'élever facilement à
droite, franchir une crête et venir finir en se raccordant à
la voie d'ascension par l'Ouest.... (George et Charles Cadier
arrivent donc finalement à une solution identique à celle de
Brulle, d'Astorg et Célestin, et qui a tout le mérite d'une
solution originale.)

Pour descente, une voie nouvelle ! (Une de plus sur ce
Balaïtous extraordinaire.) Aller à la brèche Latour, passer

sous le bloc qui fait pont, et descendre *à l'Ouest* dans une cheminée. Une paroi de trois mètres difficile et qui empêchera cette voie de devenir pratique.

(Et George Cadier se demande si ce ne serait point là *l'escarpement de rochers impossible à gravir et à tourner* qui, *après une longue marche sur une neige inclinée où il fallut tailler* — glacier Ouest — arrêta *à deux cent cinquante mètres du sommet* Peytier et Hossard. — Et en effet, pour des gens qui, du col d'Arrémoulit, ont à créer l'itinéraire d'ascension, cette voie est la plus sollicitante : elle semble promettre d'amener sans difficulté, et sans escalade, jusqu'au pied d'une courte cheminée, et celle-ci franchie, presque de plain pied au pic.)

Puis chevauchée sur une arête neigeuse, glissade sur le glacier occidental, dans un beau cirque.... Col d'Arrémoulit.

D'Ussel fait en 1904 une belle campagne.

Il débute par un coup d'éclat. La Pique de Mède. Une épithète de Russell, jadis, l'avait rendue fameuse : « l'*inaccessible* aiguille de Mède ». Pour avoir ce rocher impossible, d'Ussel, avec Rauzy, fit comme ces cavaliers qui capturent une flotte : il opéra l'hiver — ou pour mieux dire au printemps, mais sur la neige, qui change toutes les conditions et fournit un terrain maniable. La montée du fond du cirque de Casiarens fut bonne. A l'attaque du pic, névé à 60 degrés. Puis une heure et demie de difficultés variées : rochers, Rauzy se déchausse, deux dalles délicates et des placages d'herbes dangereux. Cime. Retour par le même chemin, au lac d'Aubé et Aulus.

La Pique de Mède a beaucoup de ressemblance avec le Crabioules.

Le Crabioules ! Il reste toujours à faire par le mur Nord, — si tant est que cela soit indispensable. D'Ussel et son ami

Fontan sont venus l'étudier en 1903. En 1904, grande tentative solennelle. D'Ussel arrive à Luchon amenant Rauzy, Fontan fait venir Salles de Gavarnie. D'entrée de jeu, cependant, il a fallu rabattre sur les prétentions premières : il n'est plus question de faire le mur de Crabioules verticalement, tout droit par le milieu, et d'aboutir entre les deux sommets : ce milieu est un passage de projectiles, le champ de tir du Crabioules. Il ne s'agit plus que de monter en diagonale pour aller aboutir sous le sommet occidental....

Les grimpeurs attaquèrent. Ils firent trente mètres, et pas un de plus. Impossibilité absolue.

Retour un peu mystifié à Luchon ; Salles, penaud, se faisant petit et ayant perdu un travers de main de sa taille.

D'Ussel, avec Rauzy, va essayer de monter le col Maudit par le Sud, en partant de Gregonio. Échec.

Le 22 août il fait le Mont-Perdu par le Nord, avec Salles et Courtade. Saison déjà trop avancée, glace vive, rimayes agrandies, les choses se présentent mal. Brulle et d'Astorg jugeaient la course infaisable à ce moment. Salles aurait dit en partant : *je marcherai tant qu'on ne me commandera pas demi-tour, mais j'espère que le Monsieur tient à sa peau....* Le formidable mur des séracs est de glace dure : Salles a beau tailler, on n'avance pas ; au-dessus, rien ne tient, les séracs s'écroulent. Le « Monsieur » suggère l'idée de tourner la muraille de séracs par le rocher Est (rive droite du glacier). On se jette sur la gauche. Marche pendant laquelle Salles tombe dans une crevasse d'où on le retire aisément. La rimaye sans difficulté. Le mur de rocher extraordinairement rude : Salles enlève à la corde Courtade et d'Ussel, le « colis » de l'expédition. (D'Ussel — le Monsieur — est plein d'expressions de Mummery, dont le livre traduit vient de paraître.) Réembarquement sur la glace.... Grand travail encore. Salles continue à enlever les deux

autres comme des ballots. Sommet à midi et demi. D'Ussel
pas trop content : son Mont-Perdu par le Nord n'est pas pur,
il y a du rocher dedans. A refaire. Il rêve de trouver un
Mont-Perdu par le Nord inédit, un itinéraire xxᵉ. (Depuis
qu'il a lu Mummery, il est fanatiquement mummeryste, il
rêve d'Himalaya. Il est affolé aussi par une photographie de
l'*Annuaire*, le « pic de l'Épouvante », dans les montagnes
du Tatry qui sont plus qu'à pic ; découpées comme des
cornes d'élan...).

Deux jours après : le Vignemale par les quatre pênes
(Course de de Monts). Après le petit Vignemale *cela se corse
bientôt : il faut repasser sur le versant de Gaube et
descendre une dizaine de mètres dans une cheminée où
l'on ne saurait prendre toutes ses aises. Tout le monde est
déchaussé ou en espadrilles. Alors, un conseil de guerre,
pour le passage délicat de l'arête. Salles veut traverser
une dalle lisse, le second guide descendre un peu ; je
propose de remonter, pour pouvoir se servir de la crête
comme prise pour les mains. Salles s'attache, nous
passons tous à la corde et arrivons sur le versant
d'Ossoue. C'est le seul mauvais pas ; heureusement il n'est
pas long, mais est assez sérieux. Ensuite, muraille plus
effrayante que difficile, un premier pic* (voyez-vous
comme la manière de raconter s'est corsée depuis Chausenque ?), *un second et le couloir de Gaube.*

Fin septembre, d'Ussel est à Luchon pour motifs de
service. Causerie aux Quinconces. Il cherche quoi faire : le
petit Vignemale par le glacier Nord ? — Mais, lui est-il
répondu, c'est un casse-cou et voilà tout, sans intérêt que la
pose ; tandis que l'on peut encore prendre place dans les
découvreurs des Pyrénées, en allant explorer le dernier
carré, le revers Sud de la sierra des Encantades, ce qu'il y

a derrière le grand Péguère; la carte de Schrader fait pressentir quelque chose de superbe, et nomme une légion de grands pics inédits : *Cap de Fosé 2760, Musolès 2849, Maynicra 2916, Punta Roya 2874, Montanyo 2848, Picardas 2816*, etc., et des anonymes....

D'Ussel se décide. Le 1er octobre avec Rauzy et Salles il passe le port de la Bonaigue, le col de Fougarus et couche à Espot. — Le 2, il remonte le val au Sud d'Espot : lacs anonymes : les deux premiers, superbes — *le premier ressemble à un lac d'Engadine*, le second est dans un très beau cirque, — les trois autres, plus pyrénéens. Coucher dans une couiba. Le lendemain, dans le brouillard, on attaque ce que l'on pense devoir être le pic de Mayniera, malaisé par le Nord, sommet genre Quairat, descente facile au Sud, au col 2778, et remontée au pic 2913. Brouillard toujours. Retour au col 2778. Le temps se lève. Les pics faits sont bien ceux qu'on supposait. Descente à Espot, fête locale.

Le lendemain, départ avec l'intention de faire les deux sommets des Encantades. Au jugé, sans trop savoir ce que l'on fait, on trouve la base des Encantades, on s'engage dans Monestero. Pour mieux examiner on monte à un col entre Monestero et Entranseroll » (brèche de Monestero de Fontan) : sûrement voici un des Encantados, l'autre est caché par un gendarme (toujours comme Fontan) que Salles propose d'escalader, pour voir ce qu'il y a derrière : après quelques tâtonnements et fausses manœuvres on escalade un couloir rocheux et herbeux, et voici un sommet, une tourelle et la carte de Fontan. Sans savoir où ils allaient, ils ont fait le sommet des Encantados par l'arête, ayant évité le mauvais passage de Fontan....

Les Encantados pic facile. Les dieux s'en vont! Loi de Mummery.

On essaie de passer à l'aiguille orientale; demi-tour au bout de quelques pas, un des guides étant indisposé....

En somme, dit d'Ussel, pays très remarquable. Pics faciles par le Sud, délicats sur le Nord. « La région des Encantados m'a paru surfaite. » (Allons, bon !) Les aiguilles sont fières ; « la traversée de l'une à l'autre, sur laquelle je comptais, ne doit pas être belle ».

X

FIN (?)

Il y a cent vingt trois ans, Ramond, dans ses notes sur Coxe, a fait sourdre la littérature de sommets. Quelques lignes, quelques gouttes, un mince filet : l'œil de Garonne ! Aujourd'hui la littérature de montagne coule en fleuve : la Gironde ! Des librairies entières.

Il y a cent vingt trois ans, vingt-cinq lignes de sensations des hauteurs.

Aujourd'hui le *Manuel d'Alpinisme, rédigé sous les auspices du Club Alpin.* Paris, Laveur, 1904, in-18 de 694 pages. (Peut-on devenir alpiniste dans un manuel ? Il y a un proverbe sur la façon dont on devient forgeron.)

A noter : l'avant-propos concis de Puiseux, et dans cet avant-propos les cinq premières lignes, lapidaires. « *La conquête de l'univers matériel par l'homme, l'asservissement progressif des forces naturelles à des fins utilitaires, suivent sous nos yeux une marche rapide. Cette transformation n'est cependant pas encore complète, ce dont il faut se féliciter.* » Tout est là : horrible avenir, regrets du passé, et surtout sentiment que si la vulgarité est fatale, il n'y a pas lieu de pousser au mouvement (les appeleurs de foules).

A noter encore : le peu de place que tiennent les Pyrénées dans ce manuel si étendu ; quinze pages, *Les Pyrénées, esquisse sommaire*, de Belloc, — et l'article *Charmes et*

Beautés des Pyrénées, de Russell. C'est, encore une fois, que pyrénéisme est une chose à part, distincte de l'alpinisme, et qu'entre Alpes et Pyrénées, il y a incompatibilité d'humeur ; elles ne peuvent loger sous le même toit.

Russell intervient et complète avec une brochure : *L'Art de gravir et d'explorer les Pyrénées*. Pau, Vignancourt, 1904 (ou *Bulletin Pyrénéen*). Attention ! « *Je resterai toujours un implacable ennemi des courses organisées militairement, sous la conduite d'un chef.... Mener des lycéens à la montagne comme des moutons ou des aveugles, c'est le plus sûr moyen de tuer chez eux l'esprit d'initiative et la confiance en soi-même. Les ascensions ne sont pas des promenades militaires. Les alpinistes, même les plus jeunes, ne sont ni des soldats, ni des enfants.... Dans les courses de montagne, le caprice joue un rôle prépondérant....* » Donc soyez deux, trois, quatre. Soyez des dilettantes de la belle vie pyrénéiste, des nuits idéales dans les beaux déserts.... « *Mais comme il y a loin de là aux caravanes hétérogènes à grand orchestre, organisées depuis quelques années pour l'attaque méthodique et bruyante des montagnes, et qu'on pourrait appeler des invasions. Il n'y manque que des tambours. Cela viendra sans doute. La mise en scène serait alors complète...,* » (Vous ne savez pas si bien dire : comme vous parlez, se compose la *Marseillaise des Scolaires*). Et Russell attaque un point plus grave : l'illusion qu'on fabrique des athlètes, des corps solides, en menant les trop jeunes « excursionnistes » en grandes courses de montagne. On les éreinte, voilà tout ; c'est leur « démolition prématurée ».

A noter : la réaction médicale contre le sport et les excès de l'ascensionnisme. Dans le *Bulletin Pyrénéen* de 1904, le docteur Tissié analyse le livre de Charles Lefébure : *Mes Étapes d'alpinisme* : Lefébure y signale l'état « hideux », harassé, surmené, dans lequel il a rencontré des jeunes gens

à la montagne ; et il rappelle le nom de « faux hommes de
fer » donné aux vainqueurs professionnels des jeux sportifs,
qui pour la plupart sont reconnus impropres au service
militaire.... Et le docteur Tissié reprend : « Enfin ! voilà
dix-sept ans que je lutte contre les excès acrobatiques.... Il
se trouve des hommes d'âge et de sens, qui devraient être
rassis, pour prendre la direction d'excès collectifs.... Une
telle mentalité est désastreuse pour une nation.... L'athlète
est un sujet exceptionnel : la moyenne des hommes arrivés
à leur complet développement est incapable d'athlétisme....
Assez de phénoménisme, assez de tours de force ! La France
n'est pas une piste de cirque.... *Ce n'est pas des sociétés
de gymnastique ou sportives que nous viendra la
puissance....* En Suède il existe fort peu de sociétés gymnastiques et cependant les résultats dépassent ceux des
autres pays.... En France la parade nous tue..., il est temps
d'en finir.... »

Cent dix-sept ans après Saussure au Mont-Blanc et Ramond
à la Maladetta, la montagne européenne est vieille, vieille.
Les Alpes surtout, sur lesquelles les Pyrénées sont toujours
demeurées en retard. Signe de vieillesse : écrire l'histoire ;
quand on est jeune on la fait. La préoccupation du rétrospectif devient dominante.

*John Grand-Carteret. La Montagne à travers les âges.
Rôle joué par elle : façon dont elle a été vue.* Grenoble et
Moutier, 1903-1904, 2 vol. in-4 illustrés. Dédié à la mémoire
des grands ancêtres de l'alpinisme : Rousseau, Saussure,
Bourrit (l'homme Mont-Blanc), Ramond de Carbonnières.

Grand-Carteret dit qu'il a voulu élever, en l'honneur de la
Montagne, « une montagne de papier ». Mille pages
in-quarto. Encore a-t-il évité de donner dans le détail de la
conquête des sommets. Son but est autre : ce n'est pas la
prise des pics par les grimpeurs qu'il raconte ; c'est la place

tenue par la Montagne (et non par le pic) dans l'humanité, sa place « dans le rayon visuel des sociétés ». Bref la Montagne du « plus grand nombre ».

La Montagne, lisez les Alpes. Les Pyrénées ne jouent ici qu'un rôle effacé. Moins peut-être par l'incompatibilité d'humeur entre Alpes et Pyrénées, que par la prédilection de Grand-Carteret, qui n'est pas pyrénéen, mais *alpophile* par situation.

Dans le premier volume : l'antiquité, les Alpes domptées par les légions romaines ; — le moyen-âge, la montagne féodale, piédestal du château-fort ; et les *traverseurs* de montagne par obligation, les voyageurs, et pour ceux-ci les refuges et hospices ; — au seizième siècle, dont les hommes ont eu tant de ressemblance avec ceux du dix-neuvième, un mouvement marqué vers la conquête des sommets ; — au dix-septième siècle, le recul, l'oubli complet de la nature ; — au dix-huitième, le sentiment de la montagne s'éveillant : Haller, Rousseau ; puis le marquis de Pezay, l'auteur de *Zélis au Bain*, créant la « sublime horreur » ; et l'école des hommes qui, placés sur la montagne, prétendent y philosopher (les « apostropheurs ») ; et puis le pressentiment de la littérature de sommets (De Luc, Ramond); et puis la conquête, en deux faits qui priment tout : Saussure au Mont-Blanc, Ramond au Mont-Perdu....

Dans le second volume, le dix-neuvième siècle. La conquête des pics n'y est qu'évènement presque accessoire. Le principal, c'est le développement de la visite à la montagne, la place prise par la montagne dans la vie moderne, et l'arrivée de ces millions d'« alpinistes » que Grand-Carteret nomme d'un mot plaisant et juste : « *ceux qui veulent voir* ». Ils veulent voir la montagne et ses beautés, *sans se donner de mal*. Tout découle de là. *La Montagne en exploitation, La Montagne et la littérature. La Montagne et la caricature. La Montagne vingtième siècle : civilisée,*

*domptée, l'hôtel remplaçant le château-fort, l'hôtelier
jouant le rôle du seigneur féodal.* (Le droit de gouffre.)

Le goût du rétrospectif devient tel, qu'un grimpeur comme
Coolidge se met à étudier et publier *Les Origines de
l'Alpinisme*. Il y réunit ce qu'il peut trouver de récits
d'ascensions antérieures à la fin du xvie siècle; y compris
deux ascensions pyrénéennes (déjà citées par Grand-Carteret).

L'une est celle de Candale au pic d'Ossau. — Ici, remarquons qu'une seule chose est certaine : la tentative. Quant à
savoir jusqu'où est monté Candale, jamais. L'autre est celle
de Pierre d'Aragon « au Canigou ». Au Canigou ? il faut s'entendre. Trois ans après les Vêpres siciliennes, le rival heureux
de Charles d'Anjou, le grand Pierre III, âgé de quarante-
neuf ans, l'année même de sa mort ajoutait un chapitre au
pyrénéisme militaire en écrasant Philippe-le-Hardi; et alors,
du col de Panissars il voyait le Canigou, et l'envie lui prenait
de le « faire ». Le chroniqueur Salimbène dit qu'il partit
avec deux gentilshommes, sans plus, (ascension sans guides,
guideless, déjà!) emportant des vivres et des armes;
qu'ayant laissé leurs chevaux dans un village, ils commen-
cèrent l'ascension, furent pris par un orage épouvantable :
les deux gentilshommes restèrent en panne, Pierre continua
seul jusqu'au sommet *où il y avait un étang :* il y jeta une
pierre et il en sortit un dragon qui, de son souffle, obscurcit
l'air.... Défalcation faite du dragon — qui paraît une
fioriture du chroniqueur; très dans les croyances du
temps, d'ailleurs, et qui peut symboliser l'arrivée d'un
brouillard noir— que peut-il rester de vraisemblable? Comme
vient de justement commenter Pierre Vidal : une montée
par Valmanya ou Taurinya, et une ascension poussée au
clot des Estanyols : il n'y a pas d'autre lac. Bref, Pierre
d'Aragon a fait l'ascension *des Cortalets,* où devait six
cents ans plus tard s'élever le chalet du Club Alpin....

Mais ce qu'il serait curieux d'avoir, et ce qu'on n'aura pas, c'est le récit de l'ascension du Mont-Valier par Saint-Valier, troisième siècle....

[Il n'y a pas lieu de faire entrer dans la bibliothèque pyrénéiste un pot-pourri intitulé : *Paul d'Oïhénart : Les Explorateurs des Hautes-Pyrénées, silhouettes d'après Henri Beraldi*. Ce n'est nullement *d'après* : puisqu'il n'y a pas là une syllabe qui soit de d'Oïhénart : nulle adaptation, que des coups de ciseaux à tort et à travers dans *Cent ans aux Pyrénées*. C'est encore moins *par*, puisque ce hâchis est du pur d'Oïhénart. Cet enfant illégitime appelle un vigoureux désaveu de paternité. Mais impossible de se fâcher, la préface de Paul Labrouche suffit : il y sale d'Oïhénart dans les grands prix ; parlant de son *acte de brigandage* (brigandage est ambitieux et excessif, il faut l'atténuer en « légèreté »), de son essai *insuffisant*, et concluant : *les frelons ne savent que dévaster*. Il n'y a plus rien à ajouter.]

Cent seize ans après le séjour à Barèges de Saint-Amans, Dusaulx, Pasumot (et après les petits vers de Fontanes) :

E. Panajou, membre du Club Alpin : Barèges et ses environs. Paris, Mulo, et Bordeaux, Feret, 1904, in-8 de 111 p. et plus de 80 photos.

Et voilà le Barèges vingtième.

Cent sept ans après l'attaque du Mont-Perdu. Dans le *Magasin Pittoresque* de 1904 : *Comment on monte au Mont-Perdu*, par Henri de Curzon (pyrénéiste, qui a commencé un *Essai de bibliographie pyrénéiste* d'après *Cent ans aux Pyrénées* dans le *Bibliophile moderne* et publié une notice sur le musicien catalan Pedrell, auteur de la trilogie *Les Pyrénées*), un assidu de Gavarni, un hôte de

Russell au Vignemale. Il décrit les itinéraires connus, et en ajoute un nouveau que Brulle lui fit faire : par le col *supérieur* de l'Astazou, puis, sans descendre, le long du Cylindre.... Inusable, le Mont-Perdu. Toujours jeune.

(A propos d'Astazou : aux Pyrénées en 1904 un revenant, Swan !)

Cent six ans après l'ascension du petit Vignemale par La Baumelle, récit antique, — soixante-six après l'ascension La Moskowa, récit « moderne » et déjà « sportif », — Russell en 1904 assure par la construction d'une tour massive et durable les 3300 du Vignemale (qui doivent faire mentir les 3298 de Peytier), passe dix-sept jours dans ses grottes, reçoit ses invités par séries comme à Compiègne, fait sa trente-troisième ascension — la dernière ? soupire-t-il — et célèbre ses noces d'argent avec sa montagne.

Sa montagne, ah la pauvre ! Elle vient de subir un singulier avatar. Le Vignemale orodrome.

La lutte entre Luchon et Cauterets se poursuit. Luchon eut une *plaza*, des corridas : « l'arène des Pyrénées ». Cauterets eut le *Théâtre en plein air* et Mounet-Sully : « l'Athènes des Pyrénées ». Et Cauterets créa la course du Vignemale, un de ces sports effroyables dont parlait tout-à-l'heure le docteur Tissié. Et ce qui est délicieusement « moderne » : on proposa à Russell de faire « le contrôle du haut »....

Et Luchon se prépare à riposter par la course du Néthou ou le circuit du Boum.

En fait de sports, un nouveau et bien curieux : les courses d'hiver avec des *skis*. Falisse, de Pau, les a fort pratiquées, jusqu'au sommet du Néthou. Rapportant une moisson de photographies, il a, dans une conférence à projections, montré les Pyrénées d'hiver. Merveilleux. La Norwège, le Groenland et le Pôle chez soi. Paysages de neige incomparables....

Et nous ne finirons donc jamais?

En 1904, voici que les Pyrénées semblent de plus en plus vivaces : entre les *Notes sur la haute vallée d'Aure* de Gourdon, le *Bélesta au massif de Tabe* de Belloc, le *Pic d'Aspe* de George Cadier, le *Mont-Perdu par le Nord* de Fontan, les *Rocs Iretchs* de d'Ussel, le *Pic Long* de Briet, et les *Gorges de l'Aude* de Marchandise, elles ont cent soixante pages de l'*Annuaire*! Même que ceci fait récriminer les alpinistes des Alpes. Et même un pyrénéiste, d'Astorg — qui a su se retenir d'écrire jusqu'ici — très nerveux (on est nerveux, dans le pyrénéisme, en 1904), prend la plume, pour une *Lettre au Président du Club Alpin* (imprimé de 4 pages très rare). Il veut que l'on ne fasse plus de littérature de montagne! Remarquable grimpeur, mais peu critique, et ayant du mal à se reconnaître dans l'enchaînement des faits, il demande « pour l'honneur de l'alpinisme français », aux « jeunes ascensionnistes », plus de sincérité, de véracité, de loyale exactitude et de cordiale franchise (????)

Forme à part, ce que d'Astorg semble avoir voulu risquer, c'est une juste protestation contre les récits abondants et à forme longue et contre l'éternel recommencement.

Évènement brusque. Au moment où les Pyrénées renaissent dans l'*Annuaire*, c'est l'*Annuaire* qui meurt.

Il cesse de paraître avec son trentième volume.

Son dernier article pyrénéen : *Les Destinées de Gavarnie*, par Mauvif de Montergon, qui commence par déclarer ceci aux indigènes : « Non, les Pyrénées, qui ne sont pas un grand chemin obligé de l'Europe, ne seront jamais la Suisse, renoncez à cet espoir ». Jamais, par exemple, les étages supérieurs du cirque ne seront envahis, truqués, profanés à la suisse. Mais il y a des maux inévitables : une route pour le fond du cirque. Sans quoi on y mettrait un chemin de fer. « *Je tremble en écrivant.... Quoi ! un jour, à travers ce silence et cette paix on verrait, on entendrait !... »*

Point d'exclamation, point d'horreur et points suspensifs... points de doute ressemblant à une cruelle certitude, ainsi finit l'*Annuaire.*

(Et à Gavarnie, le nouvel hôtel « moderne » se construit. Et ses futurs ameublements sont exposés en 1904 au salon de l'Automobile !)

L'*Annuaire* ! Recueil admirable, nécessaire à cette langue française qui a joué un si glorieux rôle dans la littérature de montagne, donnant Saussure et Ramond, Tonnellé, Russell, Schrader, Javelle....

Recueil admirablement fait, par cette quintessence du Club Alpin qui avait pour devise *Per Ardua* (la *difficulté*). Ces hommes de difficultés furent difficiles, n'admirent jamais que des travaux de mérite ; surtout proscrivirent toujours tout ce qui est clubalpinisme et caravanisme. L'*Annuaire* meurt jamais contaminé.

Mais à la dernière page après trente ans, comme on se penche sur le glorieux mourant pour recevoir son dernier soupir, on l'entend, dans le hoquet suprême, exhaler des mots entrecoupés :

Quand notre tâche est terminée
De la semaine ou de l'année,
Loin des livres et des cahiers
Laissons tarir nos encriers !
Ah, plus d'études, plus de veilles !
La nature aux mille merveilles
Nous offre plaisir et repos....
Partons, nos jarrets sont dispos.

C'est la montagne qui nous tente....
Nous sommes les soldats fidèles
De nos chefs, généraux modèles....
En battant des bans vigoureux.... etc.

REFRAIN.

Marchons, marchons, à longues files !
Que montagnes, forêts et villes
Nous donnent partout libre accès !
Nous sommes les joyeux pupilles
Du Club Alpin Français !

La « *Marche des caravanes scolaires du Club Alpin Français* », paroles de Brégeault, musique de Skilmans.

L'avenir ! L'*Annuaire* l'entrevoit....

Il retombe mort.

Ceci sur la rive gauche, rue du Bac ; la note grave.

Et au même moment, sur la rive droite, aux Variétés, la note gaie. Dans *Monsieur de la Palisse*, ce chœur — paroles de Robert de Flers et de Caillavet, musique de Claude Terrasse :

Voici, voici des touristes,
De vaillants ascensionnistes,
De consciencieux alpinistes,
De braves pyrénéistes....

VALSE.

Y a plus d'Py,
Y a plus d'ré,
Y a plus d'Pyrénées.
Elles sont je n'sais où,
On les a cachées.
Où sont ell's fourrées
Ces brav's Pyrénées ?
Y a plus de Py, Py, Py
Y a plus d'ré ré ré
Plus de Pyrénées....

En France tout finit par des chansons.

Le *Bulletin Pyrénéen*, lui, en 1904, a transformé son titre. Il n'est plus le Bulletin de la SEB, de la SET, de la SEBB et de la TO. Il est, L'ORGANE DE LA FÉDÉRATION DES SOCIÉTÉS PYRÉNÉISTES....

Étrange constatation dernière.

Après plus d'un siècle et de soixante mille pages, le livre complet sur les Pyrénées — du cap Creus au cap Ortegal — reste à faire.

FIN.

TABLE DES MATIÈRES

Vingtième Siècle.

Vingtième Siècle (suite).

LILLE. — IMPRIMERIE L. DANEL.